我的菩提路

——第五輯

——林慈慧老師 等著

ISBN：978-986-97233-9-8

執著離念靈知心爲實相心而不肯捨棄者，即是畏懼解脫境界者，即是畏懼無我境界者，即是凡夫之人。謂離念靈知心正是意識心故，若離**俱有依**（意根、法塵、五色根），即不能現起故；若離**因緣**（如來藏所執持之覺知心種子），即不能現起故；復於眠熟位、滅盡定位、無想定位（含無想天中）、正死位、悶絕位等五位中，必定斷滅故。夜夜眠熟斷滅已，必須依於**因緣**、**俱有依緣**等法，方能再於次晨重新現起故；夜夜斷滅後，已無離念靈知心存在，成爲無法，無法則不能再自己現起故；由是故言**離念靈知心是緣起法**、**是生滅法**。不能現觀離念靈知心是緣起法者，即是未斷我見之凡夫；不願斷除**離念靈知心常住不壞之見解**者，即是恐懼解脫無我境界者，當知即是凡夫。

——平實導師——

一切誤計**意識心爲常**者，皆是佛門中之常見外道，皆是凡夫之屬。意識心境界，依層次高低，可略分爲十：一、處於欲界中，常與五欲相觸之離念靈知；二、未到初禪地之未到地定中，暗無覺知而不與欲界五塵相觸之離念靈知，常處於不明白一切境界之暗昧狀態中之離念靈知；三、住於初禪等至定境中，不與香塵、味塵相觸之離念靈知；四、住於二禪等至定境中，不與五塵相觸之離念靈知；五、住於三禪等至定境中，不與五塵相觸之離念靈知；六、住於四禪等至定境中，不與五塵相觸之離念靈知；七、住於空無邊處等至定境中，不與五塵相觸之離念靈知；八、住於識無邊處等至定境中，不與五塵相觸之離念靈知；九、住於無所有處等至定境中，不與五塵相觸之離念靈知；十、住於非想非非想處等至定境中，不與五塵相觸之離念靈知。如是十種境界相中之覺知心，皆是意識心，計此爲常者，皆屬常見外道所知所見，名爲佛門中之常見外道，不因出家、在家而有不同。

——**平實導師**——

如聖教所言，成佛之道以親證阿賴耶識心體（如來藏）爲因，《華嚴經》亦說**證得阿賴耶識者獲得本覺智**，則可證實：證得阿賴耶識者方是大乘宗門之開悟者，方是大乘佛菩提之眞見道者。經中、論中又說：證得阿賴耶識而轉依**識上所顯真實性**、**如如性**，能安忍而不退失者即是**證真如**、即是大乘賢聖，在二乘法解脫道中至少爲初果聖人。由此聖教，當知親證阿賴耶識而確認不疑時即是開悟眞見道也；除此以外，別無大乘宗門之眞見道。若別以他法作爲大乘見道者，或堅執**離念靈知**亦是實相心者（堅持意識覺知心離念時亦可作爲明心見道者），則成爲實相般若之見道內涵有多種，則成爲實相有多種，則違實相絕待之聖教也！故知宗門之悟唯有一種：親證第八識如來藏而轉依如來藏所顯眞如性，除此別無悟處。此理正眞，放諸往世、後世亦皆準，無人能否定之，則堅持離念靈知意識心是眞心者，其言誠屬妄語也。

——**平實導師**——

目次

平實導師 序

禪宗眞旨即是實證第八識如來藏，於無生法忍中名爲眞見道，現前看見如來藏阿賴耶識之眞如性。謂如來藏眞實存在而可體驗故眞，亦謂如來藏性如金剛而不可壞，永無一法可用來壞之，由如是二性故名爲眞。又現見如來藏處於身中，於一切境界如如不動；比量觀之，則有情來世下墮三惡道或生欲界天中享受福樂之時，亦定如如不動，於有情五陰身之受苦受樂悉皆不動其心，無始以來乃至未來無盡劫後悉皆如是，故名爲如。合是眞實與如如之性，故名眞如；能如是觀者，即名證眞如者。除此以外，悉屬生滅有爲之法，別無眞實而如如之性可得。

證眞如者名爲眞見道位菩薩，面對二乘菩提及諸**外道**凡夫，此菩薩雖名聖者，然於大乘佛菩提道**內明**修習過程中仍未得入聖位，階在三賢，故名**外聖內凡**之菩薩。謂菩薩眞見道後，依無生法忍，仍有相見道位的非安立諦三品心必須修學，始能完成第一大阿僧祇劫進程，將滿第十迴向位；進而修學大乘四聖諦之安立諦十六品心、九品心，如是加行完成時成慧解脫阿羅漢，勇發十無盡願而得清淨其心，然後起惑潤生方得入地，無生法忍中名爲見道之通達位。此謂入地前之三賢位中，必須有三種現觀：第十住位滿心時眼見佛性所得之如幻觀、第十行位現觀七轉識妄心猶如遠處熱沙地上熱焰如水晃動之陽焰觀、第十迴向位常於定中、夢中親見往世多劫之造業修福行道往事而得之如夢觀。必須得此三觀之時始能決定已滿第十迴向位證德，然後再次加行修證安立諦十六品心、九品心後，始有資格入地；違此，俱屬大妄語業，未來世極不可愛異熟苦果不能免之，一切有學於此必須知之。吾接引衆生學佛以來二十餘年，常有學人在平實慈悲助悟之下得明心已，不思己身福德之未足、慧力之欠缺，而起大慢心，自謂已得究竟，別立僧團成就破和合僧重業已，而猶勸之不醒，地獄業種已經種下，報在來世，誠可哀憫，以故心中沈痛不得不言，實爲憾事。

復次，眼見佛性亦屬眞見道，是於山河大地上眼見自己之佛性，遍一切虛空皆無不見；於他人、動物之身上亦得見自己之佛性，亦可於他人、動物身上親見對方之佛性。而佛性與如來藏非一非異，不可言宣，縱爲明心已悟之人說之，對方聞已都謂見性之人所說無誤，但對方所瞭解之佛性畢竟不是見性之人所見之佛性。見性者知其聞言之後所知佛性並非自己所見境界，雖然極力形容而亦不免令其誤會，誠難言宣，故說唯證乃知。眼見佛性之人，依於所見佛性之眞實性，於山河大地上眼見佛性之際，所見之山河大地與眾生之五陰即是虛幻，非因明心及斷身見之智慧而知其虛幻；乃是眼見之際即已虛幻，如是成就如幻觀，位在第十住，是諸多十住菩薩同有之現觀。

至於地上菩薩眼見佛性者，除有十住菩薩之現觀以外，其佛性境界能與眾生心相應，當菩薩所面對之眾生專注一心時；是故地上菩薩能感知眾生往世與己是否有緣，是善緣或惡緣，大多能知；具有如是直接感應之功德者，方能謂已入地菩薩。至於諸佛眼見佛性者，具有成所作智，八識心王一一心、一一心所法，皆能與五別境心所法相應而能獨立運作，亦皆與善十一等心所法相應，一切等覺位最後心之妙覺菩薩所不能知，成就如是功德者方得自謂成佛。然而如是不可思議境界，妙覺菩薩尚不能知；如是正理極深極廣，末法時代一切表相大師所不曾聞，何況能知。以不知故，而有諸方假名大師、附佛外道宣稱成佛，無間地獄乃至阿鼻地獄惡業肇始，竟然悉無所知，亦可哀哉。今說於此，盼諸讀者有緣知已，得能轉知一切大妄語者，以及其他被誤導而誤犯大妄語業者，普能速至佛像之前對眾公開懺悔滅罪、求見好相，來世庶能住在人間繼續行道，是所至盼。

至於證道之人，不論大乘、二乘中之弘法師，確實證悟而且依經據論檢查無誤已，若當代無人誤導眾生同犯大妄語業時，只需弘揚正法即可，不必破邪顯正；但若見有當代名師正在大妄語業中，也同時誤導座下弟子同犯大妄語業時，則不應獨善其身，爲救被誤導之佛弟子及誤犯大妄語業之名師，應將彼等錯悟名師所說錯誤法義加以辨正，由此破邪之作爲即可顯示正法異於邪法之所在，可免被誤導之眾生繼續墮於大妄語業及破法共業中，亦救彼諸名師捨壽前對眾懺滅大妄語罪，初不顧慮己身是否將因此廣受諸方謾罵等人身攻擊，方屬深生悲憫之大悲心菩薩。茲因本書即將發行之際，有本會資深會員林慈慧老師已得眼見佛性；又鑑於初悟淺悟之人得我恩已，忘恩而造破和合僧大惡業，故造此序以表見性之異於明心及莫忘恩，冀其自思滅罪，來世庶保人身；如是至誠之語述已，即以爲序。

佛子 **平實** 敬序

二〇一九年夏分 序於松柏山居

《我的菩提路》

——第五輯

明心見道報告

弟子　麗珠　俯伏拜呈

頂禮叩謝　本師釋迦牟尼佛
頂禮叩謝　大悲觀世音菩薩
頂禮叩謝　導師與師母
頂禮叩謝　親教師孫正德老師
頂禮叩謝　親教師何承化老師

頂禮叩謝　親教師陳正瑛老師
頂禮叩謝　親教師章正鈞老師

弟子的開悟是重生！恩師與師母是弟子的再生父母！弟子自小孤苦，現今忽然有了許多的親人，心中眞是感激不盡！恩師您是弟子的親父，作爲您新生兒子的弟子，自然應細細向您稟白一生之際遇。

弟子於嬰兒時期，便由養母托其二姊於臺灣中部鄉下攜至北部入籍將養。初始，養父母（以下均稱父親、母親）因分別由彰化、嘉義赴三重發展謀生，是而生活困苦，居無定所，時時搬遷。

母親自小命運多舛，幼小即鬻人爲童養媳，受盡凌虐，無能就學，終身文盲；及長，伺機漏夜逃亡赴北，與父親婚後育有二子，均於周歲前夭折，此後更是怨天尤人。父親性喜尋花問柳，母親又樂於掌控諸事，是而情感極爲不睦；母親冀以迴轉父親心意，遂領弟子家養。父親素喜孩童，初始果日日早歸、懷抱弟子；此時母親悄然不樂，蓋弟子褫奪父親全然之關注，此後母親便時加杖打弟子。

弟子自小體弱，幾度均欲辭世，後父親遂寄養弟子於其長兄處（弟子稱其爲伯父），經年略穩定後返回，由母親養育；弟子幼小即時時要求：「**我要回家！**」父親總以爲弟子欲至伯父家，便即攜弟子至伯父家；待父親離去後，弟子復又要求：「**我要回家！**」伯父便即攜弟子返回父親家；待伯父離去後，弟子復又要求：「**我要回家！**」如此父親、伯父百般不解：這孩子究竟是爲哪般？而弟子前半生始終存有想要回家的念頭，無論到哪兒都覺得不是我的家（婚後亦然）。亦有人云：定是弟子想尋親生父母吧？然弟子心中實無有尋根之念頭，只想認著堂上養育弟子長大的雙親，就是報恩的對象。說也奇怪，這想要回家的念頭，於弟子尋獲正覺後，竟然漸漸淡去了；直至兩年前觸知如來藏後，更是不復有此念了！

母親因心中苦悶，是以將滿腔之酸楚發洩於弟子身上。母親會說：「**妳不也是養女，爲何可以過好日子？**」弟子自小即傷痕滿身：母親會以木製衣架痛打弟子，打至衣架斷了亦無休止，任憑弟子躲至床下桌下、哀懇告饒均無能倖免，弟子迄今見了衣架就心生懼怕……。母親喜取損毀掃把後之長段竹節，以刀子修成細細的竹枝，綑成一大束，示與弟子云：「這就是要打妳的！」果眞一枝枝的竹枝都打斷了，復又再製作……，日日如是；母親打夠了，便會取出木製洗衣板，命弟子長跪其上，絕不准偷偷坐跪，發現後定復毒打，直跪至晚間父親返家方休，是以弟子之膝蓋乃至扭曲變形。小時偶或外出，時弟子僅四、五歲，行走較緩，往往於母親身後拼命趕路；母親不耐久候，便會隨地取磚塊回頭砸向弟子；弟子萬分恐懼，心中一直以爲母親想要砸死弟子。及長方知母親實無此意，乃僅爲嚇嚇弟子罷了，否則哪裡回回都砸不準呢？再者，母親心情好些時，也會對弟子較溫和，並非時時打罵。

弟子雖生活得恐懼無安，然卻不知自己可憐（時不知自己爲養女），心中總以爲「小孩子本來就是要被媽媽打的」！以爲媽媽就是會打孩子的。

弟子雖時常被責打，然性情實也倔強；母親攜弟子上菜場買菜時，便會交代弟子：「等一下我與菜販討價還價時，妳就在下方偷偷的抽取蔥、蒜、青菜等放在籃子裡。」弟子不肯，請媽媽自己用錢買，母親就更不喜弟子了！

然弟子也會聽母親的話：母親外出打工，命弟子留守家中，並交代不可隨意接受鄰居餽贈；弟子終日無食，鄰居老伯伯見弟子幼小可憐，便取糕點贈食，弟子再三推辭不果，只得將之置於木造舊式菜櫥之中，終不敢擅自食用。

父親極疼愛弟子，疼愛的方式就是給很多零用錢，然鮮少長時居家。父親雖僅小學肄業，然豪邁磊落，竟也於塑膠原料市場發展出一番事業，伴之而來的即爲夜夜笙歌、醉臥溫柔鄉。母親益發憤恨不平，弟子的日子也就更難過了！

七歲那年，父親赴嘉義出差，攜弟子同往，並令弟子於二阿姨家夜宿，父親自往他處而去。弟子將父親給的豐厚零用金取出，與表兄弟姊妹們隨意共用，阿姨見了心生不喜：何以她的子女貧苦，而這養女卻資豐？是夜入眠時阿姨問弟子：「**妳有沒有去找親生父母呢？**」弟子茫然應答：「**媽媽在臺北啊！爸爸去出差啊！**」阿姨笑了：「**妳本不是妳父母親生，妳是抱來養的啊！**」表兄弟姊妹們亦齊聲同和；不知爲何，弟子知道這應是事實，遂轉身悄然落淚。

第二日，弟子思量著：「**應該問爸媽嗎？可是爸媽一直不讓我知道，若**

問了，他們倆人一定會很傷心難過吧？」怕傷了父母的心，乃決定靜默此事。

母親將父親給付弟子念幼稚園、上鋼琴課的學費，挪作賺取高利貸之用。弟子甫入小學一年級，老師問全班：「學過ㄅㄆㄇ嗎？學過的舉手。」全班舉手答：「學過了！」老師沒看見瑟縮一隅未舉手的弟子……遂直接教授國字拼音，弟子茫然不解渾然度日；第一次月考，弟子考了五十分，返家後父親見了考卷，舉手賞了弟子一個耳光！弟子萬分驚訝！原來分數這麼重要，以至於爸爸會打我？自此一、兩年間，弟子就常常都考一百分。

感謝父親！弟子上小學一年級的第一日，就爲弟子訂了〈國語日報〉，（也感謝推銷報紙給父親的人士。）國語日報爲弟子開了一扇超大視窗，弟子日日捧讀，每日把二張報紙翻來覆去看得爛透；無論給學生、家長、老師看的版面，一律細讀，也奠定了自身教養的基礎。僅看〈國語日報〉實無法滿足，那時學校中尚無圖書館，乃將父親給的零用金日日至書店中買一本書看；再不夠，就找同學交換著看。從來不曾羨慕他人的弟子，此時倒是羨慕起同學家中擁有父母親買的許多書了。母親不准弟子看課外書，所以只要不是教科書的書，查獲後一律焚毀；弟子那時最怕向同學借來的書被媽媽燒了。

小學四年級後，弟子忽然大大開竅，舉凡上課所聽聞的一切，皆能牢記在心而無庸復習，總是考第一名並獲選為模範生，課餘時間皆用來看課外書；此時最痛苦的是常常得滿身傷痕的到校，看起來實在是一個很不乖、常挨打的「模範生」，穿裙子上學成為一件很羞恥的事情了。

國中時更是慘澹，母親進入歇斯底里的狀態，每天夜半將弟子抓起來痛罵；同學來訪必為母親擋下，聆聽母親謾罵弟子約一小時方放行；母親會將弟子所有衣物丟出門外，並謾罵弟子應去當妓女；或是將弟子書籍焚毀，物品全數掃落；又找了人來家中聚賭、收取花紅；甚或媒介良家婦女與人有染……等，諸多行徑均令弟子深感悲傷可恥，此時也開始與母親頂嘴。弟子日日上學、放學，實則無心學業，日日將自己沉浸在各式書籍中，所有零用錢全數買了古今中外各類書籍閱讀，睡覺時就祈禱有個好夢，眠時即落入廣袤無邊之夢境中，希望著不要醒來！

然國中時曾多次領受特殊之現象（日後方知係善根發露）：弟子曾自深心懺悔，並一一書寫己身各式習氣性障之過失，所書內容深廣，自身亦不知其所以然；然實確然自責己身之諸般罪過。那時，覺得自己眞的好壞啊！將所書懺悔文拿給同學看，同學笑道：「**怎麼寫得這麼壞啊？我看起來大部分沒有這些缺點啊？**」可是弟子就是覺得自己有好多壞處啊！覺得自己污濁不堪。

又數度於公車中，一時間整車廂中的一切都變了：所有的人們都好似弟子的至親，這麼親、這麼至親到毫無間隙（請恕弟子不會形容），每個人都是這麼美好、無比的美好；弟子感覺非常喜悅，乃是一種平和的喜悅感，很深沉、很廣袤；不能說是強烈，因爲非屬興奮，可是眞是一種美好的經驗；也就是如此的經驗，支撐著弟子可以繼續活下去。然而事後弟子也實際了知公車中的人們，都是不認識的人啊！何以會魔術般一時變易爲另一番天地呢？自此，弟子除了想知道「**爲何我會在這兒？爲何我得活在這兒？**」之外，也發現另有神祕之境界可以探索。

然弟子當時誤認爲宗教都是迷信、無用的！因爲父親的許多親族都是乩童，弟子的姑丈、表哥是乩童，表伯父是鸞筆、表兄弟們是乩童；而他們晚間扶乩辦事，白天就當起了流氓；每個人全身紋龍刺鳳，滿嘴髒話，家中藏滿了武士刀。每逢臨檢，父親就往家中藏了好些他們的武士刀、開山刀等等兇器；至於三字經、髒話更是日日不絕於耳，弟子自小就聽得慣了，是而許多朋友都很疑惑弟子的環境這麼差，爲何沒當太妹去呢？其實當時弟子的志願是想將認識的太妹導正，所以就當不了太妹了！也有好些人勸弟子逃家，很奇怪的是，弟子日日回家接受母親的責難，一點兒都不想逃家；心中覺得活得不耐煩，卻也不自殺，隱約中，總覺得自殺是無濟於事的。

而母親最勤於祭祀並流連於各處宮廟，希冀神明護佑以挽回父親心意，時而要求弟子盛攙了符水的飲料給父親喝，或是將各式符令塞在父親床褥枕蓆間；然而直至弟子父母先後往生，兩人從未和氣相處，反是漸行漸遠，怨恨以終。而父親亦喜往宮廟祭拜，目的旨在求財；然弟子見父親浪擲錢財，總是永遠告乏啊！是以弟子總以爲宗教活動只是迷信、愚人之行徑。

弟子沒認眞念書，倒是讀了不少閒書；國中畢業後，考試自然不理想，所以念的是五專的國際貿易科；一樣不認眞念書，開始心有旁騖的到處上課：學國畫、書法、中國笛、古箏、紫薇斗數、姓名學、太極拳、氣功、瑜珈、茶道、插花、紙雕……林林總總，亂學一氣，也沒個精通的行道。此時開始買些道家、外道靜坐書籍如：《因是子靜坐法》、老莊思想、超覺靜坐……

等書籍閱覽。十五歲時，弟子迷上了助印經書，時而拿到劃撥單就去劃撥。時大乘精舍印經會固定寄來助印經書，弟子著實也看不懂。因著習茶道的友人而知其母親係慈濟委員，結緣了介紹證嚴法師的小冊子，閱後大為感動、痛哭流涕；便即向友人母親表示願為會員，此後便於零用金中撥一部分繳交慈濟功德金。同時亦或多或少捐助其他慈善團體，多採劃撥方式為之。然於慈濟，雖曾於花蓮靜思精舍親近證嚴法師，並無有聽聞勝妙之法，僅循助人行善為之不已，是而誤以為佛教就只是教人行善。

後來母親常告誡弟子：「**父親不可靠，應要存款！**」弟子雖依言行之、略蓄薄款，然值遇親友借款，常是全數借出；親友多數依約償還，然父親所借總是一去不返，弟子深感父親大恩難報，素不以為意。

其時頗執於老莊思想，深感「天地不仁，以萬物為芻狗」，以為貧賤、富貴、美醜、高劣……諸般分別實屬不公，是以恤老憐貧，心中特意排斥高富；乃至搭乘計程車，亦要刻意選擇古舊損破之車輛；直至婚後攜襁褓中幼女，而為既菸酒又嚼檳榔之舊車司機沿途辱罵後，方改此習。

十八歲時，偕同學淡水遊，於祖師廟取得白衣神咒，感於封面　觀世音菩薩慈藹，乃背誦神咒，並於上學、放學途中持誦；時見篇末附有每月齋素日期，遂試一月中持五齋日，第二月乃持十齋日；十齋日後，深感素食實在切意，遂決定長素。蓋弟子自幼即不敢食魚湯、白斬雞、白切肉、烏魚子、內臟、螺肉、蔥、韭、海帶……等較爲腥羶之物；母親若水煮全雞，弟子必至街上遊蕩，待氣味散去方返家，人人都譏嫌弟子日後無人敢爲婚配；此時發現，素食之食物中無不敢食之物，心中歡喜！然不數日母親發現弟子素食，即告父親阻斷此事。素食因緣暫斷。

因喜古文，插班上了臺中的大學中文系二年級，社團選了「東方哲學社」。甫至社團方知乃係佛學社，修學淨土法門，遂恢復全素並日日至臺中蓮社念佛。社中學姊告弟子：佛云有八識，眼耳鼻舌身意識，加上第七末那識、第八阿賴耶識；阿賴耶識是生生世世輪迴之主體，執藏所有業種。弟子聽了無比歡喜，堅毅心念欲好好學此妙法；復又聞「三界唯心、萬法唯識」，一時毛骨悚然而感動莫名。寒暑假必定留在臺中參加「大專佛學講座」，受持八關齋戒；然直至畢業，再也無有機會深入聽聞八識妙法，蓮社皆專旨於教引念佛，一心求淨念相繼往生西方。

時閱弘一大師傳，感於大師棄塵出世，又見大師曾斷食一個月，遂起意效之。弟子初始先試斷食五日，頗感輕鬆；繼而斷食七日，亦無滯礙；是乃斷食一月，僅飲清水，然於取水之際，必至心持誦《般若波羅蜜多心經》。其間弟子仍正常上學、灑掃、洗衣……等諸事一應爲之，甚或體育課時需跳激烈有氧舞蹈，亦不趨避。時借居天主教宿舍，餘室友五人皆笑謂：「**我們每日都注意妳有沒有深夜起來偷食喔！**」雖順利斷食一個月，卻於修行無有任何影響，僅色身較爲敏感一些，頗感失望。然弟子一直想不通，爲何可以斷食一個月而行住坐臥皆然，且精神奕奕呢？直至正覺學法，方知實有四食，弟子僅斷摶食，尚餘三食，自然得以存活無礙。

於臺中蓮社修學期間，頗有一事令弟子心生疑惑：首度參與八關齋戒，次日上大殿，便有指導居士（臺中蓮社皆爲居士帶領，僅主法爲出家師父）告誡弟子：「**頭髮不可以打辮子，須立即拆掉。**」弟子很疑惑，因弟子髮過腰際，若不打起辮子，禮佛時將披散滿地啊？然居士不接受如此說法，告訴弟子：「**不可以愛漂亮，一定要拆掉！**」弟子更爲不解：「**眞的沒有要愛漂亮，只是爲了整齊並莊嚴道場。**」然居士堅持受八關齋戒就是不可以愛漂亮，是以弟子只得拆掉辮子以橡皮筋於頸部束髮，然禮佛時還是披散滿地。

弟子不解何以不究其本心係莊嚴道場，而加以愛美之辭呢？弟子向不以為編起粗粗一長條辮子何美之有？平日亦不喜編辮子啊！此時於持戒究竟是持戒之心重要抑或戒相重要而滿心疑惑。

大三時，因學姊畢業後欲出家，乃邀弟子於暑假陪同全省尋訪道場。兩人南北走遍較為知名之道場，一處處掛單參訪；後時學姊終究放棄出家，因實無可投身之道場！我們倆人很失望：本以為佛寺乃為佛陀資財，參訪後方知原來好些出家師父均以其為己身資財啊！出家了，仍然逃不了世俗的是是非非、高下分別。每逢師父們知道我們欲尋出家道場，就分外禮遇，與接待常人大為殊異，甚或以諸般利多條件吸引我們。於此，我們更是傷感啊！

大學時因素食不易，曾參與一貫道伙食團，學校裡的道親學姊們很希望弟子轉往一貫道，然弟子發現他們主要吸引大眾的是「借竅」，係以一清淨處女為主體，由神佛借其軀竅，附身弘化；弟子覺得這與扶乩何異？遂不為所動。

大學畢業返北後，總不滿足於念佛往生，希望能於佛法上益加深入，了知實義，遂不再往淨土道場；與家中同修四處尋訪可安身立命的實義道場，可說是逢寺必進、逢廟必拜。其間跑遍了各大山頭與知名寺院，不再似那年暑假一般僅掛單一宿，而是耐著性子多處參訪。

其間輾轉多處佛教與外道道場，如：靈山講堂、靈巖山寺、十方禪林、法鼓山、九華山、承天禪寺、中臺禪寺，也歸依淨空法師、宣化上人，參訪慈濟、佛光山、靈鷲山無生道場、和南寺、慈航寺、佛乘宗、創價學會、日本新興宗教—明主樣光之崇拜—淨靈、印度霎哈嘉瑜伽、阿南達瑜伽、天帝教、奧修、新世紀靈修、靈氣治療、花精療法、西方巫術、光明學會、密宗、清海、身心靈探索、催眠、通靈、印度「聖哲」克里希那穆提、天主教、基督教……等，尚有不復記憶之道場多處。

弟子四處流浪，找來找去總沒消息；後遂養成一種習慣，凡值遇看起來慈善又具宗教信仰者，即詢問其於何處修學，是否能帶弟子去看看？或是給弟子書籍？大凡接觸幾次取得書籍後，閱畢即知又失望了！其間並無可了知生命實相之法門。

以下略舉數例述之：初於臺北靈山講堂修學，親近後發現師父們頗有許多情緒起伏，甚且會於住處大哭大鬧。而住持法師係由東南亞來臺，中文普通，卻修得了中文博士學位，每回講法必僅三言兩語即下座，由其大弟子某某法師代爲講述。弟子實感納悶，後由其親近出家弟子處，方知住持法師之碩士、博士論文皆由其弟子代勞，學位得來不費吹灰之力。

後於靈巖山寺多次參與大悲懺法會，日日不斷持誦大悲咒，頗有法喜；大和尚每日齋後於齋堂開示，弟子聽聞後時時不解：「**其中並無深義，何以人人崇仰呢？**」後知客師父告以大和尚有大神通足以服人，並告弟子與同修：「**可以向大和尚問事。**」一日，弟子見有一對老人家伏地痛哭，不斷的哭懇：「**懇求大和尚還給我們孩子。**」大和尚與眾師父置若罔聞的行過，就是無人理會他們。（可能之前於知客處已勸解過吧？）弟子心中震撼，何以出家後令雙親伏地痛哭而不勸解呢？

和南寺的當家法師早已往生，然卻對外宣稱一直持續閉關中；蓋因大眾若知當家法師往生，恐不復支持道場，是以於其往生後多年，寺基穩固後方公諸於眾。

佛乘宗的李善單「導師」是位極具群眾魅力的演說家，不斷預言自己將於某年某月某日證入初地，而後五分鐘內直證三地菩薩，屆時將有一百位至一千位意生身；然預言時日已屆，卻無消息，乃改言將於未來某日直證證入初地，而後五分鐘內直證三地菩薩復又直證八地，是以需時益久，大眾自當耐心以待囉！（編案：李善單我見具在未證初果，於二乘解脫道絕無所證；又未證眞如，不得根本無分別智故不入第七住位，於佛菩提道更無所證；其後之相見道位實修後得無分別智，則無論矣！更何況入地之前所證阿羅漢果必須有初禪爲基石，李亦無之，而言入地等事皆屬戲論。原其所行，則貪於世間法，大違七住位之證量，而言初地乃至三地等，皆屬奢言。李善單如是，妙天、妙禪、索達吉之屬，亦此流類；而此諸人以凡夫在家身擅行出家法——廣受供養，猶不知未來世極不可愛異熟果報之恐怖，亦可謂愚也。）參加那兒的「密行班」（編案：應即係傳說中之所謂明心見性），需繳交二百萬元，弟子見到多位**密行班**的學員，一年後即告全家退轉。各式捐款方案不斷，爲了修行，大眾甚至被要求借出身分證作個人信貸、出借權狀作房屋貸款，道場將這些貸款轉投資，並支付利息。後亦變本加厲，直接要求較核心的師兄師姊向外借款，支付高利，並配給每人需向外借款額度如一千萬、二千萬元等等。那兒也舉辦「閉關」，一次數萬元，宿於五星級飯店內，於彈簧床上打坐。這麼說來也許會以為：在那兒學法的都是愚人，如此沒有簡擇分？但是說來令人慨嘆！很多都是高級知識分子：律師、建築師、記者……不一而足！大家為了求法，乃至為了炫惑的語言、小小的神通，盲目仰信！弟子也曾是其一！

另有光明學會，崇尚光之能量，修練旋轉動功。學員皆稱其領導者為「爹」；亦廣招許多醫生、護士等高級知識分子，皆拋棄臺北大型教學醫院之主任醫師職位，捐輸所有資財，偕同往赴清境農場附近拓荒開墾，曰「回歸自然」。不數年，此位「爹」即捲款遁往大陸。

弟子與同修多次赴靈鷲山無生道場，某次值遇當家大師父；師父很親切地與大眾閒聊，有位師兄指著自己胸前的天珠說是值數十萬元，言中頗感得意；此時大師父拿起他胸前的一顆天珠道：「我這顆天珠可是一百多萬呢！」

有位朋友介紹她的密宗上師給弟子，行前交代弟子：「妳要穿裙子喔！要打扮漂亮一點喔！」弟子不解：「到道場自然是穿長褲，何以穿裙？」朋友道：「密宗不一樣，我們女眾要見上師，一定要穿裙子打扮美麗，這樣才是有禮貌！」弟子依言盛裝，與同修赴天母的上師處，發現上師吃牛肉麵欸！

自此再無相見之機了！

數年後，一位師兄介紹我們親近仁增塔欽仁波切，此位仁波切較具善巧方便，每逢我們這些吃素的同修參訪時，那一日他便吃素了！那時，有一回師兄很得意的要我們趕快去，因爲陳履安夫婦正拜訪仁波切，弟子想著：**是否以此機緣可以聽到高深妙法呢？**大家圍坐了半天，啥米法（臺語）也沒聽到啊！參與法會時，見到大眾爭相爭取靠近仁波切的前座，完全沒有佛教徒禮讓的風範，因爲大家覺得靠近些，可以得到灌頂的法力多些；弟子很納悶，法力應無有距離的限制吧？而好些大眾都拿著法輪，一面喃喃持咒，一面不斷將法輪轉啊、轉啊，說是雖僅唸誦一次，然以法輪同時轉一次，即可變成數百次或數千次；弟子不解的是：「**明明就只唸了一次啊！爲何可以轉轉輪子就成了多次呢？**」一點道理也沒有！而所教的各式財神法，都是求取世間資財，仁波切也都是喃喃祝福大眾財富廣進，求財順利，與我們臺灣的民間信仰無異；所宣導購買的也都與世間財富健康有關，厚厚的書籍也未見有實相之法。弟子遂向同修商量中止與道場往來：「**我只覺得看到好多貪心的人喔！若只是求這些世間財富健康，我們何必來呢？我們是要學佛的啊！**」

弟子的好友夫婦是清海的入室弟子，以此因緣能知其梗概：清海現聲聞出家相時，最不喜穿高跟鞋之女眾，批之為「高跟鞋妖精」；其後她還俗後，倒是一套套美麗的豪華套裝配著一雙雙的高跟鞋。好友同修為其入室出家弟子（男眾），為了與好友結褵（好友係在家女眾），是以還俗成婚；清海大為震怒，立即收回在家女眾學員證，不准其共修，然於其還俗男眾弟子卻仍允之共修。早期清海的信徒多全家出家，後其命之全數還俗；弟子見到一位甫還俗、等待服役之男生，日日租借各式極具血腥暴力的影片觀賞，令人慨嘆出家多年的功德不知何去了⋯⋯。清海素以神通掌控其弟子，弟子好友告訴弟子：他們歸依清海之時，每人均分別聽到不一樣的音聲。弟子詢問是否很美好呢？好友卻道：一點也不美好，她聽到的是清海很淒厲的音聲，一生一世都忘不了！可是這音聲卻控制著他們難以離開道場！

宣化上人來臺時，弟子夫婦亦趕去歸依他；然取書細閱，實無甚可取之處！大部分以神通顯赫的道場，多半無有系統化的法義教導，多為小品式的開示。

而日本的日本新興宗教—明主樣光之崇拜—淨靈，則是標榜經由創教者所寫的書法「光」產生光能量，藉以吸取宇宙光能爲人徒手治病，可以治小病，然治不了大病；治不了大病其實等於解決不了問題。然弟子見到其中一位女性領導者爲人「淨靈」而招感了許多旁人之冤親債主，以致於不時情緒失控、大哭大鬧，並指稱身邊親人爲惡魔。爲了治癒小小的疾患，每日耗費數小時徒手爲人治療，尙且付出如此精神異常之代價，實在令人嗚呼！

弟子習西方巴赫花精療法時，與授課老師成爲友人；此位友人係於法國修人類宗教學博士，博士論文乃關乎臺灣傳統民間信仰之研究。她告訴弟子：傳統宮廟所扶乩，知神明差不多都是鬼，以女鬼居多。然她回臺後以身試法，找了個小宮廟試試實際當乩童的滋味，時而三太子上身、時而「觀世音菩薩」上身……，她都知道這些都是低階鬼神妄附，假名菩薩。然此後她就可居家感通，有段日子時時在家中等著「接通」。弟子不解她要接通甚麼？她說她也不知道，反正就是等著「上面」的指示。朋友們喜歡問她前世今生、家人健康狀況、財富婚姻等等，弟子卻從不問她這些，就單純作作朋友吧！

一日她告訴弟子，她見到密宗黑教黑法的大師林雲了！她因可感通，是而當場說出林雲密灌時的祕密(吾人可想而知)，林雲乃當眾稱她的法力高過林雲自己；而林雲來往的眾多達官貴人、影視紅星的弟子們便圍著她，一一詢問每人的前世；友人一一訴說著這人上輩子是個樵夫，所以有甚麼習氣；那人上輩子是隻海獺，是而有何種習氣……每個人都開開心心的，很滿意有了前世的印象。然弟子不解：知道前世是個樵夫或是隻海獺，於此生有何建設性？這些人們均不知這位為他們破解前世的女士，自己尚有無盡的煩惱無法解決，我們這些朋友還得陪伴或支持她呢！無論神通或鬼通，沒有配合眞實義理，就是吸引不了弟子啊！也未見此通能眞正幫助過人！

另一位友人介紹印度「聖哲」克里希那穆提的書籍給弟子，友人說：好些名人如胡茵夢等等，均很推崇並遵其風範行之。弟子閱後眞是很失望：因為克里希那穆提每隔一段時間就得自個兒關在屋子裡，被不知名的力量所改造（弟子之方便說為改造，因無人知曉此何以然），其間他的隨侍只能無力的在門外聽克里希那穆提痛苦、哀傷的呻吟喊叫；好不容易改造出來了，大家問他究竟如何了？克里希那穆提眞的有誠實的美德，他直言不諱說他自己也不知道到底怎麼回事。可是如此的「聖者」所宣說的法義，如何能令弟子信服呢？他連發生在自己身上的事情都解釋不清楚，眞的可以宣說宇宙眞理嗎？

弟子受到最大的打擊是於法鼓山，聖嚴大師父說：所知障就是所知太多乃至於產生障礙了，無以開悟；所以就是知識障，這麼一大堆的知識在腦中，會障礙了我們修學佛法。弟子眞是嚇壞了！此於弟子不啻是晴天霹靂！因弟子一生所求就是不斷的追求各類知識，總希望自己能像部電腦，把各種知識一股腦兒儲藏進來，深覺這一切的一切，學也學不完！而這位留日的博士師父竟然如此宣說？然而他可是赫赫有名的佛教大師兼且跨足學術界，怎麼會說錯呢？那眞的是要啥米都不知道（臺語：什麼都不知道）、腦袋空空才會有機會開悟嗎？弟子也就是如此陷入煩惱中，方才輾轉追求外道法的。

很幸運的，弟子全家於六年前搬遷到天母，認識了孩子的小提琴老師佳璇師姊；弟子看她年紀輕輕就吃素，當即向她詢問道場並索取書籍，師姊很遲疑的說：「這兒的方法不太一樣喔！是很慢速的拜佛法。」她不確定弟子可以接受。然弟子聽了這話，卻不由得歡喜起來，覺得這眞是一種動中修定力的好法門！師姊便給了一本《無相念佛》，弟子閱畢，即上成佛之道網站查知開課日期，遂於二〇〇四年十一月二十五日赴臺北正覺講堂開始共修。

然而弟子初始共修時，即於公布欄看到一篇破斥性文章，因措辭頗爲激烈，對弟子的震撼不小！因弟子素來有養女情結，所以很怕人家生氣，進而亦不喜爭辯批判。此時弟子陷入兩難：一來震驚於批判性文字，二來實在很喜歡這法門。是而弟子想了個方法：就是先不捐款，但是課程不要中斷；若是想不開時，就請假一堂課。如此還眞的請了好多假呢！約略八、九個月之後，弟子發現道場眞的很清淨，也從未提到個「錢」字；往昔於其他道場，捐款都是不可避免的，所有道場往往明示、要不就暗示、要不然就有各種方案層出不窮，總是會要人掏腰包的。正覺不然，課上雖有教授布施度，然於學員是否捐款，從未有任何提示、暗示。此時下定決心好好看書，因爲之前怕看到破斥文字會不想來上課，所以就不敢看；這時，分次拿了十餘本書籍回家，日日夜夜趕著看完；閱畢衷心懺悔先前錯誤知見，因爲眞的是應該破斥啊！若不破邪，何以顯正？自此安住下來。

來了這麼五年半，仍然未見有任何提示捐款言語（專案專款賑災除外），讓弟子感動落淚的是 師尊數度於週二講經、會員大會時皆開示：「會裡的錢夠用了，有人提議要買新大樓，我們不願加重大眾負擔，寧居小小道場、蓋一座小小正覺寺就好。我們法大，不拘地方小！」如此的慈悲，讓弟子思之即淚下！在外頭，多少寺院蓋一座廟蓋了數十年，不斷的邀集資金，一塊瓦要數千元，瓦片上還可以簽捐贈者的名字……等，數之不盡。而 師尊多次宣說講堂善款已夠用，弟子私下偷偷問了一下，其實真的也沒很多善款啊！師尊您眞是慈悲的菩薩！

弟子來講堂的第二年間，父親、母親於五個月內相繼辭世，心中十分遺憾！因爲弟子婚前即向同修阿旺要求：「**你得答應要奉養我的父母，我才結婚。**」而阿旺亦一口應允。然尚未能奉養父親，父親即告驟然倒下，連最後一面都不能見到；而母親的因緣較好些，母親早年一直沒信心於弟子會孝順她，然於其往生前一年，因癌症之故，阿旺將她揹到家中奉養，其間出入醫院皆由阿旺揹負，弟子日夜照看，母親方相信弟子能夠孝順她。以是因緣，母親有幸於往生前數月得以與弟子夫婦一同歸依 恩師座下，並發願念佛往生西方。因果業力眞是前定，父親疼愛弟子，弟子卻沒機會回報；母親毒打爲難弟子，弟子卻有機會回報養育之恩，並接引母親歸依正法，所以孫老師就說：弟子眞是前世欠了母親太多了！

弟子於二年半結業後，因缺課過多，轉至週三何老師座下續修一年。正巧與同修阿旺一起畢業報名禪三。恩蒙 師尊錄取，並於第一次上山的最後一日於拜佛時觸知了如來藏；找到如來藏時眞是震撼，深深覺得若無 佛、菩薩與 恩師的加持攝受，根本不可能觸到！然弟子於此深深懺悔：弟子雖有此「自己無能觸知，必定需由佛、菩薩與恩師的加持攝受方得觸知」的正念；然竟於內心深處悄悄起了慢心，心中起了輕易想，覺得自己反正已經知道了，竟沒好好的觀行體會，徒然虛擲了佛菩薩與 恩師的恩賜！

當然第二次上山完全過不了關，恩師有大智慧，知道弟子需要好好磨練才能成材，弟子萬分感謝第二次不能過關！而第三次、第四次報名皆未錄取，弟子再萬分感謝 恩師未錄取弟子，如此弟子的諸多性障方能漸漸消融！當然，第三次上山，眞是無盡的感謝 恩師慈悲，攝受弟子令定慧生起，感謝佛菩薩加持弟子開啓智慧、長養定力，弟子又於山上發了諸無盡大願，弟子向 恩師保證：「**弟子永遠不會忘記破參前所發的諸無盡大願，定當生生世世奉行不懈！**」

弟子日常除了效法諸位親教師與組長，盡力接任義工工作外，並不忘 世尊入滅前的開示：以戒爲師。因至講堂聽課時，有 師尊與親教師教導，然返家後容易放逸；弟子很感謝 師尊為我們授菩薩戒，如此日日以戒為師，等於請了老師二十四小時教誨，於修除性障大增助益。弟子並時時思之：既然想要成為明心的菩薩，就要有菩薩的樣子，最難的是居家的四威儀，在家中常常就忘了菩薩應有的威儀；而夢境中亦然，平日好似修為不錯，然於夢境中卻有各種習氣性障一一現起，是以晨起若記得夢境，也將之拿來檢討思惟，漸次修除習氣性障。

弟子很感謝能有機會作很多義工；每次作義工，受用的都是自己：校對稿件後，知見、文字能力進步了，因需專注，是而定力也增強了；定力增強再加以了義文稿，慧力亦增強了！而一般事務性的義工，更是修除習氣性障、了知己身落處的好機會！否則弟子終日於家中為家庭主婦，無有任何境界，如何歷緣對境、修除性障呢？

弟子無盡感謝 恩師出世弘法，讓弟子有重生的機會！否則任憑弟子堅信佛說，卻也沒個依止處，無善知識引導，何得自在？何處是眞正的家呢？

以上俯伏敬呈見道報告，因弟子習性太差，趕於最後繳交，文字疏漏，字句顚倒，無有時間再度詳細檢查，懇祈 師尊海涵原諒弟子！

弟子麗珠至誠將明心功德迴向
恩師與師母色身康泰，壽逾百二十歲
弟子麗珠至誠將明心功德迴向
親教師孫正德老師色身康泰，並願代孫老師承受一切病苦
弟子麗珠至誠將明心功德迴向
正法永傳　佛法長興

南無　本師釋迦牟尼佛
南無　大悲觀世音菩薩
南無　文殊師利菩薩
南無　護法韋陀尊天菩薩摩訶薩
南無　平實菩薩摩訶薩與師母菩薩摩訶薩
南無　正覺海會菩薩摩訶薩

弟子　麗珠　俯伏拜呈 20100511

見道報告

佛弟子 蕭素柑 見道報告

一心頂禮 本師釋迦牟尼佛
一心頂禮 大悲觀世音菩薩
一心頂禮 十方三世諸佛菩薩
一心頂禮 護法韋陀尊天菩薩摩訶薩
一心頂禮 平實導師菩薩摩訶薩
一心頂禮 親教師游正光老師菩薩摩訶薩
一心頂禮 親教師寬道法師菩薩摩訶薩

無限感恩 佛菩薩加被，導師、老師慈悲攝受教導，弟子能夠走進正覺，得到無上大法，無法以言語筆墨道出心中無盡的感激，弟子愚魯，蒙老師、導師、佛菩薩憫念弟子，得以參加三次的禪三精進共修，在　導師、監香老師大善知識的攝受下，得見本來面目，感恩　老師、感恩　導師、感恩　佛、菩薩。

弟子猶記得小時候，每逢過年佳節以及升學考試，都會隨母親到住家附近的寺廟拜拜求願，對於菩薩的慈悲，神明的威德靈佑蒼生，深生孺慕之情。一路上求學、工作都很順利，而且每每在關鍵階段都會遇到良師益友；一直到一九八六年四月，社頭鄉一位醫師家設佛堂，禮請懺雲法師灑淨並辦歸依，學校同事相邀就近參加，之後偶爾會一起誦〈普門品〉、〈大悲咒〉。六月，與弟子同月日出生的長子突然車禍往生，弟子頓感生命無常，不勝悲傷，師父開示：「**節哀念佛，自他兩利。**」從此以念佛為依歸。那一年遷居臺中烏日，家師兄因已茹素多年，提議家中不煮葷食，就全家都跟著吃素。一位同事是菩薩戒子，與弟子一同訓練合唱團，下了課，相邀一起讀誦〈楞嚴咒〉，祈願佛法長久住世。這位同事在暑假一起參加學佛營後不久，就辭職出家修行。弟子也希望及早退休專心學佛。

一九九○年陪母親、婆婆在埔里靈嚴山寺受菩薩戒，弟子也正受五戒，並陪婆婆於六齋日持齋，隨分隨力受持菩薩戒，希望勤修三福淨業，能得上品往生西方極樂世界。一九九一年請調臺中市，寄望服務五年後可以退休潛心修行。弟子邀幾位已經歸依的同事一起讀《楞嚴經》卷七、〈楞嚴咒〉，也常在寒暑假一起參加學佛營、打佛七、打禪七、拜懺、朝山等等。茫茫人生中，總算找到依止。

由於家師兄平素喜愛看書，參加大乘印經會二十多年來，家中不乏各類佛書；其中有許多禪門的書，弟子讀來實在難懂、難會，但是家師兄還是徜徉其中。公元二千年終於獲准退休，弟子與師兄決定搬到大坑山上過農禪生活。最初嘗試修涅槃大法，書上說：坐到心中無念，就見法身。當時還認爲禪就是禪定、打坐，但總覺得不契機而放棄了。後來也讀一些禪門的書，覺得有些理念好像也不錯，但卻找不到入門的方法，深感禪宗無門可入，難修難證。在慈濟師姊力邀之下參加了委員培訓，走入人群行菩薩道。師兄還在尋尋覓覓，甚至想近寺住，參訪善知識。

直到二○○四年，在一家素食材料店看到結緣書，有 導師的著作《無相念佛》、《念佛三昧修學次第》、《護法集》等，滿心歡喜；弟子修學淨土法門，一直不知如何能得念佛三昧，看到 導師在書中把念佛法門由持名唸佛次第轉進到實相念佛，解說得十分詳盡清楚，又很慈悲的施設了各種善巧方便讓學人能領會意旨，弟子與家師兄決定先到講堂參加共修。報名時，週四班開課已將滿三個月了，想是與師父有緣，慢一星期就不能報名了。

二年半的共修，感恩親教師殷殷教誨，每次上課都是一堂豐盛的佛法饗宴。弟子漸漸體會到明心見性是可修可實證的，唯有在法上用功才能報答佛恩、師恩。禪淨班結業時，家師兄覺得當初起步慢，基礎不穩，憶佛功夫沒把握，決定由禪淨班從頭學起。弟子希望更上層樓，把知見、功夫加深、加廣，希望悟緣早日成熟，繼續到游老師座下熏習，加強定力、慧力，作義工修集福德；每天拜八十八佛懺悔業障，把所有修行的功德迴向累世父母、師長、歷劫冤親債主及法界一切眾生。

假日和師兄到登山步道口擺書市，也藉此機會看書、作觀行，觀自他有情五蘊十八界的運作，而不斷生起疑情：意識心虛妄生滅，色身也是虛妄無常，行蘊虛妄無自性；五根是色，色無覺知，來來往往的行人，都是眞妄和合運作，那麼眞心在哪裡？□□□□□？□□□□□□□□□□□？□□□□□□？眞妄和合運作中，□□□□□，□□□，□□□□如來藏在哪裡？回想週二聽 導師開講《金剛經》，導師開示：〈法會因由分〉又名〈放光品〉：爾時世尊食時，肚子放光。著衣持鉢，通身放光。入舍衛大城，眼根、足根放光。乞食，爲施主祝願，口裡放光。又想起上課中游老師常說：「眞心外於蘊處界運作的範圍，而於蘊處界分明顯現祂的眞如性」、「識□□□，唯□□□」、「菩薩舉足下足皆從道場中來」、「法身無說而熾然說、恆時說」，就是祂。通身放光？如來一切時放光，眾生在何處放光？祂出生了五蘊十八界，而一切時與五蘊十八界同處同在和合運作，如來藏在□□□□□□□□分明顯現光明相？！

二〇〇八年十月弟子第一次上禪三，才體會到禪門宗風，處處禪機。用齋時，導師要大家吃水果，又問：「是什麼？」經行時：「注意腳下！」晚上公案普說，請出古代禪師，一一機鋒相示，疑煞禪子們；禪師隱覆密意而說，禪子們落入閑機境，滿頭霧水，苦參不得。弟子平日聽 導師講經約略會得「放光」意旨，但體會不夠，總是落在意識思惟。解三回來，趕緊請出公案拈提來讀，看僧人如何在禪師棒下、言下會取，又看到 導師講《實相般若波羅蜜經》時，舉僧問：「**如何是佛？**」曰：「**露柱**」、「**綠瓦**」、「**胡餅**」；趙州禪師云：「**六六三十六。**」師云：「**七七四十九。**」洞山曰：「**麻三斤。**」師云：「**麻二斤、麻四斤都對。**」爲什麼對？意不在語言文字上，還得在語言文字上會取。

弟子第二次上禪三，小參時 導師再問：「你□□的時候□□、□□是什麼？**如來藏在哪裡？**□□□□□。」弟子體驗不夠，用了幾句話也說不到重點，無法悟入。解三之後，弟子生大慚愧心，已經二次辜負了老師的期許，弟子求開悟希望能夠如理作意爲正法作事。這次下定決心，摒除一切外緣，以閉關心情，每日禮佛、看書、觀行、思惟、參究，家師兄答應全力護持。禪三前一週，聽 導師講經時，影像與聲音發生了一些落差，看著、聽著，忽有體會，眞妄和合運作中，涇渭分明，體會到 導師演說的無生大法。是 導師、佛、菩薩加持？！在拜佛時，感覺到如來藏□□□□□在運作，現觀祂依於意根隨緣任運，眞實而如如。

今年十月，感恩 導師、老師慈悲，給弟子第三次機會上禪三，弟子心得決定，若得破參，當勇於承擔，荷擔如來家業；相信來到正覺，開悟是遲早的事。感恩 導師，感恩 老師。

有一位法師在電視上講經時說，他一生修行，只求開悟，而仍未悟。古今多少禪子窮盡一生在追求明心見性猶未得；澄遠禪師跟在師父身邊，每天聽師父喚他「**遠侍者**」十八年才開悟；返觀弟子在 導師、親教師教導下建立正知見，終於清楚了知解脫道、佛菩提道之修行次第；相信只要走對路，就不怕路遙遠。今蒙佛菩薩加被，導師、老師慈悲攝受引導而得破參，弟子無盡感恩，發願將此深心奉塵剎，當盡此生以至盡未來際精進佛道，弘揚正法、護持正法，饒益有情。祈願 導師 老師在佛菩提道上繼續攝受弟子。弟子尚未體驗喝無生水，下次報名護三，希望發起智慧圓滿行菩薩道。感恩 導師、老師、監香老師！感恩義工菩薩、護三菩薩！阿彌陀佛！

弟子 蕭素柑 頂禮

2009 年 11 月 12 日

見道報告

佛弟子 陳奕維

一心頂禮歸命 本師釋迦牟尼佛
一心頂禮歸命 諸佛菩薩摩訶薩
一心頂禮歸命 大悲觀世音菩薩摩訶薩
一心頂禮歸命 彌勒菩薩摩訶薩
一心頂禮歸命 護法韋陀尊天菩薩摩訶薩
一心頂禮歸命 克勤祖師菩薩摩訶薩
一心頂禮歸命 平實菩薩摩訶薩
一心頂禮 正圜菩薩摩訶薩
一心頂禮 正元菩薩摩訶薩
一心頂禮 監香老師及正覺講堂所有親教師
一心頂禮 護三菩薩們

弟子出生於種性清白之家，祖父是三寶弟子，曾於私塾任教，每逢生日都會在佛堂誦經及到前院「放生」。父親高工畢業，在高雄市一家私人的大型化學公司當小主管；母親初中畢業後保送師範學校，卻礙於家計，只能留在家中幫忙生意，因此嫁給弟子的父親之後，只能當一家庭主婦，侍奉公婆、照顧孩子。他們皆信受佛法，因此弟子小時候經常隨祖父母到附近的彌陀院（曾請水里懺雲法師來講經說法）念佛繞佛。

弟子小時候生性害羞，卻歆羨俠客行俠仗義，常以竹做的假劍與弟弟在竹園中對打比武，有時還學武俠片中的輕功從高牆一躍而下；在食的方面，弟子從小就較偏於素食，不喜吃禽獸肉；尤其沒有調味過的白煮肉，只要咬上一口，那種肉腥味就足以讓弟子反胃而想吐出來；弟子卻敢吃蝦子、小卷等海鮮類的動物。

祖父教書極爲嚴格，每天很早弟子與弟弟都被叫醒去背誦《三字經》、《千字文》、《四書》……，背不起來時，甚至不能吃飯，到晚上沒有背誦好也不能睡覺；雖然長輩是「愛之深，責之切」，回想起來也眞是一種苦。直到我唸小學中年級，祖父才不逼迫我們，這時才鬆了一口氣。由於祖父務農，弟子常常很早就得去竹園幫忙割竹筍（父親的工作都由弟子和弟弟代勞）來賣，有時得與弟弟挑「大肥」去澆灌筍園，這對當時幼小的我來說，生活眞不是件容易的事。弟子的父親個性很儉，甚或有些吝嗇：薪水捨不得給父母妻子兒女使用，但對自己卻極爲慷慨。也因此每逢繳稅之時，阿公就會與父親鬧得不愉快；這種烏雲密布，雨又下不來的沉悶之氣，爲弟子幼年生活增添幾許恐懼不安。父親菜錢給得少，母親就得在茶飯裡刻苦，也得不到公婆的歡心；弟子讀高中時得穿著破舊的內衣上體育課，口袋中連一毛錢也無，那時眞覺得孟子說的「空乏其身」就是我的寫照……。加上弟子提早入學，在學校成績平平，就讀的高中也不出色，漸漸地，我們這家就被祖父瞧不起，認爲未來都是沒出息的（幸好阿公看走眼了，我們兄弟姊妹四人都有好工作，也都善良孝順，長輩最重視的「祖先—公媽」都由日瑞、弟媳用心祭拜二十幾年了，也算不負眾望）。

弟子在高中時代最喜歡閱讀文言文和打拳，六冊高中國文課本的文言文都背誦起來；尤其最欣賞蘇東坡的散文、詩詞，在生命困頓之中流露一股豁達的心境而與古之豪傑心神交遊。畢業後沒有考上大學，因沒有錢去補習，只能在家中自修。有時幫忙看管文具店，不知爲何，體會到人生無常之感，所以開始盲修瞎練，修練道家的吐納法、因是子靜坐法，有時一坐就是三小時。有一回靜坐到感覺有一股氣從腳底湧上頭部，呼吸非常細微，腳麻全部消失，意識心好像脫落一般，非常舒服；而且以後這股氣常在身中澎湃不已，尤其遇到激昂之事，譬如在觀賞電影時，看到殺身成仁、捨生取義的畫面，這股氣就會從全身湧入頭部，久久不去。高中畢業第二年，因人介紹到附近塑膠手套公司作小工，從週一忙到週六，但因爲能賺一點錢花用，倒是過得滿快樂的。工作半年，存了一筆錢，足夠補習半年，於是進入補習班繼續讀書，心中也想進入大學讀書。無奈那一年的「三民主義」考壞了，否則至少也能考個淡江數學系。

沒考上大學，只好等十月份去當兵，這時是一九七八年，抽到三年的兵期。前三個月的中心訓練，眞不是人過的生活；接下來在軍中作「烏手」學修車，又學跳傘，從飛機上跳下來五次；又是蓋房屋……，晒得跟黑人一樣。當兵三年中有兩年三個月當憲兵，作過軍中看守所的管理員，也常抓一些流氓回部隊打；那時的我總是光明正大的打人，不曾在暗處教訓這些壞人。當時在軍中只要有空就持誦《金剛經》，因聽說明朝有位戚繼光將軍，因持誦《金剛經》而得到感應與護佑。雖然三年的戎馬生涯共換了十幾個住處，但也平安無事，最後升上中士退伍。

高中畢業後經過六年才去讀大學，大學畢業後在國中教了二、三十年的書然後退休。在教書的前十年中，弟子當過三年的生教組長，不然就是擔任後段班的導師；這十年中，弟子與不愛讀書或流氓學生特別有緣；尤其當生教組長那三年，常過著不安與恐懼的生活，因爲常要面對流氓學生或外面的不良少年。有一次學校已放學，弟子在校園內處理事情，曾被一個身材壯碩的不良少年，從弟子的後面肩膀偷打一拳；只聽到碰一聲，發出巨大的聲響，弟子的身體竟然連動一下都沒有，而且也不會痛；對方好像打到牆壁一樣，所以那個不良少年因此嚇一大跳，後來就一哄而散。那段時間弟子有在持誦〈大悲咒〉，我想應是受到 觀世音菩薩的護祐。而在國中教書的後十年，弟子漸漸成爲學校的名師，每天忙於課務及教學，弟子總共教了四種專業科目：物理、化學、生物、地球科學，而且教書有時還橫跨三個年級，所以非常的勞累；加上弟子的母親出車禍沒有完全康復，就這樣經過十二年後捨報。在這十二年中，弟子每三天就有一天晚上要去照顧母親，沒有辦法在家中好好的睡覺，每天奔波於學校、取悅家中兩老、自己的家庭，回想這二十幾年眞是苦其心志勞其筋骨，苦多於樂，命之多磨，不在話下。

一、大學生活：開始參訪道場

役畢後，又苦讀一年，終於考上彰師大化學系（未改制前稱爲國立臺灣教育學院），因爲就讀師範學校一切免費，還有零用錢可吃飯，一畢業後就可分發到各學校任教職。一進入大學就參加國術社，因爲一直夢寐練就一身好功夫。可笑的是在大一下學期在校園遇到一位女生，就說要娶她爲妻，追了半年，求不得苦，結束荒謬的想法（雖然如此，娶妻之前，弟子從不敢碰一下女生的手）。

1．大二開始參加佛學社（進德社），主要是追隨臺中李炳南居士修學，每週會有一天，利用下午搭校車到臺中聽老居士講《華嚴經》。

2．也參加蓮因寺懺雲法師舉辦寒暑假大專佛學營。

3．也曾親近苑裡無名比丘尼，常利用晚上去那裡朝山消業障。這位比丘尼不說話、不吃飯，只喝大悲水，懺雲法師有時也會來看她。有一天因入定而捨報，弟子也趕去為她助念；她火化後燒出很多舍利子，一些小骨頭上鑲有各種顏色的舍利子。

4．也曾親近埔里靈巖山寺妙蓮長老，有一回參加那裡所舉辦的觀音七。打七時間是禁語，過午不食，每早三四點就起床。最後一天早上朝山禮佛時，可能身心有些清淨，在坑坑洞洞充滿石頭的路上朝山拜佛，宛如跪在軟綿綿的棉花上一樣，無比舒暢，意識心非常清淨舒坦。

5．也曾拜見廣欽老和尚，弟子未曾隨老和尚受學，只有在老和尚捨報的前一年與老和尚單獨合照。若依禪宗公案，在老和尚與弟子合照的當下，老和尚已給弟子機鋒，只是當時的我仍不知而落於表相。

在大學所學的佛法還是以李炳南居士所傳授的為主，其主要觀念是：末法時期只有淨土法門是眾生唯一的依歸，這時期的眾生根性差，是不可能開悟明心的。（直至今日，已過二十幾年，末學曾利用過年到臺中拜訪過去的同修，向他們揭示正覺的大乘佛法，但臺中蓮社大部分的師兄姊對末法時期眾生無法開悟明心的觀念依然牢不可破。）

二、大學畢業後追求佛法

1．現代禪：大學畢業後回高雄教書，離臺中蓮社漸行漸遠，但依然不減修學佛法的心情。首先遇到的是現代禪李元松老師，聽說他已證得慧解脫阿羅漢，而且聽他說這一生要度一百人成爲阿羅漢，弟子也曾被現代禪印證爲初果（當時有人戲稱爲吉利果）。李老師提出一種與當時佛教界不同的思想，叫作「情慾中的佛心」：就是在不違背法律、不影響他人的情況下，情欲要適當的疏導，不要壓抑；可以去作自己喜歡的事，不需要受到戒律的束縛。李老師要弟子們修定去伏住情慾、減低情慾，因李老師的定力可能非常好，他曾說：「**你們都還是小孩子，我已經是幾百歲的老人。**」這應該是指他的定力成就。（以弟子現在觀之：這種方法是不可能斷掉情慾的，要斷情慾需靠智慧不能只靠定力，應先斷我見才有辦法把情慾慢慢斷除，否則只能伏慾。）

李老師還有一個思想，就是「活在眼前一瞬，法爾如是」，也就是中樂透沒什麼好與不好，殺人也沒什麼好與不好（這就是想要把第六識妄心轉成第八識眞心的體性）。有一次，弟子曾問李老師：「**既然沒有什麼好不好，爲什麼不會去吃大便，卻要去吃飯呢？**」李老師要弟子自己去參。參了很久，始終無法得知要如何使意識心變成沒有分別。（以弟子現在觀之：活在眼前，就是我見不斷。因為有一個我活著，這樣是無法得到清涼自在的，只是靠定力暫時的麻醉自己而已。）

2．東密悟光上師：

李老師曾讚揚東密的悟光上師，說他是住在山頂上「納涼的人」，也就是解脫自在的人。聽說他住在高雄縣內門鄉，弟子有一天開車載著全家到內門鄉的山間小路上轉來轉去，經過很久的時間，忽然看見一間佛寺叫光明王寺，正是悟光法師的道場；就在光明王寺遇到徹入師，他是弟子在軍中同一連的吃素排長，後來追隨悟光法師學東密。在這裡，首先學如意輪，聽說在日本只有貴族才能學這種法；這種密法需要持咒、比手印、觀想、折珠很複雜，弟子回家後也沒有好好練習，後來都忘光了。（以弟子現在觀之，悟光法師與李元松老師，同樣落於常見中，只是悟光法師多學了密法。）悟光法師曾教弟子觀月輪，觀想月輪在胸部的地方，月輪可放大縮小；平常月輪是冷的，要辦事時月輪可變大、可變炙熱光亮的。

悟光法師為人和藹親切，沒有架子，弟子有一些世俗的事無法解決，都會去找悟光法師幫弟子解決。例如弟子有位三舅，在日據時代美軍空襲臺灣，到山區避難時生病夭折，成爲無主孤魂而來干擾弟子的女兒；弟子的女兒當時年紀還很小，只要在電視上看到戰爭影片或聽到挖土機走動的聲音，就會大哭產生恐懼；後來在光明王寺作一場法事，爲弟子的三舅立個牌位，弟子的女兒就好起來了。還有另一件事，弟子的母親出車禍顱內出血昏迷不醒，在醫院就醫；每到下午就會發高燒，一定要準備三個冰袋幫母親退燒，而且得將她的手腳全部綁起來以免她亂抓。弟子只好又去求助悟光法師，法師認爲可能是受弟子往生的外祖父母影響，所以又作一場法事且立牌位。當法事完成後要到外面燒金紙時，本來天氣是風和日麗，忽然變爲烏雲密布陰風陣陣，金紙燒完後天氣又慢慢變好；這時打電話回醫院詢問，弟子的弟媳說母親已經退燒了。母親的高燒可能起因於弟子的舅舅都沒有奉祀祖先，而弟子的母親雖已出嫁，卻是家中最大的女兒，尤其弟子的大舅年紀只小母親一歲，是美國堪薩斯州州立大學物理博士，受西方教育，可能是信奉一神教，從不奉祀祖先。這是弟子修學東密的過程，只著重於世俗法，沒有眞正在修學。

由於感恩悟光法師的緣故，一直到悟光法師往生之前，輒常前往問候供養。法師往生之後，便少有前往。

3．學習風水堪輿之學

後來弟子又去學風水地理，只是一種興趣，並不求大富大貴，能得家境平順小康而已。花了不少錢學習，雖略懂其中，終究得不到眞正的祕訣，後來因爲學習正法，這些事就漸行漸遠了。

疑惑：最近電視上又多一個電視臺稱爲唯心電視臺，專門在教授風水地理及擇日，稱作唯心宗。他們的宗主是混元禪師，這個禪師之名倒是怪怪的，這混元禪師早期也信佛，現在以信奉道教鬼谷子爲主，表面上看起來不像一個歛財行騙之人。弟子知道風水地理不是究竟之法，只能用於世俗上，無法使人得到解脫自在與清涼，只是弟子有些疑惑不解，例如說住家右前方或右邊有很高的房屋，可能會產生叛逆不乖的小孩，只要有所改善小孩就會變好，這是巧合或者是在騙人的？還有使用《易經》卜卦，就可以知道別人住家哪邊出問題或可知道未來吉凶。這是否有干預因果，或是一種工巧明，或是與種智有關？導師講經時曾說過意根會攀緣過去生的臭骨頭，對於風水與擇日，如果弟子只用於自家改善環境而不用於他人，或者作重要的事時選擇一個好日子，這樣是否有因相信外道法而犯菩薩戒輕垢罪？還是修學正法以後，就應把以前所學的風水地理擇日全部遺忘，不必去管住家風水及擇日之事，從此不再使用？懇請 導師能爲弟子解其疑惑。

4．修學佛乘宗

這門派由李善單傳授，也講唯一佛乘，還講八道輪迴，除了六道輪迴之外又加上植物道與礦物道的輪迴；每次共修就先作一些運動，說這些運動與成佛有關，並講解一些自創的佛法。去那裡上課每三個月收一萬元的學費，講師還會推銷李善單的字、畫，每幅超過十萬元以上，強調這些字畫有能量，買到的人可以受到加持。還推崇一種往生米，只要與往生的動物放在一起燒就會燒出舍利子；這令當時很多共修者而言，十分不解。李善單本來是個武俠小說作家，成立佛乘宗之後，在淡水設立祖師廟，兼售牛肉麵等葷食；在全國多處設立香華天化妝品販售處，強調能量的可貴，令很多無知者趨之若鶩。弟子在其中愈久，愈感覺不到修學的目標。後來又找人聯絡我，要我貸款一百萬元給他，說是有法主即將出世，被我同修斥爲無稽之談。

修學後內心之苦卻沒有止息，以及佛乘宗荒唐的作爲令人起疑，三年的共修告一結束。

5．修學密宗：

這時弟子已經四十幾歲了，想到「是日已過，命則隨減，如少水魚」，道業還一無所成，不覺內心惶恐不安。想一想，只剩西藏密宗還沒學過，剛好有一位自稱蓮花生化生的仁波切在高雄市有開班授課，說密宗的修學可讓人當生成就；這恰好符合弟子當時內心惶恐、道業無所成的心境，所以決定參加每星期一次的共修，由仁波切的徒弟—格西來教導，主要是持咒、打手印、觀想、用水倒在頭上灌頂，灌頂完要供養。這些灌頂的水是否有不淨物置於其中？此外還有賣黑色的甘露丸，據說是由不淨物加上香料等調製而成，聽來也是令人咋舌不已。其中供養的佛像，有些是雙身的，例如蓮花生抱一個光著身子的女子，讓修學者禮拜。密宗有些人是以《華嚴經》〈入法界品〉善財童子第二十六參婆須蜜多女會，來自我合理化，因婆須蜜多菩薩示現妓女身。

弟子修學正法以後，知這些密宗的祖師仁波切都誤以婬樂中的覺知心，保持一念不生，以爲這樣就是證得菩提；其實這正是落在識陰與受陰之中，都已犯了邪淫罪，當下地獄。他們未明心，未證得婬慾即是道、婬慾即菩提的智慧，而誤解了〈入法界品〉善財童子第二十六參婆須蜜多女會的眞實意。婆須蜜多是以淫行中的如來藏指導學人作爲實證之標的，密宗卻以淫行中的淫觸覺受來保持一念不生的意識，作爲實證之標的，誤會眞的很嚴重。

還有一位有名的密宗祖師密勒日巴，他的傳記中有兩句話，在弟子未入正覺同修會時是很讚歎的，這兩句話就是：「紛亂越多越快樂；恐怖之境增大樂。」以弟子現在觀之，第一句話「紛亂越多越快樂」，表示落入六塵境界中，領受淫樂中的六塵而得快樂；這是生滅法，只要離開淫境，快樂就消失了。第二句話是「恐怖之境增大樂」，則是在定境中，因不畏懼幻境而自我誇耀；因意識心在恐怖之境一定會生大苦，怎會有大樂可說？而且眞心如來藏離見聞覺知，哪來的恐怖之境？哪來的大樂之境？皆落於意識境界之中，且還有一個我在了知恐怖之境、大樂之境，表示我見未斷。

三、接觸正法

修學西藏密宗兩個月，連仁波切本人都還沒有見過，就遇到正法；這時是二〇〇一年九月初，學校暑假剛結束，有學校的同事介紹北部有一位平實居士修證很高，於是就到佛光山滴水坊書店買一本《禪—悟前與悟後》來讀，當弟子讀後了知意識心是虛妄的，還有另一無分別的眞心，就馬上解除了弟子內心多年的疑惑，感到有些驚訝與快樂！隨即探聽佛教正覺同修會是否要開課，剛好十月分臺南要開新班，所以馬上報名，惟恐報名太慢而報不上。接下來每星期四與弟子的妹妹搭火車到臺南共修。

1．第一位遇到的親教師是法蓮師，此位法師是崇尚小乘的聲聞法師，沒有依同修會的規定課程教學，弟子跟他學法兩年多還不知道三乘菩提的內涵。二〇〇三年法難時節，這位法師謗菩薩藏，已成一闡提人。

2．接下來在同修會另行成立的臺南講堂中，由張正圜老師接任親教師，直到二〇〇七年，這段時間才奠定正確佛法的基礎。加上聽聞導師每週二晚上一次的講經，使弟子智慧增長不少。

3．後來又受學於蔡正元老師，在蔡老師的教導下，受益最大的是「斷我見」。蔡老師常問：是誰在貪？是誰在瞋？是誰在癡？要我們實際去觀行。

蔡老師還有幾句話對弟子的修行及行菩薩道有很大的幫助，這幾句話就是：「《金剛經》中的『受持此經』就是『解空無我』；『爲人輕賤』就是『慈悲眾生』。」經由蔡老師的說明講解及弟子的實際思惟得到受用。解空無我，就是在未明心前先斷我見，了知、現觀五陰十八界的空相，證得人無我；如果是明心就是已證得空性、證得如來藏的無我性，而要轉依眞心的無我性，這樣證得眞心也同時斷我見，就是所謂的善取空者。解空無我以後，就會更有能力去慈悲眾生；接著就要出去破邪顯正救度眾生，可能會受到一些眾生謾罵或侮辱，剛好可以歷緣對境消除性障，償還一些業報，先世罪業則爲消滅。

四、報名禪三

弟子在五年半前曾報過一次禪三，但沒有被 導師錄取，接下來歷經五年都未曾再報禪三。去年八月弟子從學校退休，再加上弟子同修的鼓勵，第二次報禪三，這次終於被 導師錄取。接到錄取通知，內心有一些高興；導師慈悲，竟會錄取像弟子這樣不精進的徒弟。想到自己什麼都沒有，眞心在哪裡也不知道，且剩下三天多就要上禪三，內心不覺有些緊張；每天一樣禮拜一小時的佛，在拜佛時都憶念 世尊。在這幾天拜佛當中 世尊好像會給弟子一些靈感，例如有一次拜佛中，就有一念頭出現，這個念頭就是：導師說螞蟻身上也有如來藏，弟子想：如果一隻同大小同形狀的塑膠螞蟻就沒有如來藏，眞螞蟻與塑膠螞蟻都那麼小，只差別□□□□□□□□，弟子想是否應從□□中去找如來藏？後來又起一念頭，□□□□□□□□有何差別？□□□□□□□□而□□□□沒有如來藏，其差別是在那裡？其實早在七、八年前，弟子進入正覺同修會還不是很久，有一次拜佛當中，世尊就給弟子靈感；只是當時弟子不知道是 世尊的加持，就在拜佛當中起一念頭：□□在□□□□□□□□？只是當時沒有深入探究，而落在識陰當中。

1、第一次上禪三

上禪三的第一天，早上報到，然後作起三法會懺悔滅罪等；下午請師後，導師幫我們斷我見。導師說覺知心□□□□□□處，剎那剎那產生又消失，非眞實有；意識心就像根與塵間迸出的火花般，我見如果不斷，是很難明心。晚上 導師普說，弟子還是一知半解，聽不懂 導師在說什麼。禪三第二天由導師小參，抽籤決定由女眾先小參，輪到男眾小參時已經是下午了，所以第二天早上弟子都在拜佛參究，但一無所得。到了下午繼續拜佛參究，等候跟導師小參，在拜佛當中忽然□□□心中馬上出現一個如來藏的念頭，□□心中也馬上出現一個如來藏的念頭，接著□□、□□、□□，只要□□某個部位□□心中就馬上有一個如來藏的念頭出現，這時弟子恍然大悟：莫非全身到處都有如來藏而且充滿全身？不然□□應該□□□，接下來就坐著參究，讓□□□去體驗如來藏，心想是意識□□嗎？意識在□□□□□，手上□□□，所以不是意識□□□；是色蘊□□□嗎？手的色蘊是段肉、是物質，應該□□□□；是□□□□嗎？□□只是□□的過程，所以應該不是□□□□，剩下來就是□□□無形無相的如來藏□□□。

參究不久就輪到弟子與 導師小參，進小參室向 導師禮拜，導師問弟子：「有沒有幫日瑞洗碗？」弟子說：「偶而幫日瑞洗碗。」導師說：「你退休了要幫日瑞洗碗，不只是幫日瑞的忙，對自己也有好處。」接著 導師就問弟子：「什麼是如來藏？」弟子就把剛才參究的心得向 導師報告，導師聽過以後說：「沒有錯。」最後 導師問弟子：「誰在吃飯？」弟子說：「是意識。」

導師說：「意識□□□嗎？」弟子想一想意識□□□□□□產生，怎麼會□□？意識只是□□□□□□□，所以弟子就回答 導師：「是如來藏□□□□□□□□□□。」接著 導師向弟子說「非心心」，要弟子繼續參究，就結束與 導師小參。

在小參時 導師向弟子說非心心時，是在給弟子機鋒；弟子當時不知，是回家後才知道。導師說非心心是在□□無住生心而動轉，當時不知 導師對弟子的慈悲與老婆，實感慚愧。弟子這次能體究到眞心是世尊給弟子的加持，像弟子這樣不精進且忙於世務之人，哪有能力自己找到眞心。

禪三的第三天，早餐要結束的時候，導師說搬柴運水、到外面拔草等事，弟子已知 導師的用意；用餐後 導師最後要大家再吃一口粥，尤其親切。今天輪到向監香老師小參，因登記的人很踴躍，要等很久才能輪到小參，所以弟子就坐在佛堂上繼續參究；弟子□□□□□□□，無意間看到 克勤祖師那邊，看到 克勤祖師□□□□□□□，弟子就馬上明白 克勤祖師□□□□□□。後來晚上 導師普說，導師解釋 克勤祖師那次砍下手刀其實並不是給人機鋒。

禪三的第四天，導師看見弟子還沒有通過監香老師的考驗，一大早就叫弟子到大殿外面個別指導。雖然弟子是第一次參加禪三，導師對弟子非常好，一心要助弟子趕快過關破參；經過監香老師幾次小參及弟子自己的參究，後來弟子知道爲什麼遲遲無法通過監香老師的考驗，其原因就是沒有正確回答□□□□如來藏□□才能□□□□□□□。後來監香老師好像已經把弟子鍛鍊得差不多了，準備讓弟子過關，要弟子出去整理最後一道題目。出了小參室已下午四點多了，已經準備要解三了，這一次已來不及過關破參，只能再等下一次禪三。

這次禪三雖有找到眞心，但還沒有被　導師印證破參明心；經過　導師的指導及監香老師陳正源老師的嚴格磨練，使弟子對眞心的體性與運作有更深入的了知。回家後有跟弟子的同修日瑞講，弟子有找到眞心，因未被　導師印證，所以不敢對講堂的師兄姊甚至弟子的妹妹說弟子有找到眞心，怕犯大妄語業；他們如果有問弟子禪三之事，弟子都得說還要再努力。

從禪三回來到農曆過年這幾個月的時間，弟子的主要工作就是讀　導師的《公案拈提》，及出去發破西藏密宗的傳單；除了有時跟團體出去發傳單外，弟子都獨自一人揹著背包在大街小巷投信箱或發給遇到的過路人；每星期大約出去發三次，已走遍高雄市一大片土地；聽說高雄市已快被發完，要往高雄縣發展。過完農曆年，弟子就沒有再出去發傳單；可能前幾個月發傳單過猛，身心有些疲倦，等下次禪三結束後再出去發；所以這段時間，只有在家裡讀《公案拈提》或偶爾爲講堂作一些打雜之事。弟子以前幾乎不看祖師公案，因爲看不懂，只要書中有公案的地方都跳過去不讀；從上次禪三回來到今年四月份上禪三之前這段時間，弟子總共讀了四三八則公案，就是讀到公案拈提第六輯第四三八則〈大隨百法〉，這四百多則公案幾乎都可以讀懂，已經不是無頭公案。

疑惑：其中只有幾則較難懂，例如第五輯第三七五則〈金州遭賊〉，弟子很難看出米和尚遭賊之處；只是金州和尚的禪床被米和尚佔去，但一切施爲都合符節，且眞心離六塵生心而運作，哪會有座位的問題？可能是金州和尚故意不給米和尚置座位，米和尚完全落入金州和尚所設的局中而不自知；米和尚的一切心行都被金州和尚所看穿，所以鏡清道怤禪師說米和尚「只見錐頭利，不見鑿頭方」，因錐頭利的運作完全受鑿頭方的控制，這是弟子臆想所得，弟子愚昧，不知是否正確，還懇請 導師糾正。

如果找到眞心以後，這些明心的祖師公案是否已經不是很重要？如果遇到難解的公案，好像也不能與其他證悟的菩薩討論或問親教師，因怕洩漏密意，是否應在教門及消除性障上用功，不必去讀明心的祖師公案？其實有些祖師公案也蠻有趣的，例如黃龍慧南禪師的「我手何似佛手？我腳何似驢腳？」像這種有趣的公案有時也可自娛一番，懇請 導師能解除弟子的疑惑。

2、第二次上禪三

今年四月份的禪三被 導師錄取第二梯次，弟子想這一次禪三一定比上一次禪三輕鬆，因爲弟子已找到眞心不用再參究。禪三的第一天下午請師後，導師幫大家斷我見；導師好像說身體上某個部位在痛，其實……是……，使我們感覺好像那個部位在痛；如果……就不會痛了，是因爲麻醉藥很快由血液傳到勝義根處，將……麻醉，所以就不會再痛。

疑惑：弟子有一些疑惑，依弟子以前在學校教生物的觀念，如果…………請 導師開示，或許是弟子觀念不正確。

禪三的第二天下午，又輪到弟子與 導師小參，進入小參室向 導師禮拜後，導師要弟子敘述找到的眞心是什麼，弟子講完以後，導師又問弟子幾個問題，導師慈悲都會提示弟子忘記的地方，或補充弟子敘述不足的地方；接下來 導師就讓弟子過關，要弟子出去寫題目。寫題目是增強免疫力，避免弟子以後退轉；在寫題目時弟子讀了半年的祖師公案都派不上用場，只有在每則公案中 導師在破大法師及密宗的論述可被拿來應用。

這次禪三，在四天中弟子很幸運能與 導師同桌吃飯、共住、共同生活，能與大善知識共同生活四天，實甚希有之事；導師在吃飯時都會給我們機鋒，例如 導師會拿一塊蘋果問：「**是什麼？**」未明心的菩薩都會答：「**蘋果。**」如果已明心了，答什麼都對；如果未明心，答什麼都錯，因落在識陰之中。弟子本來想回答：「**去問外面的路燈。**」因 導師沒有問弟子，弟子不敢回答，怕違反禪堂規矩。

禪三第四天早上開始喝水，導師要弟子拿起茶杯，用竹篦在身上指點；只是拿個茶杯，如來藏□□□□□無住生心而運作，剛好可以同時去現觀眞心的寂滅性、清淨性、涅槃性，此喝水之法實在太勝妙了。雖然弟子在上次禪三已找到眞心，但這次禪三被 導師的磨鍊特別多；因破參的人數少，導師時間較多，所以這次禪三弟子雖然不用去找眞心，但好像比上次禪三更累，也使弟子對眞心的體性與運作有更深入瞭解。

這次禪三女眾較多，在禪三第一天早上懺悔法會時，哭聲特多特大，此起彼落，弟子竟然連一滴眼淚也未掉；即使上次禪三找到眞心時，內心有些高興，一切都很自然平常，也未曾掉淚；而這次解三聽到唱誦「禪三功德殊勝行」時，不覺悲從中來而淚下；回家後好幾次只要內心生起「禪三功德殊勝行」這句唱誦，就會流淚而想哭，不知觸動往世的什麼種子；可能無門之門已被找到，也被 導師印證明心，可入內門廣修六度萬行，以後應當隨分隨力自度度他，摧邪顯正，救護眾生，護持正法，盡未來際，一切劫數，無有休息，以報答佛恩與師恩。

以上　敬呈

平實菩薩摩訶薩

佛弟子陳奕維稽首再拜

公元二〇一〇年五月十四日

見道報告

歐陽詠嵐

一心頂禮　本師釋迦牟尼佛
一心頂禮　禪三期間諸佛菩薩及護法龍天
一心頂禮　法身慧命父母平實導師
一心頂禮　監香老師們及諸護三菩薩

小時候媽媽常說：「妳是在我求了松山媽祖娘娘後才有的，而妳出生後又夢到一人笑咪咪地對我說：『妳們家人口不多，總共只有三個。』」心想這位媽祖娘娘眞好！有人向她求願即能滿人的願；而那出現在媽媽夢中的人也眞厲害，怎知道家中會只有三人呢？

想又兒時每每有高人矮人（編案：媽祖信仰中的七爺、八爺）遊行時，又想看、但又怕見著那嚇人樣子，心想爲甚麼「神」會長得這個樣子呢，不都是慈祥的模樣嗎？

求學過程結束後就開始了忙碌的工作生涯，一晃就過了二十多年。在最後待業之時，那時尚未和我結婚的同修剛好也休業中；因他想出家當和尙，就送了我一本《金剛經》，告訴我要讀誦：「**那會有很大功德。**」於是我就早晚各誦一次。有個高中同班同學是一貫道的，知道了就說：「**佛教徒都愛誦經，但他們都不知其意，這是沒有用的。**」想想：**這也對啊！**但因爲是同修交代的，所以還是繼續讀誦。有一回去美國，另一個同學得知後就送給了我一本《金剛經》的註解，但看了好像不太能瞭解就束之高閣了。

這中間同修也帶我去了一些寺廟，並告訴我一些佛教的典故，當我聽到釋迦牟尼世尊出生後走了七步就說：「**天上天下，唯我獨尊！**」覺得很困惑，是甚麼獨尊？因爲教主不可能會誇讚自己的吧？但也無解。每每進到寺廟，同修都是跪拜，而我都只是合十三鞠躬，同修問我爲什麼不拜呢？又說這是拜自己的自性佛。甚麼是自性佛？他說的我又不甚瞭解。因爲當時對佛法的無知，故心想「**舜何人也，予何人也，有爲者亦若是。**」我們景仰尊敬佛，把祂當作是學習的對象就好了。

當看到爸爸日漸老化，心裡很恐慌，不知萬一他往生了該怎麼辦？也許是因緣罷，不久就和轉念而不想出家的同修成家了。結婚過後沒兩年，爸爸送醫急診，最後住院二十九天就往生了，也結束了我上班前先來看爸爸、下班後來接媽媽回家的醫院生活。曾聽說人往生要助念，但也不知道要找誰？有一葬儀社老闆介紹一個佛教團體有免費助念結緣，還給了電話，並且還建議說平常可以加入一些佛教團體，以後就有這服務。心想，爲了助念才加入，豈不太功利了嗎？不過還是很感激他給的訊息以及那個爲爸爸助念的團體。

有一天拿著爸爸死亡證明書，走在三總的汀州路上覺得很孤獨，不知爸爸現在在何處？是否在天上看著他可憐的女兒呢？在火化時也是呆呆地看著那一縷煙，心想人就這麼不見了嗎？

有回同修說可去聽聽海雲繼夢法師講經，去聽了之後心裡犯嘀咕；可是在結束前要唱誦叩鐘偈時，不知怎的一聽到前奏就要掉淚。

同修又有一回看到隆波通的動中禪七，就要我去參加；因爲同修在佛法上懂得多，所以就接受了他的建議。在汐止山上，每天走路時就看著自己的左腳右腳，不然就坐在那邊翻掌，眞的很沒趣，心想這樣能看出甚麼禪來嗎？但看著旁邊某大學教授如此專注地作著，但說眞的，覺得這法不適合我。山上又潮濕，寺裡地面又反潮出水，想藉痔瘡發作請示可否先回去？但又被勸以忍耐，好不容易結束了那七天的煎熬，這是生平第一次參加的禪修活動。

後來同修應聘到新加坡工作，我也就跟著去那兒。有一天他說找到一個禪修處，要去看看。結果在那裡又是盤腿打坐、誦經、又是繞圈子經行；沒幾次就瞄到那和尚生他徒弟氣的模樣，心想那不就跟我一樣愛生氣？就有一點不想再去了；但又想，這樣有違同修之好意，只好再繼續。

有一天和尚說禪是很活潑的，不是死板板的；就安排每三人一組到小參室，輪到我們這組時和尚問我：「**妳剛才從哪裡來道場？**」心想不是從家裡來嗎？但又想答案一定不是這個，禪應是很玄的才是啊！後來和尚說：「**妳不是從家裡來的嗎？**」是啊！可怎麼眞的會是這個答案呢？之後又問另一位師姊：「**蝴蝶會怎麼樣？**」那位師姊大概也把答案想深了，我就用手比劃了一個飛的模樣，和尚說：「**對了！蝴蝶會飛。**」回家路上好高興，禪竟然是如此簡單，根本不像同修說的那麼難，後來就藉此不再去了。

當同修決定不再續第四年的約後，我們就回臺灣了。不久他又說：「我們去正覺講堂聽經。」「好」是我的標準答案。尚未進入大樓 只見一排人龍，還有師兄姊在大門口九十度的「阿彌陀佛！」眞令人感動。至於聽經時寫的筆記就慘不忍睹了，佛法上的專有名詞不是注音就是別字；至於是甚麼意思，又是很多的不知。後來聽說週五有禪淨新班開課，同修就要我先去上禪淨班，因爲那時他還在忙其他事。

才上課沒多久，就發現右臀長了東西；怕母親擔心，於是趕緊安排送她回大陸家鄉，回來後立即開刀；由於我傷口實在太長，只好休學告假。幾個月後，接到通知星期四有新班開課，而我身體也恢復得差不多，同修也有空能一起上課。同修每每笑稱我們是「同學」，因爲許多世間法、出世間法我們常一同學習。

陳淑瑛老師也是第一次擔任親教師，她準備了豐富的投影資料，我們生怕遺漏了就拼命的抄；老師說：「不用抄，這都是從導師書上節錄出來的，你們只要好好聽講、記住就好了，因爲只怕你們回去都沒時間再複習。」但導師書這麼多，又不知是哪一本？所以還是抄，好像這樣才對得起自己。不過還是眞的喜愛無相念佛這個法，之所以如此是因爲無相念佛隨時隨處可作功夫，加上不攀緣；因以往工作時必須花許多時間在人際關係上，覺得眞的是厭倦了。

兩年半就這樣地過完了，太過用功，憶佛憶得頭痛，但又無對治之法。學期結束前老師說全勤之同學，張老師會送毛筆字，這眞開心；後來寫了封感謝張老師的信請陳老師轉交，上頭還寫著「**老師您怎麼知道我妄念紛飛**」，後來想起來，覺得自己眞是個傻蛋。

進了進階班，游老師的教法又是獨樹一格的，他多半會舉例會外諸多不如理之說法，讓我們指出其錯誤之處爲何？常聽到很耳熟的名相，但正確的內涵卻又很模糊。因此不只一次想再回到禪淨班重新再複習一遍，把基礎打得牢固點；但同修不同意，只好繼續留在游老師班上。爲了不給自己壓力所以一直沒報名禪三，沒有壓力就沒有動力，又繼續禪淨班陳老師說的「熏習」過程而已。雖然仍不停地抄寫在紙上以增強印象，但老感覺念心所總是沒成就，所以也是煩惱。後來想想這樣也不是辦法，因爲一年一年地年長，還是得趁還有體力時上山去試試，於是就報名了禪三。

第一次禪三是首次近距離看到　導師，發現他的睫毛竟然已是白色的，嚇了一大跳；心裡很感動，想　導師一定是爲正法累過頭了，忘了自己。在這三天幾乎是一頭霧水，只有幾則公案似乎瞭解；但不是一通就全了知嗎？可見還不是眞的了知。

導師在看我們洗碗時，說我們都只注意到□□之運作而忽略了眞心，於是又再次的依新線索來尋找「祂」，但還是把□□□□弄糊了。

第一次禪三回來後，才開始認眞看書，因爲　導師說要多看書，多小參。從禪淨班到進階班的親教師們，都說我們與正法有緣才會進正覺；但老覺得大概我是例外，爲什麼總是被文字與名相所障；雖然同修買了佛教名相字典給我用，但似乎幫助不大，因爲還是覺得很艱澀，所以還眞的只能乖乖的多找親教師小參。

同修和我都覺得游老師像禪師，他總是一兩句話就答了你的問題。當時有許多答案似乎弄不懂，一直到第三次禪三回來後，再次的回想游老師所說的許多答案才弄通，眞的是如　導師所說很多都是相通的。

在這段期間同時又鼓動母親來講堂上課，她也答應說好。看她張大雙眼認眞聽課的樣子，心裡很高興。但才上了一兩次後，她說捷運和教室都有冷氣使得關節更痛，不要再去了。爲了讓母親能有接觸正法之機會，於是就改爲開車送母親加上多穿衣服；不行，穿風衣；再不行，帶小電毯；媽媽說剛開始還暖和，後來就又凍了，眞是沒轍了。但心中又不想放棄，因爲回家後她都會轉述一些上課所聽到的。有一回，她說今天上課老師講了好多遍如來藏，又說人有八個心。好高興種子種下了。爲了上課，母女弄得很僵，最後只好求助游老師；老師問母親多大年紀了，告知已有八十四歲了，老師說：「**隨緣吧！**」這才饒了自己與母親。隨後師兄就教母親持名唸佛，現在她每天都拿著數珠唸佛。

後來聽 導師講經時說往世曾禮佛、供佛之人，往後都有機緣值遇正法；於是在家供佛時，也請母親參與，讓她拿小環香或輕一點之水果或食品，供果偈我們唸，而她只跟著唸最後的「**南無本師釋迦牟尼佛**」；看她那麼虔誠地禮敬佛，以及分四小段才唸完佛號，都好感動！

第二次禪三，和尚出了幾個題目，心中還有點歡喜，因爲竟然腦袋瓜子還找著答案了。才進小參室還沒開口，監香老師就說妳不懂觀行。心中滿腹疑惑，信心全部瓦解，就退出了。接下來的幾天也不知怎麼過的，除了膝蓋如前次痠痛，痔瘡也照舊復發，總之是很苦悶的。直到最後一天開放無方向之人的小參，才向陸老師述說以上之事，並供養了一個笑話，覺得很對不起許多人，因為頗虛度這次得來不易之禪三；到後來才了知監香老師之用意，也很高興又有機會再充實一番。

第三次禪三由於 導師之幫忙，才真正弄清楚真心。跟監香老師報告時，他真是太慈悲了，怕我忘記還要我重複答案，真的好感動。之後問的問題，竟然都能說明，其中有一題，老師提了一個字：「哇！」這個腦袋真的能記住所學之知見哩！信心重新建立起來。

第三次禪三回來後看書明顯進步，問題也減少；運用游老師所教的方法，似乎念心所也比以前易成就。看書時常常找到以前不太明瞭處之答案，心中好歡喜，這才體會到法樂無窮之意。週二聽經時也不再奮筆直書寫筆記，較能用心聽，並記下不懂之處。如今在外面遇到有緣之人，竟然可以說上好一會，連自己都嚇一跳。好感激 佛、菩薩、導師與親教師們之加持攝受；還有監香老師們不認可之後，才知道自己的缺失而生起更加努力之動力。

每次禪三都好喜歡聽 導師之開示，即使「殺我見」這部分，每次禪三還是聽得入神而有新的體認。晚間之普說更是精彩，第四次禪三 導師心情特好，有一天晚上竟然說到十點半左右才結束，這簡直是太棒了。第四次禪三 導師所施設之所有問題，不論是思考的或是體驗的，無一不是 導師的方便善巧用來攝受我們的，之後還詳細解說其原委。聽了 導師之教導後覺得好幸運，因為 導師所說都是那麼容易瞭解，更加深了我們對八識的認識與其和合運作情形；聽經時就有此感，現在更深刻地感受到，而且發願希望以後能像 導師一樣為人說法。雖然這中間曾有想放棄之念頭，因為答題答得不好故，但還是硬撐到最後，同時發現自己需要補足之處太多了，之後一定得更加努力才能報佛恩與師恩。

南無本師釋迦牟尼佛

南無消災延壽藥師佛

南無大慈大悲觀世音菩薩

弟子　歐陽詠嵐頂禮

2010/05/15

見道報告

——弟子 王學運——

一心頂禮本師 釋迦牟尼佛
一心頂禮諸佛菩薩及護法龍天
一心頂禮平實導師菩薩摩訶薩
一心頂禮 監香老師及護三菩薩
一心頂禮 正覺同修諸菩薩及一切冤親債主

無限感恩諸佛加持及導師所統領之正覺同修會諸大菩薩攝受護念，能於此五濁惡世初證此無上大法。

末學一九五三年生在臺南，後因家父轉任職海軍而遷左營，在眷村清淡中成長，而能對孔夫子所教「士志於道而恥惡衣惡食者，未足與議也」、「一簞食，一瓢飲……回也不改其樂」有所熏染，可是夫子所教之道：「吾道一以貫之」則不知探討。高中畢業考入軍校學醫，一九七七年畢業，在軍中服務十三年，經歷過外島各陸軍野戰醫院及高雄總醫院骨科服務十三年。一九八九年退役後轉任公立醫院，目前就職私人醫院。

末學在四十歲之前，非常自我；甚少接觸宗教，總認為很不實際，並且認為遵循儒家思想及道德規範就夠了。也因此對生活中事都用「理所當然」來看待。一九九三年參加高考錄取後，有一個月的公務人員實務講習，其間數次聆聽到張景貴先生之「人際關係講座」而改善了些世間相處之道。

一九九四年讀鄭石岩先生所著《清心與自在》一書，內容提到：「煩惱即菩提」、「心佛眾生，三無差別」、「迷則佛是眾生，悟則眾生是佛」、「八風搬不動」等，感覺到非常不能理解，可是蠻喜歡這種調調。有一次父親在高雄榮總住院，末學常夜間陪伴照料；一夜，因鬱悶在病房外散心，見到佛堂窗上貼著一張《寶王三昧論》：「

一念身不求無病，身無病則貪欲易生。

二處世不求無難，世無難則驕奢必起。

三究心不求無障，心無障則所學躐等。
四立行不求無魔，行無魔則誓願不堅。
五謀事不求易成，事易成則志存輕慢。
六交情不求益吾，交益吾則虧損道義。
七於人不求順適，人順適則心必自矜。
八施德不求望報，德望報則意有所圖。
九見利不求沾分，利沾分則癡心易動。
十被抑不求申明，抑申明則怨恨滋生。
是故聖人設化，以病苦為良藥，以患難為逍遙，以遮障為解脫，以群魔為法侶，以留難為成就，以弊交為資糧，以逆人為園林，以布德為棄屣，以疎利為富貴，以屈抑為行門。如是居礙反通，求通反礙，是以如來於障礙中得菩提道。」

當時覺得好像看到遠處一盞明燈閃爍著，就將之抄下，經常思考其義理，修改心態。

釋印順往生那一年，末學同修拿回一本慈濟發行的紀念月刊，內容提到以《華嚴經》中的「大醫王」，讚譽慈濟醫院；心中有些疙瘩，便去請來一套八十《華嚴經》，在第六十六卷見到「大醫王」，方知醫王與醫匠之分野，亦非只有愛心而已。摘錄如下：

「………………（普眼）長者告言：『善男子！十方眾生諸有病者咸來我所，我皆療治，令其得差；復以香湯沐浴其身，香華、瓔珞、名衣、上服、種種莊嚴，施諸飲食及以財寶，悉令充足無所乏短。然後各為如應說法：

為貪欲多者，教不淨觀；
瞋恚多者，教慈悲觀；
愚癡多者，教其分別種種法相；
等分行者，為其顯示殊勝法門。
為欲令其發菩提心，稱揚一切諸佛功德；
為欲令其起大悲意，顯示生死無量苦惱；
為欲令其增長功德，讚歎修集無量福智；

此時末學卻常常思考：未曾發願學醫，而竟然步上是途，是何緣故？爲探討此想，曾由同事接觸過一個心靈成長團體，以身體及心理環保爲主旨，認爲眾生來自宇宙中的「能量」，而這個「能量」可以增強、減弱、純化、分裂……，他們主張三百六十度修行，尤其是大量攝取有機產品及關懷，以去除貪、瞋、癡。卻是在世間法上諍勝，在色身上作文章，徒增我見、我執，未見出世智慧，白花銀兩，終告遠離。

後來有些法緣接觸到《心經》、《金剛經》、《八識規矩頌》，部分四聖諦、十二因緣法、《大寶積經》、《四十二章經》等，因希望能夠瞭解其中玄義而樂於親近佛道；尤其是無端地喜愛的《四十二章經解》中「佛言：『吾法念無念念，行無行行，言無言言。修無修修。會者近爾，迷者遠乎；言語道斷，非物所拘；差之毫釐，失之須臾。』」

也曾讀到《維摩詰所說經》方便品：【……維摩詰因以身疾，廣爲說法：「諸仁者！是身無常、無強、無力、無堅、速朽之法，不可信也！爲苦、爲惱，眾病所集。諸仁者！如此身，明智者所不怙；是身如聚沫，不可撮摩；是身如泡，不得久立；是身如炎，從渴愛生；是身如芭蕉，中無有堅；是身如幻，從顛倒起；是身如夢，為虛妄見；是身如影，從業緣現；是身如響，屬諸因緣；是身如浮雲，須臾變滅；……是身不淨，穢惡充滿；是身為虛偽，雖假以澡浴衣食，必歸磨滅；是身為災，百一病惱；是身如丘井，為老所逼；是身無定，為要當死；是身如毒蛇、如怨賊、如空聚，陰界諸入所共合成。」「諸仁者！此可患厭，當樂佛身。所以者何？佛身者即法身也；從無量功德智慧生，……。諸仁者！欲得佛身、斷一切眾生病者，當發阿耨多羅三藐三菩提心。」】而想到行醫所見世間「無常、苦、空、無我」，並興起積極尋求出世法之心。又因西方宗教無法傳達此中勝妙，故均束之高閣。

二〇〇四年曾於左營般若寺就近聽取為期一年之初步知見，但是沒有太大進步。此時想起曾聽說一句話：「一讀楞嚴，不看人間糟粕書。」於是前往書店尋訪《楞嚴經》相關解說，但是無法讀取。又見書架上另有一本南懷瑾先生所寫《楞伽經大義》，作者好像是很有名，便請了一本回家。可是後來拜讀時，卻發現難瞭解之「**百八句**」那一部分，竟然**從略**！不久，二哥學南從北部返家探望老母親，聽家母說二哥「開悟」了（當時末學還不知甚麼是開悟），就拿出該書向二哥請教。二哥只瞄了一眼，說：「**別再看這本了！我們導師有最好的宣講。**」很快的，二哥再返家時請回一整套 導師的鉅著《楞伽經詳解》，一共有十本。那時，末學本著求法心切，立即翻閱到「**百八句**」那一部分，看到 導師將其所含義理詮釋得那麼細緻，崇敬景仰之心油然而生起。尚未研讀完一遍，便已加入禪淨班之列。家母劉維義女士那時將近八十歲，身體還很硬朗，對二哥在臺北所學也興起好奇，常想一見眞章。

第一次見到 導師，是二〇〇五年夏，導師南下臺南講演《鈍鳥與靈龜》。只記得那天中午值班畢，偕家母從高雄趕到臺南講堂，講演已至一半；講堂內坐滿了菩薩，可是十分寧靜。從後方可見法座上 平實導師怡然自在，和藹可親，正在爲一段編造扭曲毀謗大慧宗杲禪師的史料作辨正。後來《鈍鳥與靈龜》在〈正覺電子報〉連載時，末學總是在新期刊上網時，迫不及待的下載拜讀。

二〇〇五年十月，臺南講堂又開新禪淨班，親教師是侯正惠老師，每週六上午上課。家母已先通訊報名，末學充當運將送家母上第一堂課。因初期可以試聽，而末學亦不知可往何處修學；又聽說侯老師以前打遍紐澳無敵手，也就坐進課堂旁聽。次週末學到臺北開醫學會，老母獨自趕火車上課。當時末學因值班難調整，未決定報名；卻又因老闆突然以末學不配合執行非必要手術，工作業績不佳爲由，爆炒魷魚。末學立即歡喜的把握此「逆增上緣」，報名進入新班，並且在覓得新工作時，堅持週六不值班。從此，所有課程（包括進階班）從未再受到障礙。

熏習聞法過程中，除固定課程所教內涵用心聆聽、筆記、整理、複習外，禪淨班時侯老師所要求觀行、四加行等報告都很用心寫作；轉入臺南進階班時蔡正元老師所提出「生住滅」作長時間之思惟，乃至高雄進階班時孫正德老師所提示「驗證其不生不滅」之用心練習。並且更不放棄輔導教學，如：印順思想研討會、聆聽 導師講授《勝鬘經》、《金剛般若波羅蜜經》、《實相般若波羅蜜經》、《妙法蓮華經》等 DVD 播演；又極力把握時間研習 導師法寶及本會教團大菩薩們精心著作，其中最鍾愛的，是《楞伽經詳解》《維摩詰經講記》《起信論講記》。經常書不離手而受用到「不離善知識」。

功夫上，因憶佛功夫不好，於禪淨班常向侯老師小參，經指導調整而很快地住於疑情。

參究方面，末學採取無所不用其極的浸泡式！依照 導師所著《禪—悟前與悟後》中所指示之禪法知見四十則：建立信心、福德、知見、功夫、無慢；要有求悟的企圖心及心態；要有精進心；要有長遠心；要除掉私心及諍勝心；除聰明伶俐心；要遠離妄心——離五陰六塵三有之執著、攀緣、掉、舉，應發大願心；要遠離生死心，即三界輪轉之因「欲」；隨時隨地不離參禪；暫離一切外務的攀緣；常念生死無常；參禪應依止善知識；勿與人諍論禪法；佛法在世間，不離世間覺；以心意識離心意識參；不可將心待悟作無事會⋯⋯等。例如：將電視用布遮蔽；停止友人的拜訪、聚會，如有，也是刻意去推薦如來藏法；停止球類活動代以禮佛、參禪，甚至於上、下班開車往返潮州快速路上，或憶佛、或觀行、或思惟；生活條件亦儘量簡化，不貪著美味、舒適；同事間儘量不閒話；時時檢視身、口、意行，避免起瞋；時刻把持善法欲、精進心、不懈怠。

禪法知見第二十六則：佛法在世間，不離世間覺。導師指出：「有人認爲此二句『不僅是理論，也不僅是信仰，而是一種活潑自在踏實的生活。只要練習到不因順逆環境而產生愛或憎，就是太平無事自由自在（沒有煩惱）

所以佛法就在日常生活中。』……所謂世間就是四大五陰，就是六根、六塵、六識，如果離開了這世間，要求覺悟，就了不可得。我們要想在一念不生中，也就是無念、離念中去追求悟，更不可得，……。」末學一直銘記在心。

在義工方面，末學把握「應無所住行於布施」，於二〇〇六年偕薛樂群師兄、卜美月師姊、廖麗足師姊及家母先後在高雄市文化中心、壽山公園及美術館等處設結緣書攤；又於二〇〇七年起加入經文校對；更於二〇〇八年起加入破密傳單小組。於此諸「工作」中，卻因感於 導師所示「佛法在世間，不離世間覺」而深得法益；例如經文校對時，會涉獵到菩薩應具備哪些內涵？菩薩如何發起大悲心？而出外面對眾生發結緣書或是文宣時，卻正是培養這些資糧的機會；因此常會想：「所謂義工，即非義工。」此外，潮州地域雖小，學佛者則甚眾，末學就藉門診工作時，常用 導師所著法寶《心經密意》一書廣結善緣；也用佛書置於診桌上吸引有緣人親近正法，或藉機匡正。

如若有問：「你們正覺說：『傳如來藏法』，其他道場說的也是傳『如來藏法』，何須叫罵？」則答：「有仿冒品。」若有人責難：「公修公，婆修婆，何須攻訐？修行人不可說四眾過！」則答：「爲救落水而自溺者，您會讚歎？還是無情取笑？」有時會藉機緣或爲說無常苦而勸發菩提心，或爲說「莫謂無心便是道，無心猶隔萬重山」。

末學於禪淨班修學至「五蘊」時便因「五蘊」不能完全交代所見而有所感，有點像所謂「思食不飽」。但因知見尚未建立，暫時置放不表。後於聆聽 導師講授《金剛般若波羅蜜經》及《實相般若波羅蜜經》DVD播演課程中，導師所傳正義而更感受此方向。如說《金剛經》：「爾時，世尊食時，著衣持鉢，入舍衛大城乞食。於其城中，次第乞已，還至本處。飯食訖，收衣鉢，洗足已，敷座而坐。」與《宗門道眼》公案：「瑞鹿日用：晨朝起來洗手面盥漱了喫茶。喫茶了佛前禮拜。佛前禮拜了和尚主事處問訊。和尚主事處問訊了僧堂裏行益。僧堂裏行益了上堂喫粥。上堂喫粥了歸下處打睡……」相互輝映。又因研讀了《維摩詰所說經》中：「……直心是道場，……如是，善男子！菩薩若應諸波羅蜜教化眾生，諸有所作，舉足下足，當知皆從道場來，住於佛法矣！」從此看著病患出入診間時，則不再是病患。

又因思惟因果在五蘊中的地位，而開始去瞭解「生、無生」。又因學過解剖、生理學等，對百法亦興起很大興趣，常思索其中之關聯；例如眼聚如何依「執」「欲」起「作意」，「思」造作、眼根如何能「觸」、如何是視網膜細胞之等無間種子流注而「現內相分」？此外，在：云何緣起法？云何因緣觀？云何二法？云何體相用？云何自心現？云何離四句？云何絕百非？……等課題，亦反覆研習。有些解答卻是在義工工作中得到。

此期間，有些公案好像瞭解，卻又不盡明白；又得記取　導師所說「不可廣讀公案」，免得解悟。所以在配合義工工作相對應之內涵下，轉於異於應成中觀邪道之中道、唯識方面增加研習；雖似心有決定，可是卻通過不了二〇〇八至二〇〇九年連續三次禪三苦戰。慚愧之餘，自己也常常檢討眞妄不分之原因，例如：　導師在《禪──悟前與悟後》中提到：「如果不覺眞心，是所悟不眞；如果能覺眞心而落於片斷，是悟不透徹。」何以故悟不透徹？導師也在《超意境》中提到：「滅卻空見、我見，便見金剛寶劍。」何故不見？監香老師們亦常提醒大家：「佛法是無上大法，非小根小器之人所能承擔；當參究不出時，要檢討自己的學法心態是否正確無我，所發的願是否宏大懇切？有沒有深心懺悔？有沒有徹底的斷卻我見？自己的情況只有自己最清楚！」我的問題在哪裡？

第四次禪三前數日，於己察覺到兩點：一，於如來藏如何變、現之內容有理不通達，知見不足處；二，自知有一段文字「勿墮入色陰□□□中」久思不解，一直破解不了，是因爲慢心嗎？是因爲沒有徹底的斷卻我見嗎？第一點有在研讀有關「大種」之內容，並配合《楞伽經詳解》中 導師所解說之一些法義後，塡補了少許眞心的「無作性」、「能作性」；而第二點問題還是又帶回到禪三道場。這一次，雖經起三時發願發懺及其後 主三和尚詳細的斷我見開示，還是過不了自己的檢驗；只好一次又一次地向三世佛、護法韋馱菩薩及祖師爺懺悔自己不用功，又誠懇清晰地發願，說係爲捨我度眾生苦及護持正法而祈求加持。

發願後回到座上，開始再重新檢視五蘊，當觀至色蘊乃「四大及四大所成色，無有自性」時，不禁啞然！此時，眞、妄分明見。這樣的遮障「勿墮入□□的□□中」，眞是可笑！當此之時才知眞是自己的種種慢心使然，不好好發願、不勤於禮佛、定心不足、觀行不完整、我見斷不乾淨，正是「墮入□□的□□中」，徒勞　導師、監香老師們及義工菩薩們勞力費心！以及置家母一再「叮嚀」：「該去禮佛啦！」而「無聞」。而此「遮障」又未嘗不是激盪出無生智慧之因，眞所謂「煩惱即菩提」也。不多時，當輪到　主三和尚小參時，順利的通過第一關。

其後數關也不盡輕鬆，仍須在　導師及監香蔡老師、陳老師合力耐心指引、修正、加強、止退，末學乃能過關，而見證當今醫界所不能了知之境，方知何故「鼻孔在禪師手中」，才知爲何菩薩從佛口生。而在其後之體驗過程中，導師更展示了甚深之證量，令末學咋然！末學甚幸能於此浩浩四流中得攀登般若之船，應恆念一切佛恩。又感於末學新近受持佛法，所學甚淺，應倍加戮力用功修習。茲引用《楞嚴經》中之一段讚佛偈：

願今得果成寶王　還度如是恒沙衆
將此深心奉塵剎　是則名爲報佛恩
伏請世尊爲證明　五濁惡世誓先入
如一衆生未成佛　終不於此取泥洹

自勉繼續於此一勝妙大法熏習增上，荷擔如來家業，精進、不懈怠，繼往開來，昌盛宗門；永恆破除邪見，護持莊嚴了義大乘正法，令之久住，不負眾恩。

南無本師　釋迦牟尼佛
南無本師　釋迦牟尼佛
南無本師　釋迦牟尼佛
南無三世一切佛

弟子　王學運敬稟
二〇一〇．〇五．一八

見道報告

——鄧妙嫻——

一心頂禮本師 釋迦牟尼佛
一心頂禮 大慈大悲觀世音菩薩
一心頂禮 平實菩薩摩訶薩
一心頂禮 親教師 陸正元老師 陳正源老師
一心頂禮 監香老師 游老師 蔡老師

學佛因緣及過程

西元二〇〇六年，一個人帶著行李從香港來到臺灣，為了求開悟明心。雖然人生地不熟、有語言障礙，理解中文文字也有困難，又沒有朋友可依靠，但這一切的問題也無法阻止我求法的心。心中只盼望早日開悟明心，找到生命的源頭，因而生起出世間的智慧來救度眾生。母親知道修行及行菩薩道是我的願力，爲了滿足我的心願及成就我的道業，她安慰我說會好好保重身體，讓我能安心去臺灣修學佛法。自從家中的親人意外過世後，我對因果、輪迴及生命很好奇，很想知道因果是如何儲存又如何執行。在素食店看到結緣書中有《地藏菩薩本願經》，就帶回家閱讀，內容剛好是有關因果及輪迴的記載。所以在三十多歲時就辭去工作，決定尋找一個適合的佛教道場來探討生命與因果輪迴。

選擇了香港的佛教講堂，是由宣化法師創立，持戒嚴謹，修禪定、習教觀，僧眾均日中一食，夜不臥，衣不離體之家風。我也堅持日中一食有一段時間，以爲這個方法可以消除業障使修行迅速。剛加入的那一年是香港第一次舉辦萬佛懺法會，拜過萬佛懺後就決定歸依三寶、受五戒、持素，然後開始修行。還記得第一次參加禪七時，法師只簡單開示參禪的方法，提議選個話頭就在話頭上參；剛學佛的我什麼都不懂，就把「念佛是誰」當作佛號在心中不斷的唸，幾天後因長時間盤腿的結果導至腳痛、腰痛、背痛、頭痛，全身都在痛；後來因爲身體受不了便請假提早下山，心中決定不會再參加禪七，免得身體受折磨。

兩年的時間都忙忙碌碌在佛教講堂及大嶼山慈興寺參與義工的工作，期間去過美國萬佛城，加拿大華嚴聖寺及馬來西亞的紫雲洞等道場參加法會；觀察到僧團中的出家眾已出家多年，但問題、煩惱很多，比我的煩惱更多，都無法解決；如果他們都不能斷煩惱，又如何教我斷煩惱？心中就生起疑問，所以決定離開，再另尋訪善知識指導修行的方法。

離開後不久，就有一位同修對我說要帶我去見一位女居士，提議我去請教她修行的方法，說她有正確佛法知見不妨一見，又剛好就在我家鄰近的一個公共公園接引眾生，所以我就答應了。第一次見面時她說我有魔障，暫時不適合打坐，如果天天來公園一起作運動，把身體鍛練好後她會教我如何修行。在這炎熱的夏天，烈日當空下作運動實在不願意，但無奈爲了道業只好聽從。每天都有一些生病的人來一起作運動，也有一些人來問問題。她會開一些水果藥方給病人作調理身體的療法，另外指定每天都要讀某本經典或唸一些數量的佛號、唸咒、拜懺及打坐等的功課，迴向給冤親債主來幫助解冤釋結。依不同人給不同的功課，有很多人都因此而康復便發心護持她。我曾經問及已故的親人在何處，她會閉目觀察後再告知他們目前的情況，甚至有靈體附身的人都來請她幫忙。她也能看到身體內臟的毛病，會教你方法醫治，就這樣無私的幫助眾生又完全不收費用，因此我認爲她是菩薩又有神通，很敬佩她，就跟著她修行了七年之久。

女居士常勸告大家修行要修十善，心量要廣大，多布施、放生，多印經典來利益眾生；主婦們要相夫教子，每個人都要作好自己的本分等，而每天回家後都要作指定的功課。因爲同修們都樂善好施的緣故，所以引來需要募捐及籌款的寺院負責人、建寺的負責人及需要贊助的機構等，同修們不但樂意出錢也願意出力，因爲以爲這種無私的布施就是行菩薩道。當時因爲沒有正知正見，無法辨別所布施及捐贈的寺院是弘揚正確的佛法，還是外道的生滅法；如果布施到外道法的寺院，不但沒有種福還造成謗佛謗法謗僧之罪，因爲那些外道弘揚者、都以生滅法當作　佛陀所宣講的常住法來誤導眾生。

我當時所聽聞的開悟內容是以一念不生、清清楚楚明白的一念心、虛空粉碎，大地落沉乃至以定爲禪這些錯誤的知見爲悟境。而女居士及同修們只歸依三寶，行十善，沒有受五戒，更沒有受菩薩戒，她認爲只有心中受持就可以。七年期間每天都會用三、四個小時作她指定的功課：讀經、持咒、唸佛號、閱讀懺本及打坐等。而至於布施、捐款等的事項絕對不會錯過，就依這樣的方法修行還以爲自己在行菩薩道。後來覺得：如果只有行善積福，讀經、唸咒……等是修行、就是行菩薩道，那有甚麼困難？佛陀就無需要在人間講經說法四十九年之久；又宣講三藏十二部經典，而每本經典的內容都很深奧不易理解。因此心裡起了疑惑：佛法不可能是如此膚淺，這樣的修行方法能成爲菩薩嗎？那初地至十地菩薩乃至成佛就這樣成就的嗎？七年期間所讀的經典也不少，但智慧就生不起來，連經典的內容都無法理解，心中的疑惑又再生起，所以決定離開，再另尋訪善知識指導修行的方法。

來本會共修之因緣

因爲心中有願力要救度眾生，而卻一點智慧都沒有，又如何救度眾生？在傍徨無助時突然想起聞聲救苦的 觀世音菩薩，馬上跪在佛像前祈求 觀世音菩薩指引方向尋找開悟的善知識；因爲經中說要開悟才能生智慧，否則我無法依願而行，還要善知識能幫助我開悟才有智慧救度眾生。祈求後不久就偶然在家中看見一本《大乘無我觀》的書，作者是「平實居士」；平時都沒有習慣看居士寫的書，但這次因爲書名吸引了我，特別是「無我」這兩個字，所以就翻開來閱讀；一讀就停不下來，看到快要天亮了都捨不得放下；雖然有很多地方看不懂，但就很相應，認爲這些內容才是眞正的佛法。

平實導師在《大乘無我觀》這本結緣書中很詳細地說明修行次第，從悟前要如何修集資糧、加行位乃至開悟明心前要學習無相念佛的方法，熏習正知正見，鍛鍊看話頭，當功夫成熟時就可以開始參禪，生起疑情後就在四威儀中去尋覓自己身中哪一個是眞如，在因緣成熟時就一念相應找到這個眞如、又名如來藏的實相心，就是禪宗的開悟明心、眞見道，這時候才開始進入內門修菩薩行。又強調學佛要開悟明心才是入佛門，必須找到這個實相心如來藏，才能生起智慧。這種講法完全符合 佛陀講的修行次第。平實導師又提到：如果你對我所說的話有疑惑，最好就來參加同修會的共修，就讓我騙你三、五年的光陰試一試。過去十年、二十年那麼久的時間，都被人家騙去，頂多再被騙個三年、五年，你就試試看我能不能幫助你開悟明心。

九年多的光陰都過去，修行不得力，因爲方法錯誤的緣故；而現在找到

這麼好的 導師施設了課程幫助學生開悟明心，爲什麼不嘗試？平實導師還有提到依止他施設的參禪方法，已有多名學員開悟明心。我想只不過是去臺灣，又不是去印度上課，只需要學華語，因此就這樣來到正覺講堂旁聽，後來就參加了週五的禪淨班。在禪淨班時就依著教導：每天拜佛、鍛鍊無相念佛功夫、每週上課熏習正知正見、學習觀行，平常就在四威儀中參究；因爲專心參禪的緣故有很多個晚上都不能入睡，身體開始出現毛病，甲狀腺過低、血壓及膽固醇都過高等症狀，最後還要吃安眠藥才能睡兩至三個小時。

還記得有一個晚上參到深夜時，因爲身體太疲憊就躺在床上休息，在昏沉中聽到有聲音叫我起來用功，繼續找如來藏；我還生氣的回答說：「**怎麼樣去找？我很疲倦，讓我睡一會。**」她就教我：「□□□□□□□，**就從這裡參。**」後來我有依著這個方法參究，但就是因緣未成熟，就算方法正確，還是找不到這個實相心。除了這次之外，曾經在白天閱讀時，因爲太累便打瞌睡，在模糊中聽到喊我的名字，叫我不要睡，醒來用功。

見道過程與內容

在觀行五陰十八界時，覺得自己並沒有把□□與□□弄清楚，就重複閱讀《阿含正義》及《識蘊眞義》這兩本書，將所有關於□□與□□的內容都很仔細的思惟及整理；然後就在家中經行參禪，在參究中一念相應就找到這個實相心。當時因爲害怕落在意識的妄心中，便用《心經》的內容來對照是否完全符合，檢查後確實無誤，但不知如何表達。因爲體驗不夠的原因，便嘗試回答一些常問的問題，例如：如來藏□□□？祂是什麼？□□又是什麼？當時只知道要□□祂□□，因爲□□是形容□□而不能□□□□，只有如來藏才是□□□當然能□□□□□□□的□□；爲了更深入瞭解這個心的運作，就嘗試領受如來藏的作用，在體究中的確感覺到祂能□□或□□□□及□□因而□□□□的□□及□□，所以就用支配、□□及□□□□□的形容詞來形容如來藏。直至收到禪三錄取通知後，還想不出更好的字眼來形容，只有把我所知的內容詳細的告訴 主三和尚，相信他會幫助我整理。

終於等到禪三的來臨，在 主三和尚的小參室門口等候時已經很緊張，兩腿在發抖；在上山之前已準備了三份很豐富的內容，預備慢慢地報告給 主三和尚聽。見了 主三和尚時先把第一份內容報告，只說到一半，主三和尚就說這個不是……。我聽了就愣住了，主三和尚就提示要找的心是「□□□」，不是這個能分別的心，教我在□□中尋找。當時還未把一念相應的內容報告，只是說了意根不作意時意識不生起，卻依然有內相分不斷的由如來藏變現時的體驗……。只報告到這部分時 主三和尚說：「妳已超過時間了。」當時眞的很難過又失望地離開小參室，沒有想到進入小參室會有時間的限制，而時間卻很短，竟然如此糊塗，就跑到陽臺處放聲大哭，跟著的兩天都很失落，就決定下山後重新參究再來，所以就放棄尋覓。

在過堂時眞的食不下，覺得自己辜負了 主三和尚及親教師的用心，還佔據了同修們的位置，非常自責。但到了最後一天的早上，看到 主三和尚和護三菩薩在四天中都日夜不停的辛勞，完全是爲了成就眾生的道業，心裡就很難過，決定趕快破參來作護三的工作。念頭一轉後就想起還有一念相應時找到的心需要搞清楚才沒有白來，便馬上登記小參，進入小參室後，我告訴監香老師如來藏是□□□的□□與□□，監香老師要我再說清楚，我便□□□再加上解釋，我告訴監香老師是在家中找到，晚上普說時看到 導師不斷用□□的□□表達給我們看。監香老師說這樣表達不夠直接，我連忙說，下山後會重新整理，下次再來給 導師檢驗；監香老師認爲我這樣作是對的，整理好再來也不遲，因爲現在時間已經太晚，快要解三了。監香老師還問我爲什麼到現在才講出來？我說是自己的遮障，我告訴監香老師不用安排我去見 主三和尚，因爲現在知道了，下山後會好好整理再來驗證；當時心中已經很踏實，因爲已經找到這個實相心了，只是沒有通達，回家後會好好思惟及體驗，所以就很開心的下山。

第二次禪三時，因爲我見未斷之緣故便無法通過檢驗。到了第三次禪三，有徹底的觀行斷我見，把「我」殺死。公案已通達，每天晚上的公案我都用眼睛去聽，完全明白，還在分別哪位禪師手頭比較鬆，哪位比較緊。到了最後一晚的普說時，主三和尚使用的機峰更露骨，老婆心切的幫助學員悟入，對眾生的悲憫及不捨的心，弟子都深深體會。因爲恐怕自己的福德資糧不夠，半年期間都忙著作義工的事務，所以很少閱讀書籍，在整理題目時就很困難，幾乎全部都是 主三和尚和監香老師的提點與引導，才能回答。

正覺的印證門檻實在很高，不容易攀過，後來每次遇到困難時都求 觀世音菩薩加持。到了最後一天中午時，因爲感冒了幾天，身體很不舒服，本來想放棄下次再來，但聽到監香老師鼓勵說：「既然都來了，就拼到最後。」被提醒後便走到佛前把願力改變，對 佛說：「無論破參與否，我都會留在正覺講堂跟著導師與正覺海會菩薩一起摧邪顯正、弘揚如來藏法及接引眾生；甚至未來生生世世都如是，佛菩薩要我作什麼就作什麼，用得著我的地方儘管用。」當時我猜測只剩下最後一道題目了，就表示只有一步就能攀過門檻。所以再次在 佛前祈求：「如果佛菩薩及主三和尚都不嫌棄我這個弟子就拉我一把。」到了下午四時終於輪到我進入 主三和尚的小參室回答最後一道題目；因爲智慧不足，答案就不完整，由 主三和尚慈悲提示及引導，終於得到 主三和尚印證。

如果不是 佛、菩薩的加持、主三和尚及監香老師的慈悲攝受，是絕對不可能通過。平常閱讀書籍時只讀懂七、八成，而上課時也只能聽懂七、八成，可想而知在禪三時一定會有語言的障礙；連聽華語都有障礙，更不用說表達的部分，但都敢來拼，一定是感動了 佛、菩薩、主三和尚及監香老師，才能讓我順利通過。被 主三和尚印證開悟明心後，再叮囑弟子要到佛菩薩前稟告，也要到 韋陀菩薩前及 克勤圜悟菩薩前謝恩。如果沒有 導師的循循善誘、苦心教導下，是絕對不可能在短短的四年就能找到自己的法身發起慧命，感恩 導師的再生之恩德，非言語能表達，就以承諾的誓願一一實行，來報答 佛、菩薩、導師、監香老師、親教師及母親的大恩大德。

願將 導師印證開悟明心之功德，迴向累世父母、師長、冤親債主，及一切有緣眾生，先外婆、先夫等：得蒙諸佛菩薩接引、往生善處、修學正法、早證菩提。更願盡未來際護持宗門正法、廣度有情、永不退轉、正法久住、早日成佛。

敬祝 導師及師母色身康泰、地地增上、度眾無礙、早證佛果。

阿彌陀佛！

弟子　鄧妙嫻頂禮

二〇一〇年十月二十日

千鍾百鍊——恩師導我行

楊美桂

壹、學佛因緣與過程

此世與宗教結緣，始於大一聽外國神父講聖經，卻因無法領會而告終了；研究所期間，雖有機緣接觸佛學社，也像曇花一現無疾而終；教書後常有機會參加天主教活動，雖然聽聞聖經講座，卻不斷啓動內心深處之疑團；也曾陪同家母參加一貫道之活動，但連觸動之機緣皆無；至於對道教或民間信仰，雖不排斥，但深知並非自己之所要。於是在工作之餘開始斷斷續續之尋尋與覓覓，試圖找出生命的歸依處。曾熱衷於醫院的志工服務，也投入教師聯誼會工作，幾年下來雖然心性稍有轉變，但並不究竟，因爲心靈上未曾感受到任何正法的熏習。雖然轉而投入失智老人的志工服務，但內心仍不斷在空虛地找尋中。

假日就近偶去龍山寺，禮佛之後很自然地走近結緣書置放區，看到印製精美的佛經與錄音帶，不免取下翻閱並請回，回家後雖然都會恭敬的擺上自己的書架，但多年下來只是添增了自己的藏書而已，很少去翻動，故不見多少的受用。縱使曾經嘗試將請回的錄影帶逐片看完，卻只記得淡淡的有關「世界海」的描述，好似這一切的言說都種不進我的心田中。有一天無意中看到一本《念佛三昧修學次第》，封面上的那朵紅色蓮花似乎在對我微笑，也一再的向我招手，所以不自覺的一頁頁翻動，當看到目錄中有條理的將念佛法門鋪陳開來，方知學佛是有次第、有法門的。

自此，下班後忙完家事，將閱讀專業的研究報告之事擺在一邊，專心閱讀起《念佛三昧修學次第》這本書，非常歡喜與相應，不斷地畫重點，還寫感想；並將此書轉送給學佛的同事，期望他也有所領會。作者在書中提到有「無相念佛」法門，可以讓學人契入，可見此書之作者一定是一位大修行人，他究竟是誰？心中於是起了疑問，仔細一瞧，是「平實導師」，沒聽過。記得龍山寺結緣書架上好像還有很多他所寫的書，馬上飛奔過去，將它們全都請回來，也開始一本本的閱讀與作筆記，是當時每日的回家功課；雖然似懂非懂，但卻非常的投入與歡喜。

由於宋七力事件，讓我對修行人難免存有保留，不敢輕易接觸與接受佛法；但一位來自臺東的朋友，向我解說《六祖壇經》時，建議我可以讀讀 平實導師的書。怎會這麼巧？他也推薦 平實導師？原因何在？心中雖然有所疑問，但想想這一定不會錯，不要再問，找他學就是了。

貳、來本會共修之因緣

來自臺東的朋友，告訴我：人人皆有「八識心王」，要證得「如來藏」，唯有到正覺同修會。心想他們不辭辛勞，遠從臺東開車四、五小時到臺南，爲的是修學了義正法，我是否也該下決心跟他們到臺南去求法？心中雖然動此意念，但卻沒有付諸身行。直到有一天，這位朋友問我：「**你家離圓山近嗎？**」我的回答竟然是「**好遠！**」眞的很奇怪！臺北到臺南不覺得遠，萬華到圓山卻說距離遙遠，是我腦筋轉不過來？還是因緣不成熟？總之，因無明而捨近求遠，讓我寸步難行。有天心血來潮，翻開《念佛三昧修學次第》這書之最後一頁，才發現正覺同修會竟然在臺北，不在臺南。原來朋友所指的「圓山」是臺北市承德路三段，我怎會如此遲鈍、如此好笑！於是上網找出大概位置以及前往的方式，但心中對陌生的道場還有些許的恐懼，於是請還在大學念書的女兒下課後陪同前往，藉以壯膽。

我們第一次進入正覺講堂，正好是週二，知客菩薩們非常熱心地回答我的問題，並建議我們留下來聽 平實導師講《維摩詰經》；雖然當天只想來探路，沒有心理準備，但還是留了下來。這是生平第一次正式聽聞佛法，安坐在如此莊嚴的道場中，對佛門之門外漢的我來說，極為攝受；法座上的 平實導師，不就是他身後 釋迦牟尼佛的化身？兩旁端坐的親教師們，不都是佛陀十大弟子的示現？彷彿是 佛陀帶領弟子們示現在此道場為眾生說法，何其殊勝！何其難遇！如是五年多來就此安住，未曾中斷，讓我八識攝歸一心以求正法。

歷經如此漫長的尋覓路程，終於找到大乘了義正法的大道場；經由長期之熏習，心得決定必證殊勝妙法。三十年前首次聽聞《心經》時，內心雖有觸動，但卻無緣得入佛門；十八年前也聽過「明心見性」四個字，卻不知要深入去探究；《金剛經》偶會翻閱，卻不解其意；三歸依的「深入經藏、智慧如海」，這八個字雖曾讓我淚流滿面，卻不知要尋找眞實如來藏之所在。一定是佛菩薩的慈悲攝受，帶我進入正覺同修會，不但聽聞 導師與親教師每週勝妙法的熏習，還有看不完的 導師著作，引導我眞正進入了經藏。終於領會到般若智慧的殊勝與浩瀚，窮此一生難以窺其奧妙。佛法難聞今已聞，應當盡未來際、盡形壽在佛菩提道上勇猛精進，永不退轉，利樂有情，離苦得樂。

參、見道過程與內容

一、錄取與過關

五年來的安住於正覺道場，雖然歷經五次的苦戰，方能如願過關，但每次的敗將下來，除了解三時稍感心酸外，其實每次都是歡喜賦歸的。尤其剛上完禪淨班，雖然經過兩年半的熏習，但對佛法仍是懵懵懂懂，以爲能上禪三，當然就是被肯定、能過關的，可是 主三和尚卻說：「**第一次參加就想要破參？**」可見當時自己的無知以及不知天高地厚。又說：「**發願要當親教師，**

可要經過千錘百鍊，妳至少要五次才能過關！」主三和尚這當頭一棒打來，不知如何接招。膽大如我，只是聽禪淨班親教師的話，除了照單全收的發願外，卻還訴諸文字，但並未深究是否具備當親教師之條件，事後想想不覺冒出一身冷汗。但已發出的願似乎無法收回，何況主三和尚已經授記要五次，表示還是有希望，所以只好硬著頭皮接受考驗，不敢放棄。

對於第二次能錄取，雖然有點把握，但當從信箱拿到限時信時，還眞是有點吃驚，感覺到自己眞的很幸運，又能有一次的證悟機緣。雖然高興，但心虛的成分更大，若沒有十足的把握就去應考，失敗的機率一定很高。但自己又無法確定：當有一天自覺有把握時，是否就能被錄取？縱是錄取了，難道一定會過關？經過如此心情的轉折之後，決定最適當的面對方式還是把握機會，盡自己最大力量去作。而且這半年來眞的很用功在學習，沒有浪費任何的時間，可能是方法還沒找到。不強求一定非如何具足，只要能讓自己有所長進，就這樣將心裡的不安先解除，方才快樂的上戰場。

第三次報名雖然還是沒把握，但初次嘗到落選的滋味，眞是五味雜陳，一則以喜，喜的是還有半年可以準備；一則以憂，憂慮與害怕將來不再有機會錄取。所以當第四次收到錄取通知時，眞是喜出望外，彷佛失而復得；非常感恩佛菩薩的慈悲攝受，也了然於 主三和尚的不捨眾生，所以會問我：「米熟了嗎？」監香游老師更是語重心長地說：「你半年都沒進步！半年哪！」雖然最後仍遭滑鐵盧，但已練得一身堅定，相信四次不成，還有五次、六次、甚至十次；只是內心感到非常愧歉，我何德何能一再錄取，卻又不爭氣過不了關，卡住位置讓同修菩薩們無法錄取，實在太慚愧了。好在第五次終於解套了；除了驗證 主三和尚的口出眞言外，更給諸位菩薩們一個很好的激勵：唸完博士當上教授的都要留級四次，經過五次才能被印證，若能兩次、三次就過關，可以肯定自己是利根人；若超過五次才被印證，當然還是天才了。

雖然如此，能夠有五次的四天三夜擺脫世俗事，端坐在諸佛菩薩前禮佛與參究，接受佛菩薩的加持與攝受，是非常難得與殊勝的機緣；而能夠前後共二十天與 主三和尚同住一屋簷下，得到 和尚源源不斷的法義灌頂與慈悲呵護，確是很不可思議的福報。每次禪三之四天中，主三和尚、監香老師、糾察老師與護三菩薩們，不斷地巡視、照護著五十位菩薩，有如同時要看顧五十個在火爐上的鍋子，除了依不同的需求而調出適當的火候，還要隨時注意在那一鍋中加入甘露水或般若料；不論是快火煮或慢火燉，都能瞭若指掌，沒有任何的偏差與閃失。當我苦無對策而欲熄滅求證之火苗時，和尚的精進扇馬上飄過來，趕走乘虛而入的懈怠鬼。解三時，五十位菩薩心情的沒落或興奮，也都在 和尚的了知與感受中，能以輕柔的法語撫平起伏的心境，然後再灌注智慧的妙音，讓我們法喜充滿而回。如此殊勝的禪三法會，五次或十次的回鍋，雖然難免慚愧，但卻也難遇。

二、拜佛、念佛、與參究

回想自己的屢試屢敗，不是沒有原因的，主要在功夫的不具足，也就是定力未能確實養成。日常生活中常被境界相所轉，禪三選佛法會之莊嚴道場中，更是莫名其妙地妄念紛飛，無法好好專注於參究。主要因爲不解成佛之妙用，無法如實領會如來藏之本覺心與勝妙性，故未能發起探窺大佛之頂的動力。以前看到佛像，雖然都會恭敬的禮拜與供養，但對 佛陀的認知與體會並不深入。多年來在正覺同修會由聽經與聞法熏習中，知道唯有 佛是究竟覺者，能如實了知法界的實相，常住三界利樂有情永無盡期。

若欲探究生命的實相，唯有歸依佛；而諸佛開示眾生悟入常住而難思議之法寶，故要歸依法；已實證之勝義僧能以如來微妙大法來覺有情，所以要歸依僧，此時忽然領悟到學佛三歸依之眞義。自己雖在學佛，但知道「成佛」距離自己很遠，對「成佛」的急迫與渴望性，並未形成很強的勢力，當然無任何功德與力用可說。

端坐佛前，佛好似離我們很遠，似乎遙不可及，其實 佛與我們很接近；但最接近也最眞實的是人人身中這尊法身佛。祂一直護持著我，是我離棄與忽視了祂，忽視祂的本來就在；因爲祂，我這一身段肉才能形成、□□、與□□□；祂具足諸多自性，祂展現出清淨而無雜染之涅槃境界。眾生因無明而無法了知法身佛的存在，故以化身佛示現，藉開示而要讓眾生悟入。故憶念化身佛，藉由佛威德力的加持，方有契入之機緣，這是在禪三對長養憶佛念佛之念重要性的體認。

因爲諸佛的八識心王是眞實的「如」，將自己雜亂的意識覺知心專注於憶念佛菩薩之眞正的如，體會諸佛常樂我淨的眞如境界，讓「心嚮往之」的念更熱切，以成佛爲標的，這時的心，念念都是佛，佛菩薩怎會不知與不覺？

所以認爲自己參禪之無法一念相應，一定是憶佛的念還不夠深切、也不夠眞誠。若沒有刹那都不間斷的憶念佛，縱使 佛已經來到眼前，一直在指引與加持我，卻是不知也不覺，如此而錯過了機緣，當然沒有受用。

三、**洗碗學問大，善巧方便行。**

以自己的初次參究爲例，不知有多少次問自己爲何如此難以入手，爲何別人會，但自己卻如此遲鈍。一定是還沒有找到正確的方法，所以無法領會，但是一定有方法。與其百思不得其解，不如好好請求 觀世音菩薩加持幫我啓開智慧；於是向祂禮拜求助，眼淚也自然含在眼眶之中。當轉身要回座位時，主三和尚竟站在旁邊，很直覺的我就說自己沒有入處，當然言下之意就是要請他幫忙。問我是否登記小參，因爲還無消息所以我一直不敢登記，和尚告訴我去登記，將情形告訴監香老師，才有下手之處。

馬上去登記然後回到座位，這時信心稍微提升，決定再好好用功。但和尚慈悲，而且知道自己沒有著力點，所以走到座位前，教我好好體會□□□□□。當時雖然聽話且照作，但心中並沒有眞的信服，實在無法想像這一

□□的□□會有多少受用。可是當時拜佛已拜了兩天，身體有點累。坐下來只能胡思亂想，□□□□□□，不是自己很自然會去作，我是指依以往的習性，當然不可能坐在那兒□□□□□。但如今已經山窮水盡，既然和尚說洗碗就洗碗好了。將 和尚所教□□□□□□□，也慢慢靜下心來□□□□，逐漸嘗試體會看看其中究竟有何文章。然後意想不到的事發生了，眞的不太一樣，有東西出現了，就是祂，沒有錯。眞的是祂，就是我要找的祂。原來如此，爲何以前自己會不知道？相當震撼。

自以爲找到而且很肯定就是祂，所以就迫不及待想要趕快小參。這時心情起伏不定，無法定下心來繼續參究，深入的體會祂的體性，關心的只是何時會輪到自己小參；其實這只是一時的浮光掠影，一點也不深刻。和尚慈悲，在晚上過堂時特別開示，提醒無法破參一定是發心不夠，請大家再努力，到佛前發慈悲喜捨四無量心，並願行普賢行。當大家群聚佛前發願，看到 和尚站在最後面，就迫不及待告訴他有消息了，他卻不回而說去求佛菩薩。其實和尚早知我非眞悟，一再指點我而不知，太過輕舉與妄動，沒把佛菩薩放入眼裡、放在心裡，所以無法眞正相應。其實佛菩薩絕對慈悲，且急於幫助與加持我，但因自己之慢心遮障，將佛菩薩拒於萬里之外，所以到了這時節才眞正考驗自己的憶佛與念佛功夫。非常感恩 和尚沒讓弟子過關，否則看不到這麼嚴重的習氣與性障，未來會更加發酵而障道。深深體會 和尚的慈悲，依照每人之根器與因緣來度化，讓我體會和尚的善巧與方便，非常的受用。

事後才知道自己根本用錯了方法，我哪會參究？根本用的都是意識心在思惟。和尚不斷提醒我不要用想的，但就是聽不懂，不能領會其中的道理，所以不斷地拼命在想，而且還試圖將所想的連貫起來，自以爲很周全。等進入小參室，才知不是那麼一回事，眞功夫需要顯現出來，問題是自己根本沒有眞功夫，但卻不知道。眞的是被蒙蔽了，究竟被誰蒙蔽？原來是妄心七轉識，也就是無明所障。所以簡單的一個問題，馬上被問倒，不知如何回答。自以爲已經觸到，以爲已經相應，但實際上距離千萬里，我所講的全是知見的思惟與整理，根本沒有加上體驗，若說有所體驗也是非常的粗糙，因此無法貫通法義。

四、去黏解縛殊勝行

首度進入監香老師小參室，雖經陸老師的慈心引導，卻因滿腦子的漿糊，無法領會；所以之後在章老師單刀直入的「如來藏在哪裡？」擊中要害下，除了應聲而倒外，只能奪門而逃。洗過碗後，以為能將自己之體會和盤托出，出乎意料之外，裝滿漿糊的腦袋還是一樣不靈光，無法□□□□□□□□□□□□□如來藏□□□，所以當場愣在那裡無以應對。監香孫老師非常慈悲，試圖引導我釐清思緒，要我□□□□□□，說明六、七、八識之運作。雖說出第七末那識思量與□□□□□，第六意識配合眼識與身識不斷作了別，而知□□□□□□□□，第八識□□□□□□□□□□□□，而□□□□□□。但還是無法□□□□□□□□□□□□□□。老師說我真妄分不清楚，被黏住了。雖然自知對第八識的體會不夠深細，所以答不上來，但卻無法領會老師所謂之被黏住是甚麼意思。茫無方向下只好領旨後回座思索，試圖找出問題之所在。

記得週三上課時曾聽親教師說過「去黏解縛」，當時還以為自己懂，所以並沒有提問，現在問題出現在自己身上，才發現不是真懂；方知任何的佛法知見都需要作深入的體會，不能自以爲懂就放過，很顯然的這種我慢的思考盲點，確實會障道。雖試圖找出自己黏著之所在，但不知爲何會如此困難。思惟後，一刹那間以爲自己明白了，也找到答案了，所謂的黏縛應已去除，於是興奮的登記了小參。肯定能將整理好的東西完整的呈現出來，但當監香老師陳老師問「**如來藏如何運作**」時，竟然無以應對，就這樣又被卡住了！原來黏縛還不是普通的嚴重，漿糊外又加上了強力膠；原來我的體會還是很膚淺，根本經不起考驗，當然過不了關。陳老師於是再轉個方向指點：「祖師說□□□□□，**學人要如何會？**」一時又愣住了，應該說又被黏住了，但出乎意料之外，卻由老師□□□□□□□□□，看出了端倪，原來是□□□□□呀！並不是□□□□□。於是帶著這一領會參加解三法會，期望半年後有所突破。

雖然解三後發憤用功，每天早上準時四點都會醒來拜佛，也從拜佛中領會到身內如來藏□□□；再依照親教師的教導，如實觀行自己五蘊十八界的運作；也將《攝大乘論》的殊勝語融入思惟與參究之中，自以爲找到了如來藏，非常歡喜。哪知一年後再度進入 主三和尚小參室，不知是因腦筋遲鈍，

不能瞭解 主三和尚眞正要問的是什麼，說出的話仍然是支支吾吾的。

以 和尚的證量，當然一眼就看出我的落處；但 和尚慈悲，不忍看我落入並沉溺在泥沼中，馬上伸出了援手，除了□□、□□、□□，還□□、甚至□□，全部珍寶都獻出來了，提醒我再說說看如來藏□□□□；無奈我這愛挑糞的窮子，竟然棄珍寶於門外，因爲手上拿的只是一塊破石頭，所以只會回答：「祂□□□□□□□。」和尚當然不肯，說：「不夠貼切！」只好再揀起另一塊石頭，回答說：「祂□□□□□□□。」「所以如來藏是甚麼？」和尚接著問，兩手都有石頭的我回答：「祂□□□□□□□。」在一旁的監香老師孫老師實在聽不下也受不了了，衝口而說：「你看她眞的很奇怪，明明剛剛都說過了，自己卻不知道，□□□□□□□，她不知道自己在說甚麼！」和尚搖頭，但再度提醒：「若□□□□□□□，不是很貼切？有沒有？」證量高深的 主三和尚與孫老師，從我一言一行之中，早就感應並瞧見了端倪：眼前這位窮子，不只腦袋充滿漿糊與膠水，還環身綁設繩結，讓自己無法動彈。因爲有心攝受與加持我，所以特別交代再好好的作深入體會。

挑糞的窮子原來是滿身的污穢，回座之後開始思惟，究竟爲何無法切入問題之核心？眞正的答案是甚麼？究竟要如何呈現？明明很簡單，□□□，□□□□□，如來藏□□□□□□□，到底要如何整理與思惟才能理出個頭緒？說眞的還相當迷惑。雖然頹喪的跪向佛前，懇求佛菩薩的加持以解惑，但仍苦無入處。於是瞬間陷入境界相中無法自拔，由意識心所引發的受想行蘊等心行蜂擁而至，來勢非常兇猛；貪瞋癡具足之習氣與性障也表露無遺，長久熏習之意識心的不如理作意，加上根深柢固意根之我慢現行，竟然想要知難而退。欲放棄的念頭出現了，趕快向佛菩薩懺悔，請佛菩薩幫助窮子將一切污穢清除。禮佛之後才將心安頓下來，忽然體悟到自己身中的如來藏才是眞正的主人，但卻一直被妄心所霸佔，金剛寶座不該讓妄心坐上來的；現在我要先將妄心趕走，讓眞心回到本位來。原來 和尚要我們徹底的斷我見，不能藕斷絲連，終能深入領會。

提起勇氣進入小參室，監香老師游老師看看我，說：「妳是第三次來，我完全不知道前面發生任何事，妳告訴我□□□□□□？」回答：「如來藏□□□□□□□。」「不是這樣說，□□□□□□□□如來藏？」回答：「如來藏□□□□。」「還是沒有□□□，妳這樣說不容易懂。剛剛不是告訴妳了？妳根本沒在聽。告訴了妳，妳並沒有接受呀！」於是很難過的退出，實在摸不著邊，似乎不論怎麼說都錯，對於□□□如來藏□□□□□□，已經失去了方向。因爲看不到前進的路徑，心中起伏不定，覺得自己頑固愚鈍一無是處；既然無法突破，是否能夠繼續再走下去？內心掙扎不已，一個妄想接一個，腦中一片混亂與負面思緒，當然想要放棄的念頭一直不斷。

尤其當孫老師再度嘗試引導，並幫我一次又一次的釐清□□□□□的□□，雖然我一直點頭表示懂了，但講出來還是犯同樣的毛病；孫老師說關鍵在於我太過固執，固着於自己的某一觀點，無法動搖。孫老師搖著頭說：「我眞的敗給妳了！」雖然如此，可是我知道我決不能放棄，經過一番整理後，硬著頭皮又進入小參室，出乎意料之外又讓游老師搖頭嘆息：「妳怎麼還是原地踏步！明明妳知道，爲何無法表達？而且妳講話是左右變動，不能很肯定說出來。」忽然有點開竅，經過游老師慈悲的引導，總算釐清思緒，了然找出自己的盲點。

好不容易總算度過此一關卡，以爲就此天下太平，沒想到游老師已準備好另一題目等著：「□□□如來藏□□□□？」要我好好整理後再回答，因為對此問題體驗已經很深刻，所以問老師我是否可以馬上回答。在老師的應許下，將自己之體會和盤說出，老師倒是嚇了一跳，這拙於言辭之窮子好似忽然間開竅了。原來學生命科學的愚鈍弟子，說話嗓門還眞不小，他要不時交代我講小聲點，否則隔牆有耳哪！

如此勇猛衝過關後信心大增，但接著的題目：「**如來藏□□□？**」這可又難倒了我，從來沒想過要去體會此問題呀！游老師要我好好整理，說這是一個大題目，不是一下子可以會的，「**但對妳應該不會太難。**」因為這句話，雖然讓我回復信心，但也因為如此，兩小時的參究中又將自己倒入意識思惟中。解三前最後的小參，游老師提醒我不能以色法，要依心法，也就是以佛法來說，不能落入世俗法之中；指點我調整錯誤的方向，也是要我帶回去仔細深究的功課。第三次雖再度遭滑鐵盧，卻是滿心歡喜與感激而回。

仔細思惟自己在語言表達上的障礙，關鍵應在於對佛法的未完全貫通；只是非常納悶，對我而言如此困難的題目，為何別人卻能輕易的過關？百思不得其解。除了專心拜佛與憶佛以增強定力，大多數時間都用心於五蘊十八界之觀行，嘗試下次能通達法義。但不幸的，「**如來藏□□□？**」就過不

了 主三和尚的首關考驗；不但說得不夠親切，還讓在旁的監香老師游老師猛搖頭，看來第四次闖關也不太樂觀。一連串的生死奮戰於焉展開，三天中進出小參室無數次，有幸在游老師的引導與帶領下，總算理出了頭緒。老師慈悲將我不善表達的老毛病逐次糾正，也幫我將零散的佛法知見匯聚完整，感受到「去黏解縛」後的輕鬆，心存感恩與興奮。

沒想到自以為解了繫縛，但卻仍過不了蔡老師犀利的法眼，他說這一切都是我靠慧力推理而得，根本沒有觸證，也不知如來藏的心體在哪裡，我見也沒斷，如此放水讓我過，我將會就此停住，不會再往前進，理與事不會圓融。既然監香老師都如此說了，出發點又是為我將來的道業著想，沒有理由不接受。因為是發自內心的感激，所以趕緊以頂禮回報蔡老師。

眞是好事多磨，主三和尚說目前還沒有博士教授超過三次破參的；實在很慚愧，我竟然第五次還在奮戰中。生平考試好像都是一次可以過關的，怎麼會入不了佛門？看來我所擁有之世間法的技巧，對出世間法是派不上用場的；勉強能行的世俗法門，要出世間則頓塞難行。雖然手中似乎已握有啓開無門之門的鑰匙，但卻苦於找不到鎖孔可插入。總算最後在 主三和尚與監香老師慈悲攝受下，順利插入了門鎖，順手一轉終於打開了大門。門一開，路自然展現出來，之後一路走著感覺平順多了。

五、普說非牙語，印心解眞月；掠虛非眞如，恩師導我行。

禪三中每次過堂時特別專心聽　主三和尚之開示，晚上之普說雖試圖聽懂所說之公案，但說眞的非常吃力，尤其第一次上山實在摸不著邊。隨著上山次數的增加，才由似懂非懂進而稍能領會公案所要表明的；這種忽然之間的聽出弦外之音，其興奮不是言語可以形容。這不可思議的微妙甚深無上法，一點也不假，確實不可思議。世尊怎會將此無上大法隨便明說，當然必須施設教外別傳，所以聽　主三和尚之普說，需要隨聞入觀，直接體會　主三和尚究竟要告訴我們甚麼？而他每次所請出的一位位祖師，用意又何在？不但要擺脫語言文字之思惟，還不能落入牙牙學語之窘境；不但要用眼睛聽，還要以耳朵看，方能領會　和尚不斷釋出之機鋒。

不論上座時之□□、□□□、□□□、看著大眾不發一言，一直到下座前之□□□、□□□□、□□□□，甚至還□□□□，和尚□□□□如來藏□□□□，無非要以 和尚之心來印我們的心，讓我們觸證到眞月之所在。對於無法一念相應而緊抓住指月之指時，不得不送上三十大棒，實在因弦外之音難會故。說到如來藏之「潛行密用、如愚如魯」，叫一聲祂就大聲說「有！」如此精采的表演，在告訴我們如何理事圓融；理事圓融這功夫何其困難！並非一天兩天可以學到。應該是累世累劫所修，怪不得要依公案來修悟，因爲都是累世祖師般若智慧之結晶，也是啓發自己般若智慧之源頭。

晚上之普說，和尚脫下白天之嚴肅海青，以一家之長關起門來輕鬆自在的爲子女們指點迷津。家裡人相見無所不談，甘露法雨源源不斷灑在每位弟子身上，用意除了在指示我們無門之門，也在提醒我們不能落入掠虛之流。其實 和尚早將 佛陀開示的解脫道與佛菩提道兩條大道平穩的鋪陳開來，我們只要一步一步持續的跟好，沿途中無量的珍寶都是隨手可得。行走中不但要我們將全身的糞穢一分分的丟棄，還要給我們雙倍的薪資，要讓我體會解除習氣性障沉痾後的輕鬆。走上這條解脫大道後，也必接上了佛菩提大道，成佛之五十二位階要一層層的往上爬，雖然沿途是險難惡道，而且曠絕無人而令人怖畏，我們明知是難行苦行但卻又必行；和尚不但要我們成爲上藥草，還希望個個都是小樹，未來還要茁壯成大樹。

禪三中　主三和尚在第一天下午的斷我見開示中，內容眞是精彩萬分，讓我這老參百聽不厭，而且一次比一次受用。和尚說：「**我說得如此仔細，要是你們還無法破參，眞的該打屁股。**」當時對和尚每一句話都聽進去了，以爲已完全瞭解與信受，但實際上並非如此。知見的知是一回事，是否將知見確實體會才是重點。知見與體會之間有很大的距離，這應該不是天生就會，也不是書本可以學到，一定要善知識的引導；而且需要善巧方便，每個人適用的方法不一，之所以會有差異，應該是每人之業障、習氣與性障之不同，所以要跟在善知識身邊長期熏習，方能受用。但由熏習而累積與堆砌的一堆堆寶物，若未拿來用，縱是金銀珠寶也顯不出作用。有如《法華經》中之窮子，「自念貧事我無此物」而不欲珍寶，我這窮子眞的很慚愧，不知吸取佛法寶藏。

熏習就是正法種子之播種工作，在正覺同修會藉由教與理的熏習，讓我體認到：執妄心爲常、爲眞，是邪見，實相眞如心才是生命之根源。這法界實相之智慧種子播下我們心田後，需要耕耘才能開花與結果。耕耘是有方法的，除了陽光、空氣與水，還需要施肥、除草與除蟲，更需時時的看顧，才能發芽、生長與茁壯。除草與除蟲，就是除去貪瞋癡三毒，斷除煩惱障；歸依三寶就是施肥，不只表相之歸依，還要親證法界實相，才是眞正的歸依於勝義三寶，入實義歸依之列，以斷除所知障。在 主三和尚爲我們印證時所開示的勝妙法語，感受到「喉中甘露涓涓潤，口內醍醐滴滴涼」，和尚般若智慧眞是深妙難測，證量更是不可思議，能將如來藏金剛不壞之眞如法性，解說得巨細靡遺，讓我大開眼界。和尚之菩提種子不只開花無量無邊，而且早已結成涅槃與菩提之累累正果，是我盡形壽也盡無量際要依止的善知識。唯有緊跟上 和尚的腳步勇猛精進，才能完成弟子在佛菩薩前所發的誓願，生生世世常行菩薩道，摧邪顯正護持正法，荷擔如來家業。

南無本師 釋迦牟尼佛

南無千手千眼大慈大悲 觀世音自在菩薩摩訶薩

弟子楊美桂頂禮敬呈

公元二〇一〇年十月二十五日

見道報告

——林正瑜

禪三回來，再次回到新店溪畔的渡船頭，順著擺渡的方向，對岸就是我出生、長大的地方；此時我只在這岸望著，因爲兒時的舊居，屋已圮、人已遠，而周遭唐突的建築更顯得「過去」眞的過去了。

小時住在外公建的大房子裡，樓上是出家的姨媽修行的所在，最早認識的字是牆上的三個大字「碧潭寺」。我常常跑到樓上雙手合十禮佛，但心思都留在垂掛於兩側的幡上：上頭的蓮花好美！

印象中最深刻的是：每次我參加學校的遠足前夕，必定會有人帶蘋果來探望外婆，而外婆一定會留一顆大蘋果讓我帶去遠足。在四、五十年前的臺灣，蘋果是很稀奇、很貴重的；直到外婆過世，這滿溢的滋味才喊停。

因兄姊年長我甚多，附近又沒有鄰居，所以每日寫完功課的午後，就坐在門檻上，看著樹梢被風吹動，可以和樹梢上的風或是風間的樹梢對話一整個下午，這自閉的童年直到中學高年級時才結束；但看著樹梢隨風傾訴的過往歲月，卻一再地被憶及、沉澱、落淚。

及長就業後領到第一個月的薪水，我私自作了一個決定，把薪水的十分之一提撥為善款，直至退休時從沒間斷過。工作期間任何的獎金、佣金也都加碼作提撥；只因覺得我承受太多，回饋社會是應該的，也或許是千萬年來的習氣使然。

結婚生女後，日子全是忙碌，每天只想要快、快、快；尤其在公公生病期間，每日下班後，用最快的速度打理好家事和女兒，一定在九點準時出現在公婆家，幫公公敲背，讓公公能好眠；有時得敲到十二點多，等公公熟睡了才回家。這段敲背的日子，我卻誦了最多佛號；因為跪在床上幫公公敲背，隨著一敲一敲也誦出一句一句的佛號。

隨著公婆相繼過世，加上臺灣開始了週休二日，時間突然整個多起來，我開始跟隨家裡同修去他共修的場所，師兄姊們都是善良的人。我和同修在那兒也待了六年多，每週六必定是我同修負責佛堂，我負責廚房、廁所，兩人把共修道場打掃得乾乾淨淨，讓其他的師兄姊不必掛礙；以錢財護持佛堂，也不遺餘力。幫我們上課的師兄，除了秉持宗師所傳下來的法，也如同電視廣告上說的標榜「全家就是我家」，所以我們除了打坐，也學自發動功、生命自救功法、蘇菲舞、催眠、易經等，當時連無相拜佛也學了；求好心切的師兄罵我們：「**每次上課都像是第一天來上課。**」師兄您眞說對了，我眞的是這麼感覺的，師兄姊們可能也都把對於正法的茫然寫在臉上吧！

由於想要有一個可以專心修行的地方，大家開始在假日開車去尋找地方；在某一個因緣下，由我們出資六百萬元買下一塊地，這錢我們是拿臺北的房子去貸款的，爲了大家，我們是全心全意的護持。但有了這塊地後，事情開始產生變化，我和同修看到了別人的貪瞋癡慢疑；現在在正覺熏習了正知見，正確的說法應該是我看見了自己的貪瞋癡慢疑的種子一一現行。

在反省別人的情緒中，事情突然出現轉折；我同修在一次週五去上課途中，坐到陳國生師兄開的計程車，兩人後來就停車在路旁談了一個多小時，陳師兄力邀我們到正覺聽經。在完全不認識平實導師、正覺同修會的情況下不置可否；隔週的週二時，陳師兄又打來電話；由於那天剛好是五一勞動節，在家也空著，所以兩人第一次踏入正覺講堂。

站在電梯前等侯的隊伍中，才驚訝有這麼多人來聽經；隨即看到義工菩薩的行止，自在的威儀中謙恭的問訊，這是什麼樣的教團啊？因九樓已滿，上到十樓，透過銀幕第一次看到 平實導師，滿場的人卻是滿場的寂靜，要有多大的福德才能在不直接目視下也依然攝受人？當天講的是《金剛經》第十三分，由於我持誦《金剛經》已十多年，我真的知道 導師在說什麼，那個感覺只能以「你不能瞭解我的明白」來陳述。下課後隨著擁擠的人潮，從義工菩薩手中接過一本《無相念佛》及一張禪淨班的報名表。

回家後隨即翻閱《無相念佛》，當看到「行者修習此法若能素食最妙」，我已下定決心第二天開始吃素；這可能是今晚我來聽經前的那一頓晚餐時所無法想像的事，並且毫不猶豫的填上報名表開始來上課。

隨著週二聽經、週三開始吃素、週四來上第一堂課，我的人生已變得不一樣；我離開了原來的道場，專心在此修學。親教師正瑛老師調柔中有威儀，先教導我們該有的禮儀，利用很多的小故事鼓勵我們，又說每天要和 平實導師小參（即看導師的書）並思惟、整理；告訴我們拜佛的重要性，一定要每天放鬆、專注的拜佛作功夫；並以四攝法布施、愛語、利行、同事，先從家人的對待關係中作起。

剛開始學拜佛時，把眉心守得太緊，連眼睛都痛；經與老師小參後，老師說如來藏□□□，不是在那一點上，別集中守在那一點上，從此再也不受困擾。而我受用這無相拜佛的功夫最大，即使走在市場、夜市，依然可以攝心不攀緣。

在修學五個多月後，老師生病了，當天晚上依然來為我們上課，顏面神經麻痺導致老師的臉半邊是歪的，口水也會流下來；無法想像只隔一週看到的老師如此不同，老師親自用色身虛妄、人生無常教導我們；在座位上我努力壓抑自已的情緒，但眼淚卻已滴溼胸前；看班上的同修大家都一樣，這一刻我發起一個念：「**我一定要向老師頂禮、迴向。**」這念從此開始萌芽並茁壯。

一年後我們開始作義工，受到老師的鼓勵，啓發了我們的菩薩種性；在各種義工職事中，我看到我們班的同修熱烈參與。老師一再告訴我們：諸如來乃福慧俱足之尊，我們必須有福德資糧作為見道之資。所以自己即使身體偶有不適，也依然衝出去作，從不遲疑。猶記得第一次去發書時，看到賴原師兄及其同修瑢如師姊及李錡孟師兄，用他們的行動教導我們；他們以最調柔的態度彎腰雙手奉上 導師的法寶，那一天的感動永存我心；我也一樣奉行至今，無論是一本口袋書或一張傳單，我一定彎腰臉帶微笑雙眼目視雙手奉上，口必言謝。即使對方不受，也絕不起瞋；在每個歷緣對境中，受益最大的是自己心已漸漸調柔。

在修學一年半後，色身的毛病一個接著一個來，心中卻感覺它是慈悲的，因所有的病痛，都是一樣結束後再接一樣；大病小病參差著，不讓我一次受太多太大的痛；最嚴重的坐骨神經痛，我曾經在禪一時痛得全身發抖，旁邊的師姊可能會以為我即將起乩。我深知這都是業力現前，我一再懺悔請求原諒，但該受的怎能躲得掉？我曾經也是讓別人如此地痛苦。直到上第一次禪三，蒙 導師慈悲教導我：應向哪一尊佛菩薩懺悔以及該如何懺。我依之而行，在困擾了這麼久以後，舉凡整脊、氣功、復健、偏方、中西醫，曾經無所不試的我，在至心懺悔後竟漸漸復原至九成。原以為禪三回家後可能要殘廢了，竟在 導師的教導下情勢大逆轉；如果不是 導師，我今天還會是那個上公車時，得用兩隻手握住把手把自己往上拖的人。導師您的慈悲，我無以言謝，只能以盡全力爲正法做事，報答 佛恩、報答 師恩。

在禪淨班結束後，蒙 導師慈悲上了禪三；到了第三天，發現自己慧力、定力不足，性障更重；自己只一味的祈求，只是要、要、要，完全違背自己一向付出的本懷；事後發覺了，當場向 佛下跪懺悔：如果到今天我有任何的福德，我願把它全部迴向給在場的師兄姊們，希望有更多人破參，能爲正法所用。我不再爲自己求。

禪三回來後，把每一方面皆深深地檢討，在佛前痛哭了二個月。自己除了努力加強定力、慧力，以錢財護持，也盡自己所能的體力。並在每個歷緣對境中，時時檢視自己的身口意行，一發現現行的種子染污，一定立刻懺悔並不再犯同錯。雖然習氣的勢力龐大，但一直記住親教師所說的話：染污的種子現行不是壞事，因爲這樣才有機會清洗再回熏。又因爲自覺自己已「歸零」，所以義工更幾乎日日作，只怕不足，不嫌太多。

冥冥中，佛加持著，爲救護眾生而出去發文宣時，雖然有時被嗆聲、被喝斥、被靠近勸離、甚至被狗咬，都改變不了堅定護法的決心；這千萬年來正法所等待的機會，我怎能錯過。每日、每日和同修互相打氣，一步步邁著堅定的步伐，走過難以想像的每個地方。是 佛的垂憐，在隔一年後我和同修再次報名禪三，蒙 導師慈悲，兩人皆被錄取，並在此次兩個梯次禪三中，兩人皆破參。

在禪三前，由於定力增加了，常常會突然一刹那間看到那一刹那發生在大自然的事；也曾經在拜完佛後，睜開眼看到中間有圓形物，周圍再繞一圈圓形物，並以一圈金光、一圈白光交替著；第三層也是圓形物，但略顯紫光。我甩甩頭看是否會消失，但仍然停留了一陣子。也在今年清明節時到基隆佛光山極樂寺祭拜公婆，由於人很多，非常擁擠；我在對 阿彌陀佛聖像合十禮拜時，突然腦中出現一隻張開的佛眼；在驚訝下！我睜眼看眼前的 阿彌陀佛，卻是垂目的。在上禪三前的二個禮拜，於作家事中突然腦中浮現二個定格畫面；當時只覺得這二件事搭不在一起，然而就在當天上午和下午各接到一通電話，是和那二個畫面有關的二件事。我了知這些都是意識的變相境界，但第八識所含藏的種子，何其神奇！

終於到了精進禪三報到的日子，我第一個報到；第一個跪在 釋迦佛前發願，步伐像每天作義工去護持正法般的堅定；原來這一年來我已蛻變，是正法的力量讓我變得勇敢。

經過拜願懺悔後，要請　主三和尚爲我們主持起三法會；得知自己被選爲請師代表並誦念〈請師文〉時，一時內心的感受無法言喻（上次來禪三，也被選爲請師代表，但誦念請師文的是我家師兄。後來導師告訴大家：在正覺中，沒有男尊女卑的觀念。猶記得上次禪三，五人請師中有四人破參，那唯一沒有鯉躍龍門的就是我），誦著〈請師文〉，我發覺自己的語氣堅決無比；華年在此停頓，這一刻是永恆。

起三法會開始了，隨後　導師爲大眾細說五蘊十八界的虛妄，徹底殺掉大眾的我見，讓每個人都可以帶顆水果回家，並帶領大眾宣誓善護密意，永不稗販如來，決不將佛法作人情。晚上的普說，當和尚揮著手臂，指著牆上的公案文字說：「**佛法在這裡。**」我已經知道佛法在哪裡。和尚的老婆心切，在隨後的每晚普說中，更是表露無遺；是何等的悲懷，才能有這樣的大行。

第二天進小參室禮拜了　和尚，述說著自己如何在一場小手術，卻需作全身麻醉的過程中，確定如來藏□□、□□、□□。聽我詳細的述說，桌上的定時鈴響了三次；我很慚愧，不能更簡化述說而耽誤了時間。

第三天、第四天我都恰巧和楊老師小參，以前從來沒這麼近看過楊老師，溫和中眼神的睿智清亮令人難忘；雖被打出來幾次，蒙 佛的護佑、菩薩的慈悲，讓我在第四天早上初步通過監香老師這關。楊老師告訴我：什麼是「禪師的風範」，不料竟在過堂時，沒由來的竟脫口而出，和 導師有一番對話。楊老師！對不起噢！我現學現賣。

今天過堂 導師要大家看著桌上那張〈二時臨齋儀〉：在尊稱諸佛名號後，就是大智 文殊師利菩薩、大行 普賢菩薩、大悲 觀世音菩薩、大願 地藏王菩薩。導師要大家從後看起：即要先發起大願、生起大悲、大行，最後才能成就大智，也才能成佛。而成佛要福慧俱足，如同鳥的兩隻翅膀；光修慧，就像只有一隻翅膀，即使又大又健壯，也依然無法飛起；一定要福慧俱足，才能振翅高飛。一席話更讓我清楚明白自己往後的路該怎麼走。

在與其他師兄姊進入 和尚的小參室後，和尚爲我們細細解說所證得的實相心，並先後出了二道筆試題目；一一過關後，和尚恭喜我們，並印證我們明心破參，特別囑咐我們到 世尊前頂禮稟報，感恩世尊所傳下來的大法；

也要禮謝護法　韋陀尊天菩薩的護持，他是賢劫千佛的最後一佛，希望他成佛時要拉我們一把；也要頂禮感謝　克勤圜悟菩薩繼傳下來的東山禪，並祈求他老人家慈悲再來領導大家。

隨後還有喝水體驗，閉眼走路體驗；導師一一詳細解說，智慧的深利讓我只能張大著嘴，台語的「落下頦」應該就是這樣吧！

台語有句話「沒死也要剝一層皮」，第一次上禪三我剝了一層皮；第二次上禪三，我眞的生身死、活出法身慧命。這命是　世尊、諸佛菩薩、導師給的。只要　導師的願力在哪裡，我就要在那裡和所有的師兄姊共同努力救護眾生。對於眾生我只有等待，永恆……永恆的等待……。

至心頂禮本師　釋迦牟尼佛
至心頂禮諸佛菩薩護法龍天
至心頂禮　平實菩薩摩訶薩
至心頂禮親教師　正瑛菩薩

弟子 林正瑜 頂禮

二〇一〇年十月二十八日

見道報告

張秉翠

一心頂禮　本師釋迦牟尼佛
一心頂禮　十方三世一切諸佛
一心頂禮　大慈大悲觀世音菩薩
一心頂禮　平實菩薩摩訶薩
一心頂禮　親教師菩薩摩訶薩
一心頂禮　正覺海會菩薩眾

我是從很窮的國家嫁過來的外籍新娘，身無分文，語言文字生活習慣都有相當大的差異，但已發現我是最有福報的新移民，因爲遇到了無上的了義正法，能依第一義諦而修學；這冥冥中不可思議的福報，常令自己感動不已。

今天能親證菩提，首先要頂禮感恩 導師您對我這種遠在窮鄉異域的小人物難以思議的攝受，頂禮感恩一路以來幫助我、陪伴我的親教師，以及同修會的師兄、師姊們對我的幫忙。

出生於緬甸北部一個生活很困苦的小鄉下，沒有自來水也沒有電可用的地方，靠近中國的雲南省；父親是雲南人，父親隻身一人從雲南到緬甸經商，然後在此娶妻生子，就沒有再回去雲南了。家有十一個兄弟姊妹，七個姊姊，三個哥哥；我排行第十一，也是老么。

念書的那個年代，緬甸政府排華，不讓華人辦華人學校。從小就對緬文沒興趣，沒有受過什麼高等教育，只有在補習班裡偷偷摸摸的學過幾年華文。

緬甸有很多雲南人，大多數信仰一貫道，道親大部分都吃素。當時對佛教沒有什麼概念，以爲吃素就是佛教、拿香拜拜求平安就是佛教。緬甸人則是以南傳佛教爲主，緬甸人因爲生小孩多，一般都生十個或十二個不等；佛寺院裡有很多小沙彌，是因爲家貧，父母無力扶養，所以帶到寺院，由寺院扶養，長大後即還俗；也有很多小孩是無法上國民小學的。還好緬甸國家因爲窮，一般的老百姓照顧三餐已經感到很辛苦，所以在這裡是看不到密宗喇嘛的蹤影，這點倒是感到很慶幸。

記得小時候看到身邊的人，經常在想：爲何有人家財萬貫，有人卻家貧如洗？有人聰明伶俐，有人卻愚癡無智？有人家庭美滿，有人卻家門不幸？爲何有人身體健康，有人卻體弱多病？百思不得其解，只知這裡面一定大有文章。

十二歲那年父親突然中風，由於緬甸醫學不發達，找了很多中、西醫，都沒有起色；那時好幾次問自己，生命的意義到底是什麼？我到底來這個世界作什麼？難道就是像這樣等長大，再等結婚生兒育女，然後再等老病死嗎？每當鄰居老阿公、老阿婆往生之時，都會問自己；有時候同鄉的俊男美女風風光光、熱熱鬧鬧的在辦婚禮的時候，我也會問自己，當然都得不到答案。若眞是這樣過一生又一生，那麼人生豈不是很悲哀，很殘酷嗎？父親的病一拖就是十一年，後面那幾年父親幾乎都是躺在床上，當時並沒有太多的悲傷，因爲我知道父親活得很痛苦。(現在已知道我來這世界是作什麼了。)

公元一九九八年，臺灣很多帥哥到東南亞娶新娘，如大陸、泰國、印尼、越南、緬甸。七姊認識一位臺灣的婚姻仲介，很快地，七姊經介紹所介紹嫁到臺灣苗栗縣獅潭鄉。姊夫是一位熱心公益的大好人，對七姊很愛護。七姊說臺灣的經濟狀況比緬甸好上數十倍，生活環境也一樣，所以七姊想盡辦法幫我也找一個對象；七姊的用心，我感激在心，現在只有用每天拜佛憶佛的功德迴向七姊能早日有修學正法的因緣。

當時七姊夫的朋友（就是現在的舅舅），想要湊合這個婚事，打電話給我現在的婆婆，說要介紹一個緬甸小姐，當時婆婆才想到昨晚夢裡 觀世音菩薩跟她說：「妳苗栗獅潭鄉的弟弟要帶一個媳婦給妳，那個就是妳的媳婦。」婆婆馬上一口答應，沒錢，再想辦法。連續幾天，公公婆婆帶著我先生到嘉義親戚家一共借了十五萬元，讓先生去緬甸相親。這件事是後來婆婆常常掛在嘴上的，婆婆一直認為這個婚姻是 觀世音菩薩所安排的，我也深信不疑。

二〇〇〇年三月嫁到臺灣，因為是外籍新娘，工作比別人努力、比別人用心；先生給我一個家的感覺，除了感恩以外，也很珍惜。先生的孝心孝行是我學習的榜樣。非常感念這段時間公婆以及先生對我的包容及照顧，不到幾個月，很快也就適應下來。現在我把每天的憶佛、拜佛的功德，以及護持正法的功德迴向給家人，得蒙諸佛菩薩加被，修學正法，早證菩提。

二〇〇四六月到附近一家房屋仲介公司上班，得蒙諸佛菩薩護祐與憐憫，回想起來這一切都是佛菩薩冥冥之中的安排。

第一天上班，剛好是週二，店東就安排白寶月師姊帶我作業務的工作；第一天就開始跟師姊吃素，直到現在，晚上就跟師姊到正覺來上課。第一天上課，我感到很震撼，這種清淨莊嚴的地方，每位行者都是慈祥、攝心，是我今生所未曾見過的團體。我問師姊：這種地方不是天界才有的嗎？怎麼在娑婆世界也能看得到。接下來 導師開示，深妙無比，也是我此世未曾聽過；雖然大部分聽不懂，但聽得很歡喜。這就是正法，正法就該如此。心裡歡喜萬分，終於讓我找到了。

導師的著作很深，對沒有唸過什麼書的我來說，確實很吃力，根本是有看沒有懂；例如什麼是妄心、眞心、非心心、無心相心、阿賴耶識、末那識，還有什麼是煩惱障上的習氣種子隨眠？菩薩跟阿羅漢之間的關係又是什麼？阿羅漢有能力入涅槃，而不知涅槃的本際，菩薩不入涅槃卻可以在涅槃中行住坐臥是爲什麼？……不但許多字不認識，這些名相、義理對我來說實在太難了。

還好每週二上課 導師、親教師都會先把經本照唸一遍，然後再對經文作詳細的解釋；所以每次上課都很專心，因爲要認識國字，還要瞭解法義，眞的是很忙。長時間拜讀 導師的著作，加上白寶月師姊不厭其煩很有耐心的在旁陪我認字解釋，使我的中文在不知不覺當中漸漸提升了許多，對名相法義的瞭解也能不斷地進步。白寶月師姊教我如何作業務、作家事，如何行孝道；午休時間經常跑去她家，她教我如何煮素食，深怕我不會煮素食就會餓到。有時候會拜佛給白寶月師姊看，生怕拜錯方法，還教我如何唸〈正覺發願文〉；記得每次唸到「**不遇聲聞緣覺師，願我得遇菩薩僧**」時，白寶月師姊就痛哭流涕；心想可以修學正法是好事，應當高興才是，爲什麼要哭成這樣？但過沒多久，自己常常到 佛前胡跪叉手唸〈正覺發願文〉時，也都感動得流下眼淚；現在的我，打字打到這裡也淚流滿面，深深體會到得遇菩薩僧的重要性。

二〇〇六年四月正式參加週六下午的禪淨班，上課時章老師從最基本的無相拜佛開始教授；再熏習六度波羅蜜的正知正見：布施、持戒、忍辱、精進、禪定、般若等。若無相拜佛的動中定練習純熟了，然後再學習觀行五蘊身心的虛妄，努力修除習氣性障，這是在禪淨班章老師給我們建立的正確知見。

禪淨班上課滿一年，就有資格參加各種的義工，剛好那時同修會要製作《正覺大藏經》，希望把密宗的僞經趕出大藏經之外；平實導師的願望是借此，正法能夠繼續流傳三千年甚至更久，當然這也是正覺所有行者共同的願望。當時同修會須要很多熟悉電腦方面的義工來作校對經文的工作，每週日，有很多義工菩薩在臺北講堂教授電腦課程；在這一大事因緣之下，怎能不共襄盛舉呢？這樣的大好機會，怎能錯過？於是硬著頭皮報名了，報名了以後再說。可是從小沒有學過注音，也不懂電腦，趕鴨子上架，臨時去買了一部電腦，再去買一本大易輸入法的書回來家裡練習。每次去上電腦課，看到義工菩薩不求任何回報，盡所能的教授，我看了非常的感動，我告訴自己只有認眞學習，能為正法所用來回報他們。常常練習，熟能生巧，現在已經很熟練了。

二〇〇七年正式歸依三寶，親教師章老師鼓勵大家受菩薩戒，並解說受菩薩戒的種種殊勝功德；有地上菩薩為阿闍黎，傳授千佛根本大戒，百千萬劫難值遇，因緣殊勝。當時福報不夠，遲遲不敢報名，憂鬱很久，於是去登記小參請示親教師。章老師只笑笑的說：「**有機會，去參加假日書市嘛！**」就這樣小參完畢，不明就裡。眞的是佛菩薩憐憫與護念，當天助教曾老師宣布：桃園須要假日書市的義工，有意願要培植福德者請到櫃臺登記。就這樣很順利的參加了桃園縣虎頭山的假日書市，每週日騎車載著法寶還有兩位小菩薩上山跟眾生結緣（只有下雨天沒去）。十月底的某一天，一個念頭：要當菩薩，怎能不受菩薩戒呢？十二月廿三日正式向 導師乞受上品菩薩戒，盡未來際遵守不犯。非常感念 章老師一針見血，道破我的弱點，非常感念 章老師的慈悲。也深感法布施累積福德之快速，短短兩個月有如此之變化，不可思議；在除習氣性障方面更是像壞皮一層一層的剝，眞的是用脫胎換骨來形容也不為過。

即將發出去的每一本書，我一定另買書套小心包起來；一方面可以跟拿到書的人結緣，因爲是我親手包的；另一方面就算他們沒看或有看沒懂，至少對正法書籍生起恭敬心，也是功德一件。直到現在也一樣，這是我的堅持，也是我的原則。

禪淨班結業，接著轉進了週三進階班；看到何老師雖爲女身，卻對正法勇猛精進心不輸男身，看了非常佩服。原來生爲女身也可以這樣行菩薩道，難怪 導師常說：在同修會不看男眾或女眾、尊貴或卑賤，只看菩薩種性。一時生起了嚮往之心，於是到 佛前發願要向何老師學習，以何老師爲標竿。

某一個週二，導師開示《金剛經》時提到：南洋現在沒有眞正的阿羅漢，因爲當前小乘的修行者，連斷我見的正知正見都沒有，莫說是阿羅漢了！如果有人能將 導師著作《阿含正義》帶給當地的修行者，或許在不久的將來，南洋會有眞正的阿羅漢重新出現。當時我靈機一動，也許是我回報眾生的機會到了，於是徵詢何老師以及白老師的同意，跟班裡的同學陸寶媖師姊，展開了一連串的越洋發書計劃。

書籍的運送總是困難重重，緬甸目前還是封閉的國家，海運行不通，空運也行不通，運送方式幾次從海運和空運間變換著；也打了很多的越洋電話，最後決定以觀光、旅客行李的方式入關。我們準備的書有《阿含正義》、《心經密意》、《無相念佛》、《念佛三昧修學次第》、《大乘無我觀》、《禪淨圓融》，一共六箱。

緬甸的小沙彌、大和尚滿街都是，表相的小乘佛法、大佛像到處林立，大金塔威武莊嚴，但已經沒有解脫道的眞正法義，名存實亡，可悲呀！我的腳步更是停不下來，我可以到臺灣來値遇大善知識 導師，可是還有更多人沒有這個福報；我要發更多 導師的法寶，讓更多的眾生可以接觸 世尊的正法，於是在 佛、菩薩面前發願：我要買一臺中古車，我要學習開車；用車來載比較多，也比較方便。我每次發願，菩薩都能滿我的願，所以我常常說自己是 佛菩薩護念的孩子。也許是願力的關係，還有 佛、菩薩的加持，原本對駕駛座有恐懼感，發願以後，先生只教我開一天，隔天就可以自己一人開車趴趴走了！眞的不可思議。現在負責載樹林區的所有書籍，菩薩們都說我這部福田車還眞好用。

連續敬呈上三梯次的禪三報名表，當然是落選；心性一向樂觀的我，只覺自己精進努力不夠，因緣還不具足，想要上山跟善知識共住四天三夜，沒那麼簡單的事；再接再厲，努力向前行。每次落選，仔細檢討是福德不夠？還是性障消除不夠？或是菩薩性不夠？常常到 佛前發願祈求 佛力加持：弟子不求名聞利養（名聞利養早就不看在眼裡了）但求能護持正法；般若智慧通達，爲正法效勞，爲正法作更多事。也努力學習錢財上的布施，把貪瞋癡布施出去。

每一次接到義工通知，心存感激，心想都是 佛、菩薩對我這個異鄉遊子的憐憫，給我爲正法效勞的機會；如果自己能力不夠，再到 佛、菩薩聖像前發願祈求佛力加持。除了各組組長分配的工作以外，平常去上班就帶一箱書去發放，各公家機關，各銀行、宮廟，盡量開發新點，再麻煩菩薩們負責認養管理；盡量把大乘知見散布出去，救護一切被「髒密」所誑惑的眾生，引導進入正法佛門中來；下班回來，一箱書也就發完了。晚上陪小菩薩睡著了，再起來拜佛、讀 導師的書、作網路搜尋的工作；要當菩薩，沒有權利喊累。況且 導師、親教師比我們忙上幾百倍，都不喊累了，我們更沒有資格喊累。套一句一位增上班師兄說的臺語：「會開悟，作死嘛甘願。」我卻說：「爲了護持正法，作死嘛甘願。」

敬呈上第四次的禪三報名表，感恩 導師慈悲，給予第一次上禪三的機會。禪三前一週接到錄取通知，非常感動，哭著到 佛前頂禮謝恩。

二○○九四月九日，禪三第一天，柯老師領眾拜願、懺悔，至誠心發露懺除無始來諸惡業。內心眞的很感動，卑微如我，身無分文，只不過是一個外籍新娘，有福報能參加如此盛重的選佛勝會，眼淚像傾盆大雨般流下。接下來是起三大法會，主三和尚爲我們殺我見，詳細地解說五蘊十八界的虛妄。第二天要輪到我小參之前非常緊張，後來想：和尚是來幫助我們的。當下就安住了下來。

小參時，頂禮後 和尚問：「聽說妳是緬甸華僑？」我說：「是。」和尚問：「妳中文是在哪裡學的啊？」我說：「在緬甸時有學一點。」和尚說：「從緬甸來的，很難得。」我笑笑。和尚再問：「那妳說說看這幾天有參到什麼啊？」我說：「如來藏就是眞心！眞心不生不滅！」和尚說：「妳那個都是我書裡的東西，我要聽的是妳的東西；妳要把□□□□□□□□，□□□如來藏是什麼？□□□□。」和尚看我答不出來，給我這個題目，吩咐我出去參。言談之間，和尚眞的很親切，不知道爲什麼感覺上比自己的父母還要親，眞想一直待在小參室聽 和尚說話。

出得小參室到 佛、菩薩聖像前發願：「菩薩種性弟子張秉翠：不求名聞利養，不愛樂世間法，不求自身得安樂，只求般若智慧通達，能有更多的善巧方便爲正法作事，將來要作一個大護法，現在全心全意協助推廣組，把『髒密』趕出佛教界；將來因緣成熟時，聽導師的安排，能到緬甸當親教師，把大乘法帶到我窮苦的家鄉緬甸去。」祈求 佛、菩薩加持冥佑，每次發願都淚流滿面，特別是想到那麼多的善心人士，一心想要學佛，結果被「髒密」所騙：騙財騙色，越學越下墮，越學越離不開五欲，眞的很可憐。

晚齋後 和尚吩咐我跟另一位師姊去洗碗，和尚還專程爲我們點出洗碗不是□□，是□□。早上經行時 和尚也都說注意腳下，腳下有金蓮，我都看不出金蓮在何處？晚上普說時有聽沒有懂，只知道應該是指如來藏，然而護三菩薩們個個都笑得很開心，他們應該都是聽懂的。

第三天，謝謝 和尚憐憫慈悲，可能是看我這幾天哭得很慘，又是跋涉千江萬水來求法的弟子，施設了種種方便直指悟處；和尚再吩咐：「去體驗看看，跟《心經》有沒有一樣？然後再去登記小參。」只是自己是個鈍根之人，慧力很差，沒有立刻認取；回到禪堂，心裡一直嘀咕：「如果□□□□□，那這個答案太普通了。」心裡還在疑，不敢承當。可是除了這個就沒別的，放眼看過去，同修們都□□□□，大家一樣□□□，心裡還在疑。第四天去跟監香蔡老師小參，說出體驗，監香老師問：「妳說□□□□□，那□□□□□啊！□□□也□□啊！那□□□□□□□囉？」答不出來。

天下沒有不散的宴席，在哭聲中依依不捨之下，解三回家。

回來後再從六根之中一根一根去思惟、整理、體驗：前六識爲分析、歸納、思惟；第七識則爲恆審思量、處處作主，第八識離見聞覺知，從來不攀緣六塵，卻了眾生心行；再對照《心經》：「不生不滅，不垢不淨，不增不減……無受想行識，無眼耳鼻舌身意，無色聲香味觸法……。」這才承當了下來。這時 導師著作竟然看懂了，境界現起時，再對照祂的清淨性、無我性，有了對治的方法，也有了一分的功德受用。

承蒙諸佛菩薩及 導師的護佑，給予再次參加禪三的機會；這次雖然有所觸證，自己知道慧力不夠，書讀得不多，沒有把握過得了 主三和尚這一關；反正打定主意：一次不行就兩次，兩次不行就三次；到目前爲止，還沒有人超過六次的記錄。賴著不走，總有一天會開悟。只不知是否有這個福報一直來禪三跟大善知識共住呢？

二〇一〇年十月八日禪三第一天，領眾帶著大眾拜願、懺悔。這次晚上的普說聽起來是格外的親切感動，和尚爲了幫助弟子們契入第一義諦，又是比手劃腳、又是跳舞，眞是老婆至極。第二天小參時頂禮後，和尚向監香老師說：「**這個緬甸來的，很難得。**」（現在想想眞是很難得，六千萬人口的緬甸，只有我可以修學大乘法，今又能開悟明心，這一切都是佛菩薩冥佑。）和尚用譬喻引導下，讓我對眞心、妄心有更進一步的體驗與瞭解，可是 和尚問：「**妳說**□□□□，**那祂**□□□□□？」這下把我問倒了！沒有想過這個問題。和尚就把這個題目吩咐我出去思惟、整理，整理好後登記小參。

自己知道慧力不足，唯有 佛、菩薩加持才有希望有答案；於是到 佛前

發願祈求 佛力加持。接下來幾個題目都是祈求 佛、菩薩幫忙才順利過關。非常感謝 導師、監香老師施設了重重關卡，讓我們的智慧不斷的激發出來。蒙 導師慈悲印證，吩咐我跟兩位菩薩到 佛、菩薩聖像前跪拜謝恩。出得小參室來，這時瞭解擔起如來家業的重擔才剛要開始，佛菩提道也才剛要開始，這是一條漫漫長路，也是一條不歸路；但是我並不怕，因爲我有諸佛菩薩以及 導師還有諸位親教師可以依靠。

自己很清楚知道今世能親證生命實相，是 導師您施設的方便善巧；若是自己參，遲鈍如我，談何容易？對我這個外籍新娘來說，導師是我法身慧命之父母，恩重如須彌山，您的大恩大德我無以回報，只有努力護持正法、荷擔如來家業來回報了，今以禪三時誦的偈來表達我現在的心聲：

願此深心奉塵剎，是則名爲報佛恩

願以所證佛菩提，護持正法永無盡

菩薩種性弟子 張秉翠 頂禮敬呈

二〇一〇年十月廿九日

禪三見道報告

—王俊超—

一心頂禮 本師 釋迦牟尼佛

一心頂禮 極樂世界 阿彌陀佛 觀世音菩薩摩訶薩 大勢至菩薩摩訶薩

一心頂禮 當來下生 彌勒尊佛

一心頂禮 護法 韋陀尊天菩薩摩訶薩 護法龍天菩薩摩訶薩

一心頂禮 祖師爺 克勤圜悟大師

一心頂禮 法身慧命父母 平實導師

一心頂禮 親教師張正圜老師 孫正德老師 余正文老師

一心頂禮 監香老師 蔡正元老師 游正光老師

一心頂禮 護法義工菩薩

弟子至心感恩 本師釋迦牟尼佛，將無上佛法證悟之理於末法時期亦不捨眾生，慈悲加被智慧魯鈍的弟子而於今時得以緣熟能有證悟之機；弟子感恩 護法韋陀尊天菩薩摩訶薩、護法龍天菩薩摩訶薩，不辭勞苦護持正法讓弟子等，於此末法時期邪思橫流之際尚能值遇正法之師得授大法；弟子感恩法身慧命父母 平實導師，不計個人身家利害，捨身為正法於末法艱難時期破開邪思洪流、注入一股正法清流，讓弟子等能得飲正法救命活水活轉法身慧命；學生感恩親教師 張正圜老師、孫正德老師、余正文老師及各位親教師，不辭辛苦不受供養慈悲教授學生們正法知見，灌溉及護佑學生法身幼苗，使得學生法身慧命得以長養及茁壯；末學感恩各位護法義工菩薩，耗費心思整理如此舒適莊嚴的佛法講堂，讓學法同修們能安心安住於正法大廟堂之中聞熏正法；若無 佛、菩薩們的這些善護加持，弟子等尚在生死大海中滅頂，無有出期之日，現今唯以感恩戴德心情發願：願生生世世護持正法、護持眾生，盡未來際參與如此盛會永不怠惰疲倦，以報諸佛、菩薩善護之大恩。

一、懵懂的成長過程

自小時候有記憶以來，常常擔心睡一覺起來，突然發現已經過了十年、二十年，到時候人事已非，不知如何來連貫這些年來人、事、物的空白記憶？常常對此不安情緒深感莫名的恐懼；有時候望向自己雙手，又常常感覺有一個我從身體裡面往外透過雙眼看到自己雙手，這個裡面的我爲何又是那麼陌生？這個裡面的我又是誰？又小時候所住房子的後巷附近，有一間豪華佔地百坪但破舊的六層樓大樓，對當時的時代經濟背景而言，是大戶人家所造的豪華大樓，但庭院中有兩座墳墓安置，是當時左營一帶相當知名的鬼屋；因爲與住家相距很近，常害怕會看到不該看到的。所以對於「**靈魂是甚麼？人死了以後又要往哪裡去？**」等等問題，自小在心靈中就一直存在無法解答這潛藏在內心深處的疑問；這讓生活在多神道廟宇附近的我，只要有神明出巡就常去看看熱鬧，一有機會也參加「過轎」行列（一行人排列在神轎會經過的路線低頭伏跪在地上，讓神轎從上方經過以求保佑平安），以求自己的心靈能稍微感受到保佑而短暫安心；若有廟會布袋戲或歌仔戲，就常常喜歡拿著小板凳圍在前面觀看直到結束，對於戲中的忠孝節義情節，佛、菩薩及神明的慈悲無量、救度眾生故事，常心懷嚮往，期待有一天也能追隨其後學習救度眾生。

但從小功課普通、記憶力又差，所學習過的學校功課常常就在及格邊緣；如何來面對自己現實的功課，已是焦頭爛額更遑論想要救度眾生，因爲已是泥菩薩難過江。當年齡漸長，十七歲時好不容易考上並就讀高雄市中正高工—電工科，邁向了高職生活；在高職二年級下學期下定決心好好爲未來升學作準備，所以毅然而然離開家裡，住進一家四樓的補習班繼續升學前的準備功課，早晚一成不變地補習及學校上課生活不停來回奔忙，思緒專注在課業之間難以停留下來思索未來。到了暑假期間空閒的時間較多，就常會泛起對人生的未來前途迷茫之感觸，常感到人生空虛，且人生又是爲何如此毫無目標的生活著？

至此啓動了對未來及老年後生活目標的探索，開始觀察及思惟如何在未來老年後不想成爲後代子女及家人的負擔，甚至越老如何越受後輩尊重及呵護（因爲從小住家與眷村相鄰，每到下午放學下課時段就有一群老年長者拿著椅子排排坐在路邊，看似數著來回車子，或停滯在過往回憶中等待最後的時刻到來；雖然大家都坐在一起，但看得出每位長者背後只有自己孤獨與寂寥的身影；這些落寞景像時常衝擊著我當時幼小的心靈，心中常常對自己說：長大後決不要過著如此生活方式來等待自己生命的結束），但應學習何種行業或興趣才能過著尊嚴的老年生活呢？後來末學從不同的職業及興趣中歸納及觀察發現，任何豐功偉業最後不過是過往雲煙；就算所謀職業是如何的權勢顯赫、人人懼畏，但是所得到的是人前的虛僞尊重，是對權勢的尊重而非對個人的眞心尊重；一旦離開此職務，所剩下的只是一堆罵名，何來人後的敬重可言。

最後，歸結所得感想，職業中有許多屬公益性質行業可得人們眞實尊重，其中「教師」一職確可滿足個人經濟收入、也可贏得社會上人們的尊重、又可與學生們相互認識廣結人緣，是一個非常理想的職業，所以就決定未來當教師來謀生的方式。而在興趣方面，經過觀察分析則有兩個方向是可以從事，不但在世時可終身經營，也可於人前人後得到人心的眞實尊重，甚至可流芳後世，那就是—「習武」及「從事宗教」；而在「習武」方面，哪一種武學是到老年還有進步空間及爲大眾所崇敬？想想大概就是動作不受老年筋骨退化影響太大的「太極拳」，所以下定決心未來有機會將會學習「太極拳」當作一生興趣；而宗教方面呢！到底哪一種才是最究竟的宗教，才是應該投入一生追求極致的人生？

剛開始尚未有一個明確的方向，只是覺得從小的背景而言，應脫離不了「佛教」或「道教」兩個方向；但經過仔細分析，「道教」流派甚多，有煉丹、修氣、劍宗、術數……等類別非常複雜，最終修道的目的到底要成為哪個果位才是最終極成果？在道教典籍中並沒有明確的定論（因為修行者不可能每個人都成為「原始天尊」），只有一些非常抽象的「練精化氣」、「練氣還神」、「練神還虛」及「練虛合道」等幻想式的名詞而已，派別繁雜且無清楚最終目標，難以達成最終修練。

而且從小就常聽過家喻戶曉八仙中的「呂洞賓」已是成仙之人，乃是神通廣大劍中仙人，但卻被「黃龍禪師」稱為守屍鬼，最後還是被「黃龍禪師」所度化，因而得道超出三界，所以最後還是決定選擇「佛法」為依歸才是首選；因為佛教較單純，所有佛菩薩的教導最終都是要我們成佛，目標明確也最慈悲；因為從來沒有一個宗教的教主，要眾生努力修行最後卻要到達祂的地位；唯有佛菩薩最慈悲，要我們成佛，所以目標確定後，接下來只要找到如何一步一步進修的明確方式，認為修學成佛不再是夢想，而是可行的明路

（當時尚不清楚原來佛教界中充滿了表相佛法，想有一條正確的明路卻是難可值遇）。

末學因爲所學習的背景屬工科類別，對於訊息的蒐集、整理、分析、歸納及條列過程漸漸形成一種明確的讀書規劃方式，也將它用在當時的兩年制專科聯考上，畢業後即考上臺北縣板橋市「亞東工專—電機工程科」（考前暑假因爲一群損友常來干擾，致使所考上的學校並不理想，但也是當年度自己的班上能考上學校的兩人之一），此種將資料整理、歸納、分析後再將重點及公式以條列方式，表列在點陣式報表紙上，將需要考試的科目內容依—章、節、次、目、小節等前後關係次第對整及先後排列清楚，非常有利於課程內容複習及重點記憶，此種記憶計畫方式影響末學升學之路很深；在二專畢業當兵後上臺北市南陽街補習一年，藉由此種整理、規劃、分析方式，考上了當時國內唯一一間兩年制技術學院「國立臺灣工業科學技術學院—電機工程系」（目前改制爲「臺灣科技大學」）。

二技畢業後考上了「國立成功大學—電機工程研究所」，而研究所一年級下學期考上了「電機技師」執照，在研究所畢業後順利的應徵到高雄縣路竹鄉一所科技大學「高苑科技大學—電機工程系」任教，並在任教幾年後考上「消防設備師」、「國立中山大學電機所博士班」及「國立高雄第一科技大學—工程科技研究所博士班」；所以，此種讀書考試規劃方式於世間法上讓末學在重視升學的臺灣嚐盡了甜頭（因爲有記憶以來想要報考的學校或考試皆是一次就通過），並且也影響了末學未來心悅誠服於 平實導師將浩瀚無涯的佛法以井然有序的方式鋪陳在大眾面前；明確了知：在此末法之世居然有此大善知識出現於世間，眞是天上掉下來的珍寶，居然讓末學遇到了。所以末學至心中對 佛、菩薩及自己發願—未來願生生世世追隨 平實導師身邊無怨無悔、忠誠護持以成就學佛之路。

二、與宗教最初的相遇

當一個南部憨厚的小子，初次來到了臺北縣板橋市「亞東技術學院」就讀時，還鬧了不少笑話；記得第一次到臺北剛下了臺北火車站，在月臺上拖著兩個大行李箱往前走；一出火車，突然發現後面一群人潮往前快步超越末學；一時之間還以爲身後發生不得了的事情，爲何大家都用小快步方式走路；末學停下腳步一直往後瞧瞧，確認是否發生了怪事，最後才發現什麼事也沒有——原來臺北生活步調居然比南部快了一拍，連走路都比南部還要快；這讓末學爲了習慣臺北的生活步調，足足調適了一個學期之久。從臺北火車站到板橋市需轉乘二三四號公車，居然也讓末學體驗到南部從來沒有看到的景象，就是像沙丁魚般的擠公車及司機的超高駕駛技術（瞬間啓動、轉彎、停車），當時我拖著兩個大行李箱被擠在中間，眞的進也不得、退也不得，一路上被迷迷糊糊的甩來甩去；終於好像要到了亞東醫院站牌，卻不知道如何下公車；因爲南部公車當時是用拉繩子方式來驅動響鈴告知司機要停車，但是現在要下車時卻找不到拉繩；望來望去眼看就要過站了，心中一急就大聲喊叫「**司機我要下車**」，叫了好幾聲才使司機注意到；車上的人都好奇地望向末學，從大家的眼神看得出來大家心中想的就是「鄉巴佬」一個。

好不容易提了兩大箱行李擠過人群，下了車才發現還有兩站才到宿舍；一路上折騰了好久，才精疲力盡找到了學校宿舍安頓下來。事後爲免下次搭車又不知道如何下公車，問了同寢室同學如何下公車的方式，還被同學笑了好久，才告訴末學下公車要用—「按鈴」，末學發現原來一路上找不到拉繩，卻只看到像美術品掛在車邊的燈會閃爍，以為那是點綴品美化車箱，原來那個就是「按鈴」。

剛進入「亞東工專」就讀二專一年級時，班上有位同學可能看到末學這股憨直，就問末學說要不要學佛；末學一聽到早年的心願如今可有機會實現了，所以就興奮的一口答應加入，懷著一顆虔誠的心去到一家不太一樣的佛堂參加了點傳儀式，得了「玄關竅—眉心正中間」、「口訣—無太佛彌勒」、「手印—右左手子亥合同相抱手勢」等三寶，事後才知道原來末學加入的是「一貫道」，還被點傳師告誡：這三寶的內容決不可洩漏，否則會被五雷轟頂；而得到這三寶的好處可以「天堂掛號、地獄除名」，在今生過世時候可經由「三官大帝」考證此三寶內容而往生天堂。在當時覺得大家都很友善，對身處異鄉的我有股說不出的親切感，自然而然就接受了所有規範，並且也加入了「度人」的行列及上課的課程，也因此打開了對佛法經典的初步接觸及興趣。

在經由參加「一貫道」一系列上課過程中，慢慢建構出對「一貫道」的系統知識。「一貫道」的理論——眾生皆是由無極理天的「老母娘」所生，並且是流失在外的佛子原人，而諸佛也都是老母娘所出生的；現在是由「彌勒佛」掌天盤，從古至今已分三期度眾：「青陽期」、「紅陽期」及「白陽期」，並且以古時出家人身穿顏色爲青色是當時的主流顏色，來解釋爲「青陽期」；以當時的出家人問候手勢是用單掌併攏置於胸前以「阿彌陀佛」問候，而以早期結婚身穿紅色大袍來說明那是「紅陽期」，並以雙掌合十稱唸「阿彌陀佛」；目前已進入「白陽期」，因爲現今時下結婚都以白色爲主流顏色來說明；而老母娘派遣「濟公活佛」來當師尊，及派遣「月慧菩薩」當師母，幫助師尊來度化眾生，將來度化原子回歸理天。爲了強化大家的信念，每年都辦法會，而所謂的法會是四天三夜男眾及女眾分開住在大寺院中，而白天則在大殿中分左邊女眾、右邊男眾，分開排班依序坐在椅子上，若有儀式則會撤掉椅子並排班在兩邊。

第一天剛開始有一些跪拜及獻果的禮儀儀式，及四天三夜的流程說明；第二天再由「前人」帶領各點傳師來精神講話，並感懷老母娘的慈悲及懷念原子尚未歸鄉思念之情的精神講話；大都用很感性的語言來激起大家一股莫名的感動及感激老母娘的慈悲，以鼓勵大家努力度人（所謂的度人，就是繼續勸人加入「一貫道」)。晚上則是由年約十來歲竅手「天才、地才、人才」等三才輪流降乩，來的神明大半都是「濟公活佛」或與活佛交情很好中國民間所信仰的「八仙－漢鍾離、張果老、呂洞賓、何仙姑、鐵枴李、韓湘子、曹國舅、藍采和」等其中一、二名仙人。與其他道教所不同的降乩方式，是「一貫道」不需要扶鸞者，直接由仙人降臨並說出對句完整且具有內容表達意思的長篇直式詩詞，並於每句中不同位置，或一字、或二、三字，以橫向或斜線連接方式又可找出不同意思的詩句；且所經過連線的詩句又可組成具有構圖的圖像，讓在座的信徒常常歎為觀止，所以「一貫道」信徒是非常相信有神仙存在的(多年後有離開一貫道的其中三才之一爆料說，她們從小就被集中訓練熟背法會中詩詞，且為了防止在法會當場忘記詩詞內容，身旁都會有兩三位引導者暗中引導)。

經過了兩三天的竅手降乩，大半信徒看到這些鬼斧神工的詩詞也就能信服於一貫道的教條，成為忠心的信徒。最後一天結束前，會再感激老母娘的慈悲，幾乎所有信徒都感動得哭成一團，更是加深大家對一貫道的堅定信仰。所以，末學在一貫道七年中參加的法會約有五次，每次也是感動得痛哭流涕，決心要好好「度人」。

在就讀二專時期共有六位志同道合的同校不同科同學，共同在學校附近租下一間樓層當為宿舍，組成所謂的「一貫道－伙食團」，大家輪流排班煮素食飯菜共同用餐，並歡迎其他想茹素的同學來搭伙（所謂「搭伙」就是加入茹素一起用餐，但無須排班煮食）。除了到附近固定佛堂上課之外，在伙食團也空出一間房間來當教室，常預約一些一貫道講師來對我們上課，並邀約有興趣學佛的同學來上課；所上的內容有《四書》、《五經》及一些佛教經典（「一貫道」最常講授的是《六祖壇經》），但是所上的內容是跳躍式的教學，片段片段的逐字解釋及大概意思的講解。

時日一久卻也開始引起末學的一些疑問：為何上課內容不是從頭到尾有系統、有組織的教學，從來不將聖人或　佛陀所想要傳達的完整內容及原意講授出來，而是儘挑一些與「一貫道」教義較相關的內容來講課？並且進來道場已有一段時日，該如何來修行才能對治心中的煩惱呢？因為進入道場所得到的都是一些教條式的觀念，對如何對治心靈層次的問題卻都使不上力；雖然一邊渡人進一貫道，並且非常熱衷於參與各項活動，但所得到的知識卻對自己內心的修行一點都沒有幫助。雖然曾經請教過講師及點傳師「如何修行？」但得到的答案都是千篇一律：「師父領進門、修行在個人。」

漸漸地發現從一貫道的課程中沒有解決途徑，而且也發現了一項事實——所有的宗教都有自己的經典，爲何「一貫道」沒有自己的經典，而是所謂的五教合一，儘講些別人的東西？自己在一貫道度人過程的喜悅（因爲自己覺得幫助人家進天堂、離開地獄），逐漸被內心空虛感所取代，進而開始向外找尋心靈的救命丹。有次到臺北萬華「龍山寺」朝拜，看到結緣書櫃中有精美可愛的小型紅皮各式佛經，看了非常喜歡，所以請閱了幾本供在書桌上，並每晚都唸 觀世音菩薩的〈十小咒〉及〈大悲咒〉、《心經》等。最後還在經文後面找到了印經社，剛好也在板橋市，所以親自找到印經社助印了一百本小冊佛經，五十冊由印經社幫忙放置適當地點，其餘五十冊由自己放置在各廟中與人結緣；或許是如此不經意的護法善行，讓末學未來能有機緣得遇「正覺同修會」正法的因緣。

二專畢業後入伍當兵還是堅持茹素，雖然在軍中訓練單位非常不方便，但也克服種種困難，最後很幸運被編入素食的十人警備班哨中值勤。退伍後北上臺北，在南陽街補習班窩居一年，全心全力運用自己所發展的整理系統來準備考二年制「國立臺灣工業科學技術學院」；其間每天晚上睡前都會唸誦一遍　觀世音菩薩的〈十小咒〉及〈大悲咒〉、《心經》等小冊子，讓末學在枯燥的讀書生活中得到了一絲心靈的慰藉，也感受到菩薩的慈悲加持，隔年順利考上該校；爲了茹素方便並且對「一貫道」還有些最後期待，想確認在「一貫道」中找尋看看是否有一修行法門可作最後依止，所以還是加入該校的伙食團中繼續參加活動及課程；就在畢業前夕課程已進入「講師班」，就是未來若在講師班結業後即可擔任講師，在「一貫道」中任教。但末學尋思：自己心中煩惱並沒有因爲這些年來的上課及「度人」而稍有減少，反而伙食團中團員間的紛爭越來越多，居中協調的末學深深的感受到「一貫道」的理論只是人天善法，以勸人爲善及茹素長養慈悲心爲主；如何對治心中的煩惱及明確的修行次第，一概闕如，讓末學對「一貫道」徹底的死心。所以二技畢業考上國立成功大學研究所後，徹底的離開了「一貫道」，決定繼續流浪在追尋能依止的修學法門探索之路上。

三、緣結正法─正覺同修會

當一九九二年就讀「國立成功大學─電機工程所碩士班」時，認識了剛好在同校會計系畢業的同修，兩人個性與興趣相投，所以兩年半後相偕組織家庭；成大碩士班一年級也參加了「太極拳」社，所練的拳套屬「鄭氏」太極拳，每天一早五點即到學校集合地點練拳，滿足了小時候所規劃的一項到老都可以從事的興趣；但是在學佛這條漫漫長路上還是毫無頭緒，繼續無奈地摸索著。

成大碩士班畢業後，順利應徵到高雄縣路竹鄉「高苑科技大學─電機工程系」任教。同時期一起進入本系教學的老師共有四人，其中有一位同事特別引起末學的注意，他就是正覺同修會中的師兄蔡老師。因為剛開始時系上的辦公室是用 OA 來隔間，大家聚集在一起分配在不同區隔的座位，末學座位剛好在蔡老師的座位正對面；蔡老師身旁有一臺本系的影印機，因為機臺老舊，每次有人操作影印時就常常發出機械的吵雜聲；而當時蔡老師常常用一塊方形木板放置在座位上，兩腿一盤，似老僧入定般一動也不動；不管大家在身邊說話如何吵雜，甚至有人操作影印機時所發出的機械雜音，也影響不了蔡老師打坐。末學當時對蔡老師的定功非常佩服，而且蔡老師為人親切、和藹、誠懇，請教他的事情有問必答，所以末學認定蔡老師非比一般尋常人，是可以好好追隨親近的人。

但是末學因為腿功不好，對打坐似乎引不起興趣；而且經過了一次錯誤的宗教歷程，心中也變得更加謹慎，不隨便跟進；雖然知道當時蔡老師在「中臺禪寺」修學練習打坐，而且定力已經很不錯，但我還是沒有動機學習打坐。經過一段時日觀察，突然發現蔡老師有一段時日沒有繼續打坐，末學好奇為何幾乎天天一有空閒就會打坐的蔡老師，卻已有一段時間不再用功了？末學懷著好奇的心情前去問他：「**為什麼沒有繼續打坐練功呢？**」蔡老師回答末學一句：「**參禪不在腿！**」這句話深深敲動了末學的心，引起了想要探討蔡老師所學的佛法興趣了，因而向蔡老師提問：「**何謂參禪？與打坐有何關聯或不同？**」原來蔡老師已經離開「中臺禪寺」，加入「正覺同修會」的修學課程；每個星期都有一天會大老遠到臺中講堂上課，回到家後已經是半夜三更了。

末學被蔡老師求法的精神感動，就詢問同修會的修學法門是什麼？蔡老師慈悲送給末學一本《無相念佛》，說是結緣的書籍。末學打開書本仔細從頭到尾讀完一遍，當看到後面「佛菩提二主要道次第概要表」時，身上如觸電般全身毛髮直豎；雖然本書頁數不是非常多，卻將末學追求已久的佛法概要，等於以運用末學非常具有自信的考試整理方法將成佛之道平鋪直陳，以表列方式呈列出來，末學讀後心中熱血湧動，直喊：「**佛菩薩保佑、觀世音菩薩保佑，終於讓末學找到了成佛之道。**」這種雀躍的心情，直至目前回憶起來心中還是久久難以平息。

末學從小就沒有對人類偶像的崇拜習慣，不管是豐功偉業的偉人或藝人都是，但此時卻對 平實導師從至心深處五體的「拜服」，從那時起就對自己說：「**這就是我多年來要找的善知識。**」終於讓末學找到了！末學懷著感恩的心情向蔡老師表達感激之意，並詢問是否尚有其他相關的書籍？蔡老師非常慈悲，只要是同修會有書籍印出，就會一本一本送給末學來閱讀；當時還有些書籍是局版書，需請購才可以拿得到，蔡老師常常自掏腰包購買贈送，眞是感激不盡。後來知道是局版書後，才堅持要自己請購；但還是麻煩蔡老師代購，眞是非常感激蔡老師引介進入正法因緣的恩德。

在一系列書籍《念佛三昧修學次第》、《禪－悟前與悟後》、《正法眼藏－護法集》……等，皆恭敬一一拜讀後，漸漸建立起對佛法的正知見架構，並且依照書中所教的功夫一步一步從「口唸心聽」、「心唸心聽」、「心唸心憶」再轉進到「憶佛念佛」，並於行、住、坐、臥中嘗試以憶佛念來進行，只是一直不太敢確定憶佛的狀態是否就是 導師書中所說的狀態；之後在家中客廳設立一個小佛龕，將「西方三聖三寶佛」聖像及「地藏王菩薩」聖像安置其間，有空就會練習「無相拜佛」；剛開始時並不是無相而是有相，需唸一句「南無阿彌陀佛」後才拜下去；後來純熟後再轉進，無需唸出聲來，而在腦中快速唸過，最後才放掉腦中語言直接憶佛，漸漸稍微體驗到所謂的「憶佛拜佛」、「無相拜佛」境界，並且拜佛完畢後常常祈求佛菩薩慈悲保佑，看看南部是否將來能有講堂成立，以圓熟弟子親受學習正法滋潤的因緣。

弟子非常衷心佩服 平實導師所教授的佛法，不僅有「功夫行門」又有「佛法正知見」，讓後進學佛人得以訓練動中定力及增長慧力，兩者又是相輔相成缺一不可；動中定力的訓練可從「無相拜佛」中鍛鍊憶佛淨念，能最快成就；所訓練出來的憶佛淨念，於行、住、坐、臥中較容易保持動中定力，並且有助於實際的觀行功夫成就；而佛法慧力的增長則是因爲 平實導師藉由所撰寫的相關書籍，以八識心王爲基礎，清晰地分析各識體性及功能，將浩瀚如大海一般的三藏十二部經典佛法知見，用八識來一體貫穿、毫無滯礙，前後相對、毫無矛盾。若學佛人能平心靜氣客觀地接受法義淆訛的辨正，閱讀正覺同修會所出版的相關書籍時，佛法的正知見將會進步神速，進而大大受益；反觀現今末法時代這些會外佛教界大師所教授的佛法，偶有定境卻無法生起慧力（因爲禪坐的靜中打坐功夫常進入一念不生，是定境而非定力，無法與智慧相應），更有些知名大師以六識論自我限制，將自己看不懂或誤解的三藏十二部經典切割成支離破碎，再掐頭去尾，取一小部分佛經，認爲是正理；在解釋經文時又是前後矛盾、錯誤百出，如此殘破而無連貫性及相關性的佛法，如何能提升佛子們的智慧呢？！如此大師眞是學佛的佛弟子們流轉生死的禍源之首。

更甚者，有一類依附佛教的邪惡外道「喇嘛教」，美其名「藏傳佛教」，假藉「男女雙修」之名，高稱爲「即身成佛」、「證報（抱）身佛」；又兼具六識論爲基礎，同於常見外道，只取佛法名相而無佛法實質內涵，卻是冠在修持「男女雙修」的所有過程及虛妄觀想之上，眞是惡魔投胎轉世殘害眾生的最佳代表。末學也因此常常感嘆末法時期學佛的佛弟子眞的很悲哀，在看淡了世間法而無法出離煩惱之際，好不容易追求出世間法以求能斷煩惱時，所遇到的法絕大多數都是邪思惡法；不僅殘害自己法身慧命，更加可能於無意之間造下毀謗正法、毀謗菩薩藏與毀謗眞正聖者的極重惡業，眞的是 佛所謂的「可憐憫者」。現今眞是末法時期、佛法亂象叢生的時代，想值遇正法及眞正的善知識，又能安住於善知識所傳授的正法中修行，極難！極難！

在二〇〇一年十月份，臺南終於新設正覺講堂，蔡老師向末學表示 平實導師將來臺南新講堂演講二天，講題爲《心經密意》。末學聽到偶像級人物 平實導師要到臺南來演講，心中喜悅莫名，非常期待這兩天的法雨滋潤；到了演講當天，末學就到丈人臺南家中轉換摩托車來到講堂，中午時分就到臺南新講堂就座等待。講堂不久就被人潮塞爆，讓末學看到修學正法的同修居然有這麼多人，心中感覺不再那麼孤單了；不久擔任司儀的蔡老師簡單介紹 導師個人得法的過程，勉勵大家珍惜此次法會。之後 平實導師上臺宣講《心經密意》，並且還附帶了副標題「心經與解脫道、佛菩提道、祖師公案之關係與密意」；末學全程精神抖擻、全神貫注、兩眼直視，生怕稍有遺漏任何法語滋潤。

第一天下午六點說法結束，末學枯槁的心靈如久旱逢甘霖、如暗夜狂風暴雨茫茫大海中突現心靈燈塔一般充滿了希望；當晚自己一人留宿丈人家，坐在書桌前，一直回想過往求法的一切，想到如今得聞大善知識出世宣演大法，心中激動莫名，眼淚早已不聽使喚狂流而下；弟子打從心中至誠感謝 世尊、諸佛菩薩慈悲，將如此一位大善知識安排到一個五濁惡世的末法時代來受苦受難，讓弟子還能得聞如此勝妙佛法；心中感恩之心久久不能平息，並且更深心發願：願未來生生世世護持正法，跟隨 導師身旁學法，打雜也行。

當第二天中午繼續宣講時，還記得 導師曾提及要找一個長相像祖師爺—克勤圜悟大師的人來雕刻聖像，將來要安座在正覺祖師堂中，但是目前還沒有一個長相相似的，因爲祖師爺的長相較爲奇特（整顆頭圓圓的，弟子好奇祖師爺到底長相如何？終於在祖師堂落成大典中得見眞面目，心中有說不出的親切感）。第二天宣講完畢後，還留一段時間讓聽課的學員現場發問；導師有問必答，且事、理兼備，若無實證佛法大意之人，決難如此揮灑自如，弟

子心中更加佩服　導師的智慧銳利、條理有序。至此，末學發心每個月一定撥出二千元來護持講堂，期望能以微薄之力來護持正覺講堂，祈求讓正法能因末學棉薄之力而得以綿延更長久。

近二〇〇三年時，看見蔡老師在學校的時間變得非常忙碌；一時打電話、一時打手機，並且頻頻查詢資料撰寫文章。末學關心的詢問發生何事？蔡老師禁不住末學頻頻詢問，才簡短的表示臺南講堂發生了法難，事後才知道有一群師兄們，由「楊榮燦」、「法蓮法師」及「紫蓮心海比丘」（當時並不知道那些人事物，當《辨唯識性相》一書出版後才得知前後緣由），因這些人率領之下，一群人退出了正覺同修會；所發生的過程雖然並不瞭解，但看得出蔡老師的心急與不安；當時末學也很擔心，好不容易盼望了好久才有臺南講堂與班級成立，有了熏聞正法的機會；雖然末學當時正在進修博士班，機緣尚未成熟，無法參與上課，但心急萬一南部沒有了講堂，該如何是好？心中一直祈求　佛、菩薩保佑、觀世音菩薩保佑，讓臺南的法難能平安的渡過。不久之後聽到臺南師兄姊將原講堂布施給楊等人，又另覓一處設立新講堂（位址就是現在的西門路四段十五號四樓）繼續弘法；末學心中歡喜踴躍，也讚歎臺南師兄姊們的效率眞是一流，在如此短時間內居然可以找到新講堂房子，並將講堂布置就緒，接續下來就有課程繼續在臺南講堂上課；末學慶幸臺灣南部的正法能繼續弘傳，也感謝臺南講堂師兄姊的堅持及毅力，讓正法能在南部香火不斷，將來必能在 佛、菩薩保佑下永續流傳。

四、滿心期待的正法熏習

主三和尚慈悲開示：因爲末學將來是要出來弘法（學生在發願文中其中一條撰寫：若未來因緣成熟時願意擔任正覺同修會的親教師，以弘揚正法、護持正法爲己任），所以必須清楚瞭解其中差異，學生合掌感恩 主三和尚慈悲；最後 主三和尚給第一道筆試題目，吩咐：因爲時間不多，爲了趕上下午喝水的時間，所以只要大標題寫出，到時候再將內容直接說出即可，在接觸到正覺同修會的相關書籍之後，感覺如獲至寶般的珍惜；這些佛法正知見不僅條理有序，且以八識心王貫穿整體理路，毫無窒礙，眞是難遇難逢；所以常常私下送一些正法書籍到附近廟宇或佛教圖書相關地點可以擺結緣書的書櫃中去放置，以期待更多有緣佛子能得聞正法。而末學父親早期也曾在一貫道中待過十幾年，在失望之餘離開一貫道之後，反而什麼也不相信；甚至連三世因果關係，都覺得只是宗教勸人爲善的手段。末學拿著同修會的書給父親看，想不到父親善根深厚，一讀到書就直誇這些書寫得太好了，並一本一本向末學索取，因此也漸漸建立起正法知見；而末學同修與末學相約：若未來高雄講堂成立時，會與末學一起來正覺學法。在眾人如此渴望及期待下，末學常常向佛及 觀世音菩薩祈求，希望高雄講堂能早點成立，以滿足眾人求法的因緣。終於二〇〇六年十月份，蔡老師通知末學：高雄講堂即將正式開班，並開始第一期課程。末學興奮的向蔡老師索取三張報名表，滿心期待地等待正法熏習課程到來（編案：此文發表時，高雄已有三間講堂，共約六百坪）。

記得第一次來到高雄講堂上課，師兄姊們一路排班，親切的合掌問訊：「阿彌陀佛！」讓大家心中感到非常溫暖。剛進到講堂時看到莊嚴的講堂地板上排滿了蒲團，末學很難相信居然有三百多個蒲團，不久眞的都坐滿了人，可見高雄地區求法的師兄姊非常踴躍期待此次盛會（編案：當時高雄是先有五樓第一講堂，約二百坪。然後才有四樓與三樓的第二、第三講堂）。當親教師 張正圜老師一出現，末學心中非常興奮，一直注目老師；因爲老師的攝受力很強，不管是身段的調柔或是說話的語調，都具有威嚴中不失長者對後輩的關懷，班上不論年齡大小都能感受到張老師對大家的關注；也因此，本班的師兄姊在 張老師的調教下，個性也調柔非常，每次見面問訊都是九十度的鞠躬；末學剛開始還無法有如此調柔的身段問訊法，但漸漸在老師身體力行的調教下，慢心就在問訊中一點一滴的消磨掉，往後問訊也自然的以九十度方式來進行。

張老師教授方式非常有條理，從第一堂課開始就下了一帖重藥，問問大家：五十一問中的其中十問。然而同修們良久，卻無人可回答出任何一題內容。人人真的是嘴似扁擔、口掛壁上，唯有靜心聽講的分。老師可能知道高雄班的同修們有些已經在外面佛教界打滾了二、三十年，基礎的佛法知見已有，但也因此可能慢心就比較深重，所以一帖重藥殺了大家的慢心，然後再慢慢宣演半年內將欲成就的功夫及知見—成就拜佛功夫、正法知見、正覺修學次第、整體佛法是什麼、三乘菩提道內容……等，將佛法名相以第八識—如來藏的眞實內容一一架構宣演。同修們在老師條理清晰又身段調柔的教導下，漸漸建立起對佛法知見整體的大概架構，並且要求大家落實無相拜佛的功夫；甚至為了讓大家瞭解憶佛的淨念是如何狀態，施設了非常多的方便善巧，讓學生能更加確認憶佛念是何種淨念狀態。

學生非常感謝張老師南北奔波、無怨無悔、不計酬勞（不收分文、不受供養）對同修們的盡心教導、無私奉獻，此恩此德，學生們難以回報；尤其遇到颱風下雨甚至天候非常惡劣時，還是從臺北搭飛機下到高雄來教授我們。記得有一堂課高雄外面正是天候惡劣，又颱風又下雨，張老師提及在飛機上遇到亂流，然而老師心中處之泰然，並且表示已將遺言撰寫收藏，若有任何問題都不用擔心未後事。當時學生們聽到老師說出這樣遭遇及處理過程，學生們感動得人人早已眼中含滿淚水，心中既不捨，又感恩老師的無私及慈悲。雖然老師叫我們不必擔心，但看得出人人心中對老師的不捨與擔憂。學生心中至心祈求 佛、菩薩慈悲保佑加持老師，讓老師一路皆能平安。所幸二〇〇七年初臺灣高鐵通車營運，當年七、八月份老師改搭高鐵後，發現再沒有遇到飛機亂流的問題，而且有如搭乘臺北捷運延伸一般的轉乘方便後，學生們心中就較為安心了。

每週星期一晚上，是學生們天天期待享受佛法法雨滋潤饗宴的時刻；學生從未缺席過每堂課，因爲每一堂課都有不同的精彩佛法知見的建立；這是會外根本找不到的眞正「法會」，所以常常一晃眼就下課了。老師教授課程半年後，邁入六度波羅蜜的講演—布施、持戒、忍辱、精進、禪定、般若等六度；老師清晰講解每一度應注意的事項，其過程中，老師還有關注到大家功夫的進行，所以運用了各種善巧方便，讓大家能落實進行各項功夫；其中每人發了一份「修行記錄—每日一記」表格，以每個月爲單位，天天檢視自己拜佛、閱讀、福德、性障及慢心。學生爲了要求自己能天天都有成績，這兩年半來還一直督促自己要多用功；就算再怎麼忙，也要達到基本要求的功課。感謝老師費盡心力，這兩年半來學生無相憶念拜佛功夫很快就熟悉，雖然在尚未開課以前，自己有依照「無相念佛」一書常練習無相拜佛；但是對「無相憶念」是何種狀態，一直都不能確定；然而在老師親力教授下，與先前自己摸索的過程的確大不相同。

在參加同修會有系統的教授課程下，若自己遇到障礙，很容易因爲老師針對個人不同的狀態施予不同的教授方式下契入所學；甚至遇到任何問題還可排隊與老師小參，馬上解決自己的問題。在正覺同修會上課眞的很幸福，有「功夫行門」的落實進行，也有「正法知見」循序漸進的建立；如此知見及功夫兩相進步，正是驗證學佛過程中的「定力」與「慧力」相輔相成的增長。至心讚歎 平實導師的方便施設如此豐盛，並且有完整系統的課程教學，讓學生們能從定力及慧力雙雙增長的過程中，又加深了「觀行」功夫的能力；這兩年半的課程讓佛法知見貧乏、功夫零零落落的弟子，逐漸建立起對佛法整體概念的知見及動中定力功夫的長足進步。

上課近一年左右，進入了「般若度」，從「四聖諦」、「八正道」、「十二因緣觀」與「八識心王」的體性知見一一介紹；學生們在一年期間即可建立完整的二乘菩提的知見，並確認眾生本有「八識心王」而非會外一般兩光大法師「六識論」的粗淺錯誤知見；上過一年課程後，幾乎人人皆可確認「六識論」者是如何的淺薄短見與虛妄認知。在六度的「般若度」後開始進入「觀行」功夫的實踐，尤其以五陰的虛妄觀行更是首要的重點，因爲能落實五陰虛妄的觀行，才有機會斷除三縛結中的「我見（身見）」，才能有機會眞正落實「意識虛妄」的親自現觀體驗，並且能教育第七識—意根接受此根本事實。

如此「意識」是 佛於阿含中所說「意、法因緣生」（意識是本識藉意根與法塵因緣所生之法）是虛妄體性，並非眞實的不生不滅。「意識」又在五位中（眠熟位、悶絕位、正死位、無想定、滅盡定）本來就會斷滅的實情，才能被自己（意根）眞正承認與接受。

尤其每個人每天皆可現前觀察五位中的「睡眠位狀態」，若是意識沒有斷滅，根本成就不了睡眠這一法，那時叫作「失眠」而非睡眠（若意識還是在的話就不是睡眠）；既有眠熟而稱爲睡眠，正表示意識那時已經中斷了；而已經在晚上斷滅的法（意識），爲何白天又會生起？絕對不會自己無緣無故的斷了又生起，否則即是《中論》所破的「自生」；所以會外的大師不能因爲觀察不出來，就說「意識」是睡著了，明天自己會醒來……等不通邏輯的話來欺騙一般大眾。學佛必須踏實，也必須眞實求證所有過程，切莫籠統顢頇、不懂裝懂；若是認爲意識睡著了，那祂是如何睡著了？前五識又是否一樣睡著了？睡著的前六識是如何的運作狀況？如何狀態運作時稱爲睡著？而醒覺過程又是如何？這些問題都要一一釐清。自己都無法實際證明的狀況，如何來教導大眾來實證過程？

眞正的道理應是意識晚上斷滅了才會成爲睡著，則一定有另一個法是不斷滅的，並且能執持所有法種，讓睡著時的色身不爛不壞、繼續維持生命，並且明天早上又可流注出意識種子而讓意識清醒過來，這個法才是不生不滅的；這個讓意識可以醒覺回來的，也只有第八識如來藏才有如此特殊的功能性；這樣的推理就算自己無法現觀，也才符合生物界與實相界的眞理。哲學界只從推理都能知道「假必依實」的道理，號稱最有智慧的佛教界大師與學人們當然不能不知這個道理；勸請佛子好好深思意識的斷滅虛妄性，才不致於耗費大半人生學習佛法，所得到的卻只是滲入佛門中的常見或斷見的外道知見，無益於對生命實相的認識，卻增長了無明煩惱，想求出離三界輪迴之苦卻是遙遙無期。

在張老師循序漸進的教授之下，學員們逐步鍛鍊出動中定力功夫及增長佛法正知見；兩年半的過程讓學員們的功夫進展從「無相憶念拜佛」中所得到的憶佛念，能夠運爲在平時的行、住、坐、臥中；當憶佛的淨念功夫成就後，漸漸轉進爲「看話頭」（看住一句話之前頭，而非話尾。請參考導師所著《無相念佛》及《念佛三昧修學次第》兩鉅著）；「看話頭」功夫成就後即轉爲「參話頭」功夫，而「參話頭」能夠嫻熟，則自然而然會起「疑情」；功夫至此，證悟因緣只待時機來臨。在佛法正知見的建立過程，則以八識心王爲主軸，建構出佛法五時三教三轉法輪的大致內涵，讓學員們充分認識八識心王的一體性，建立起對眞心如來藏的相似般若智慧；有了對八識心王的正確知見與落實的功夫行門，則將來只待因緣來實證第八識如來藏，而未來實證宗門意旨也只是在彈指之間的頓悟過程，並非是漸漸開悟。

兩年半的時光在張老師的悉心調教之下，日子在不知不覺中很快悄悄地流逝了；禪淨班結束之後進入到進階班，由親教師孫正德老師繼續接任教導高雄學人的重責。孫老師的佛法知見非常廣博深細，且又具有系統性教學；老師表示：進階班主要是讓大家發起菩薩種性，而上課內容將會針對福德、智慧及戒行方面來強化大家的知見，後面將會介紹「百法明門」。學員們也在孫老師的座下足足熏習了一年的時間，佛法知見及功夫更爲紮實；一年後孫老師因另有公務而由親教師余正文老師來代理，並在後來正式賡續高雄進階班親教師的重任。余老師講解佛法非常活潑生動，隨手拈來生活周遭各種事物皆是佛法，上至天文下至地理皆是佛法所函蓋的解說範圍，讓學員們大開眼界；上課的時間常常覺得過得很快，學員們非常享受這種佛法潤澤的時間。學生有幸在三位親教師的調教之下，從不知佛法大意內容，到正知見的建立與功夫行門的成就，若不是有如此悉心教導的親教師們，何來末學目前得有契入佛法大意的機會？學生感激平實導師創設「正覺同修會」，讓眞正想學習佛法正知見的佛子們，在末法時期尚有安身立命的佛法殿堂得以熏聞正法；如此聖妙殿堂正是學佛佛子夢寐以求，可以安止於此的大乘佛菩提道場。

五、四年學佛三次的禪三歷程

在親教師張老師鼓勵及調教之下，學生落實了紮實的功夫行門、般若智慧的建立及觀行的過程；甚至連睡前都會特別觀行睡前狀態，確認意識的斷滅虛妄；並常在放捨疑情後睡去，因此有兩次經驗就在半夜中突然「瞬間清醒」，發現這個如如不動卻又□□□□的識非常特別；將祂拿來與前六識一一比對又是壁壘分明，不屬六識中任何一識的特性，祂不會見聞覺知卻感覺祂函蓋了見聞覺知；此時精神狀態非常清明，完全沒有一絲睡意，不像是剛睡醒時該有的疲憊，而是非常清明毫無一絲睡意。並且也曾在睡夢中夢到親教師張老師，非常慈悲來到學生夢中示現機鋒，其一夢境：張老師□□□□，□□□□□□□□，同時口中說出：「開啓無門之門。」學生突然醒來，卻是丈二金剛摸不著頭腦（當時上課只過了一年，因緣尚未成熟）。而第二次夢境：張老師帶領大家在空地上說法，大家排排坐在草地上，學生也在其中，突然老師叫一聲學生名字，學生□□□□□：「□！」老師說：「你□□！」學生當時也不知爲何學生□□？（原來如來藏□□。）醒來後也是摸不著頭緒；而第三次，老師卻是帶我們到處理屍體的殯儀館觀察屍體，老師要我們好好觀察□□□□□□□的過程（當時正好教授到觀行色身不淨及無常）。

學生非常感恩張老師對學生的慈悲攝受，但是老師常提醒同修們：若有所體驗，一定要到禪三被認可才可說是證悟；否則保守一點，千萬不要一下就認定所找到的就是如來藏；否則將來若是被驗證找到的不是如來藏，將會空過這段自以爲已經找到卻不再用功的時間。學生誤會了老師的用意，學生認爲若找到的這個就是，那放掉重找必然也會再次找著，所以就將先前的體驗放下，並沒有再深入觀行。兩年半後在老師的鼓勵之下報名禪三，幸蒙 導師慈悲錄取了第一次禪三；但是機緣不成熟，性障部分修除不足、福德資糧亦不夠，雖然四天三夜與 導師能同桌共餐，但還是因為有所欠缺沒能過關。與 導師能共桌用餐，讓學生太過興奮，忘了禪三是來考試，沒有在先前的體驗上繼續深入，以致於與監香老師小參時答不上話；又在祖師堂中頻頻冒起慢心念頭，就算是在佛前懺悔也抑止不了慢心的念頭生起；終究在第一次上山的過程中，深刻體驗還是因緣不成熟，無法通過此次禪三。

半年後再次蒙孫老師鼓勵報名了禪三，並且得蒙 導師再次慈悲錄取，但是因緣仍然尚未成熟；雖然這半年期間在家禮佛時，運用思惟觀在禮佛的整個過程中觀照，從□□□□□□中，去體驗前五識和意識如何□□□來配合，而如來藏是如何的離見聞覺知卻又□□□□□□的運作？此時在□□□□時，突然又一念相應到這個離見聞覺知卻又了六識心行的第八識；雖然又是觸證到第八識，但是疑心沒有消除，還是懷疑：難道這個就是？祂很深沉又函蓋了六識的見聞覺知，卻又不是見聞覺知。

第二次上禪三前每個星期有拜「八十八佛洪名寶懺」，並確實迴向，以祈求累世來的冤親債主、父母師長能得蒙諸佛菩薩加被，未來得以成就道業而不遮障學生；但是上山後感覺性障懺除不淨，還是有慢心生起；在祖師堂佛前懺悔，還是效果有限；監香老師所提的題目雖然有整理出答案來，腦中卻一直響起「佛菩薩自有安排」；因而坐在座位上一直等待時間，以為監香老師會主動來點名小參。如此在等待的時間中就空過了兩天，到最後一天才發覺整個流程似乎是自己的認知有錯誤，但時間也已經來不及；其間學生還向 導師懺悔慢心深重，得蒙 導師慈悲開示：這是自己的虛妄想，不要在意。學生才得以釋懷，但也已經錯過此次的禪三精進共修時間。

第三次禪三錄取，距離上次已經過了一年時間；這一年中不知是否業障現行？變得突然非常忙碌，學校工作、招生、晚上南區職訓課程開課，及國科會計畫一件一件緊接來臨，想拋開又不行；想起孫老師曾鼓勵大家：當時她在忙碌的當中亦是可以利用空閒時間來練就看話頭及參禪功夫，所以一樣可破參明心及見性。所以學生並沒有因此放棄繼續參究，反而更加深入落實對五蘊觀行的功夫，並且隨時隨地想到就觀行，因而更加確認意識的虛妄體性。當第三次錄取通知寄達，未學就與親教師余老師小參，幸蒙老師慈悲告知：現在直接找如來藏，莫再練功夫。學生下定決心直接在拜佛中去體驗，就在上禪三前又再次觸證；學生此次不再懷疑，終於勇敢承擔下來；並開始整理：如何來表達觸證的過程，讓 導師及監香老師相信觸證到的這個就是。學生參考了《我的菩提路》(一)(二)輯，並規劃幾道題目自己整理，直到能明確表達通暢爲止。

四天三夜的禪三，第一天到祖師堂時，在護三菩薩的條理有序分配下，每位同修在寮房中快速放置行李完畢後，戴上名牌直接上大殿集合禮佛，由兩位監香老師宣布此次禪三應注意事項；下午則拜願、懺悔及灑淨，監香老師慈悲提醒大家「發願」要出聲口說，不要只在心中默唸，要「出口成願」；在拜懺及灑淨時祈求 觀世音菩薩慈悲加持，大家在菩薩的加持下至心懺悔哭成一團，想到累世來不知已造作多少無明惡業、害過多少眾生、吃過多少眾生的血肉、又虧欠過多少眾生的恩情，祈求累世以來冤親債主原諒；又想到 菩薩的大慈大悲心護佑弟子等，還需煩勞 菩薩來幫忙排解，慚愧心層層生起，在感恩、感謝、慚愧、祈求原諒的心情下，大家無分師兄、師姊早已放聲大哭，至心懺悔及感恩。接下來在灑淨後到一樓「蒙山施食」，祈求冤親債主及附近鬼道眾生得以飽餐後往生善處，不要來擾亂莊嚴的選佛道場。

傍晚 主三和尚幫大家再一次鉅細靡遺說明五蘊、十八界的內涵，並交代大家現前觀察，徹底斷除了大家的「三縛結」，使得參加此次禪三的師兄姊至少都有「初果」可證。

每天三次過堂時是大家都很期待的「東山水果禪」時間，主三和尚都會慈悲的鼓勵大家，並且「宣演現代公案」；學生每次都會專精注目著 主三和尚，因爲 主三和尚的慈悲攝受引導往往都潛藏其中；不過末學發現知道 主三和尚老婆用心的同修不多，幾乎每位都盯著自己的桌面瞧，卻忽視了一個活菩薩已經在表演公案了。晚上精彩的公案宣演，一出場 主三和尚就在演一齣無生戲；坐在座位上良久，看著大家盯著銀幕看，主三和尚也回頭看看銀幕，再回頭看大家；看大家還是盯著銀幕瞧，主三和尚 又回頭看銀幕，再回頭看看大家；發現大家只看到死公案，卻沒有發現活公案，主三和尚慈悲，才又說明及提示「要用眼睛來聽法」。這次依照往例還是請出了好幾位祖師來表演，並在關節處 主三和尚都會慈悲提點大家要多加關注，第一天就如此迅速消逝。

禪三第二天，一整天時間 主三和尚非常辛苦與大家輪流小參；男眾與女眾抽籤安排先後順序，學生也開始再次規劃如何表達所證內容；所幸 佛、菩薩加持及護法 韋陀菩薩保佑，當下午與 導師第一次小參時，導師問及「如何是如來藏？」學生將先前自己所整理的過程以三點方式來表達—第一：在行、住、坐、臥中，「如來藏」（□□□□□）離見聞覺知；第二：□□□—「□□：如來藏，□□：□□□□」；第三：借用《金剛經》名句「所謂色身，即非色身，是名色身」，如來藏不是色身，但如來藏□□□，同時同處；於此得蒙 導師慈悲開示引導學生更加深細瞭解□□、□□與如來藏的關係，並交代出去後整理兩道題目：「□□□如來藏□□□□？」與「如來藏□□□□□□？」交代學生與監香老師小參。

學生回座位後即刻開始規劃及整理對照現前觸證之內容，並於第三天早上與監香老師小參；進入小參室，監香老師問及……（小參內容為護未悟行者，從略）交代學生整理後再排小參，報告完畢通過後再領第二題題目。

學生離開小參室，即刻到 世尊面前發願、迴向，及祈求 世尊慈悲加持開啟弟子智慧；並至護法 韋陀菩薩及 圜悟祖師爺前一樣發願、迴向及稟白祈求加持開啟弟子智慧，祈望能順利通過此次禪三，以盡早參與護法及弘法工作的行列；並祈求 佛、菩薩保佑高雄來的師兄姊也能順利通過，因為高雄講堂至今已經有兩個講堂在運作了，還有一個講堂也即將完工，目前非常需要師兄姊出來幫忙，所以也向 佛、菩薩代為祈求能圓熟師兄姊的禪三因緣。

禪三第三天下午學生又排到小參，學生向監香老師報告所整理的內容，並將……（小參內容為護未悟行者，從略）；報告通過後領到第二道題目後，再次去 世尊、韋陀菩薩及 祖師爺面前發願、迴向；而第二題整理題目……（小參內容為護未悟行者，從略）；當學生排到小參時已經是晚上十點多了，整個時間很充裕，所以學生慢慢分析，將此題目分為兩個方向來報告……（小參內容為護未悟行者，從略）報告完畢後監香老師告訴學生：明天 導師會親自小參，如此結束了第三天的流程。

第四天早上過堂、經行後，約十點多，主三和尚召見小參，學生頂禮後坐在蒲團上，主三和尚馬上重新勘驗：「**為何如來藏□□□□？**」學生回答：「**第八識真心如來藏在……**（小參內容為護未悟行者，從略）。」主三和尚又問說……（小參內容為護未悟行者，從略）。主三和尚思惟了一下說：「**這個也算**

是。」

並給予一些提示方向，要學生盡情發揮。學生出來後，向護三菩薩拿了筆紙，將所想得到的答案分幾個要點寫出來；在中午過堂後，與另外一位師姊一起進去與主三和尚小參，主三和尚為了節省時間讓我們兩人輪流來說明；過了此道題目，然後又給第二道題目……（小參內容為護未悟行者，從略）；此次共有三位一起進去小參，主三和尚要我們一人說一個方向，在通過了這道題目後，導師說可以在我們身上蓋上金剛寶印了，但接下來有三道題目要體驗……（小參內容為護未悟行者，從略）。在走出小參室前，主三和尚囑咐我們要飲水思源，須到佛前禮拜稟報感恩世尊將此正法傳在娑婆世界的末法時代；並禮謝護法韋陀菩薩摩訶薩護念我們，讓我們不受累世以來冤親債主的遮障；也可以向菩薩攀攀交情，未來菩薩成佛時不要忘了提攜、提攜我們這些後學，將來可以在其座下當弟子；也要到祖師爺克勤圜悟大師前禮拜感恩，我們依教一一衷心感謝後，回座喝水開始體驗。

剛開始喝水時依照主三和尚吩咐……（小參內容為護未悟行者，從略），可是發現太過細膩難以拿到訣竅，當主三和尚走過來，拿著竹如意並輕聲在學生耳邊說……（體驗內容爲護未悟行者，從略）。在體驗一段時間後大家進入小參室輪流報告粗略體驗過程，之後 主三和尚更加詳細解說每個過程中各□□□□□□的流程，眞的讓學生們大開眼界，終於瞭解□□□□最透徹的莫過於諸佛菩薩及大善知識 平實導師了！這些過程的運作眞的連在醫學頂尖的博士、醫生都無法如此詳細的體驗及分析到的，眞令學生至心佩服 導師的智慧深利、高深莫測。

接下來的走路體驗更是精彩……（體驗內容爲護未悟行者，從略）。學生所學爲電機領域，經由此次體驗來相對於自己以往所學的電腦操控機構經驗，彼此相互比對後若有所感，運用科技想要來追求及探求生命實相實在是遙不可及、有所過失；但是，當證悟實相、找到眞心如來藏後，卻也可以方便施設來應對於所學的經驗及知識：我們知道眞心如來藏出生了「五蘊」，相對於電腦的例子就好像「整部電腦的軟、硬體」就是如來藏所生，當中意根及意識只是相對於運作在 CPU（「CPU」爲電腦主機的運算單元、記憶體……等微電路，相似於欲界眾生的「勝義根」）的程式軟體執行功能（「軟體程式」相對於是如來藏所含藏的「七識心種子」），而意識只是軟體程式所撰寫出來執行分析、整理、判斷的程式功能，而意根則是執行下命令的程式功能；所謂的「離念靈知」則是撰寫軟體程式執行一長串空白指令的動作過程（「離念靈知」本身是屬於意識層面的某部分功能特性），是歸屬於軟體程式執行某種狀態的功能特性；就好像電腦放置久了以後處於「待機」狀態（「待機」是暫時讓程式停止執行所有指令動作，但電腦還在正常運作狀態，並沒有因此而「當機」；就好像處於「離念靈知」狀態下，如來藏還是在□□□□□運作，並沒有因此□□）；軟體所執行的待機狀態（相對於「意識所屬的離念靈知」），與出生且執持整部電腦的軟、硬體（相對於「眞心如來藏」），具有絕對不相同的屬性與特質，絕不可混淆；欲界眾生則是生活在這些軟體所創造出來的「虛擬實境」世界中，貪求虛幻的五欲享樂、造作善、惡、染、淨業果、繼續輪迴於三界生死之中無有出期。

會外一些大師及修行者錯把「離念靈知」當作是實證「眞心如來藏」，應好好愼思所悟是否眞實？應愼重比對所悟內容與佛在大乘各經典中所說的如來藏體性是否一致？切莫錯把「馮京」當「馬涼」，而造下大妄語業的重罪；如此一世精勤的努力修行，卻因不夠愼重確認清楚，導致所得的果報不是莊嚴的菩提果，卻是長劫最重地獄無量苦報，眞是得不償失，可不愼哉！

經過一番體驗後，此次破參的師兄姊一起回到主三小參室中，由　導師更加深細地說明眞心與妄心的□□□□過程，並說明經由這些親自體驗後，在大家自己的驗證之下就不會再有退轉的現象了。學生感謝　導師用心良苦，目的就是爲了讓弟子們能親證瞭解眞心截然不同於妄心的體性，如此，自己就算要強迫退轉於「離念靈知」中，也說服不了自己；更何況將來若遇到外來的考驗，也就可以安然度過了。

解三時，學生擔任解三法會請師的一員，從頭至尾弟子感恩　導師救拔弟子深厚的恩德，久久不能自己，眼淚不時的含滿雙眼；弟子心中至心感恩不知如何回報？自忖：非以生生世世護持及跟隨　導師弘揚正法、破邪顯正、續佛慧命於娑婆世界，不能報其萬一。解三時　導師再次囑咐大家：禪是向上一路，自古皆不明傳；只爲難信故。已悟者，不許向任何人說其所悟內容，爲護未悟之人故；亦不可洩漏密意，這是虧損如來，違反**法毗奈耶**的極重罪業，切莫輕視違犯；初悟之人要有警心，莫自滿、莫輕他人、更莫輕師；因爲悟只是修行的開始，往後還有重關的眼見佛性及差別智應修，更有牢關的徹悟及道種智應證。而未悟者，當思未悟的原因：是與善知識緣淺故不相應？是對善知識有成見故不相應？是福德欠缺故不相應？是慧力不足故不相應？是慢心所障故不相應？是自信心不足，對善知識信心不足故不相應？是願心太小故不相應？是發願不至誠故不相應？是盜法心態故不相應？是業所障故不相應？也不應向他人打探密意，因爲必定自己障礙自己的道業。

六、自我砥礪與心得分享

此次學生得以破參，完全是世尊、菩薩護佑加持及平實導師與監香老師們慈悲攝受引導，並且在眾多護三菩薩們日夜護持之下才能順利通過，學生在此分享下列七點禪三前應有的心態與準備，並繼續砥礪自己莫鬆懈：

（一）首先，要發起「菩薩種性」：

「正覺同修會」是實證大乘佛菩提的莊嚴道場，既是「大乘」，顧名思義是菩薩修行的道場；在此次禪三時，導師曾公開向大家宣示：世尊將此證悟大法只傳給菩薩，不傳給聲聞人；導師秉承世尊意旨，將此大法只傳給具有菩薩種性的人，而不傳給聲聞種性的人；所以，勸請大家要發起菩薩種性。而「菩薩種性」是一個綜合性的特質，需以「六度波羅蜜」——布施度、持戒度、忍辱度、精進度、禪定度與般若度，來衡量自己是否已經具足？或尚有欠缺何度需加強補齊？這六度內容，親教師都已有詳盡介紹，自己需落實拿來衡量自己。譬如：想當菩薩最基本是否已受菩薩戒？菩薩戒是當菩薩首先應受持的一個必須持守的戒律；若尚未受戒，表示自己尚未具有當菩薩應有的條件，應盡快在同修會中受持上品菩薩戒；在布施度與忍辱度中，若是在護法時，應以護眾為考量；「正覺同修會」的法義辨正是為了救護眾生遠離邪法荼毒，而避免眾生造下地獄重罪、受苦無量；所以，當在外面度人說法時應觀機緣，若對方想靜心聽正法與邪法的差別，我們就可以盡量宣說；但若對方已經有爭辯的語言或肢體行為現起，則同修們應盡量軟語對談或停止對談，靜聽對方抒發即可，保持與對方結好善緣；今生對方無緣，到未來世見到我們時也比較會有好的相應結果，因緣不成熟時不必強迫對方接受。

（二）功夫要落實：

「正覺同修會」與會外一些大山頭有極大差異的地方以及可貴之處，就是有明確的「功夫行門」與「佛法正知見」；在「功夫行門」方面是利用淨土法門之「無相憶念拜佛」練就「無相憶佛」的動中定力功夫，進而能看得見話頭而邁入禪門中來參禪，並且搭配著觀行功夫來練就斷「三縛結」的初果；在「佛法正知見」方面，建立起「三乘菩提道」—二乘聲聞道、緣覺道及大乘佛菩提道的修學次第內容，循序漸進建立起佛子的慧力；如此，雙具定力及慧力相輔相成，功夫及知見更能快速增上，難怪來「正覺同修會」修學的師兄姊與以往的會外從學佛子相隔一段時日後再見面，總是讓人感覺智慧增上非常迅速，如同士別三日、刮目相看，已非當初的吳下阿蒙，這正是因爲定力與慧力能等持增上的緣故；「正覺同修會」的存在，就是末法時代難得值遇的了義正法團體。

此處「功夫行門」項目大致內容可分兩個方向來努力用功：

一、**落實「無相拜佛」功夫**：

導師慈悲所施設的「無相拜佛」功夫，極易練就清淨的「憶佛念」，修成「淨念相繼」的功夫，此「憶佛念」是動中功夫成就的依憑；若於拜佛過程中已鍛鍊成就「憶佛念」，則可將此淨念運作在平常的行、住、坐、臥之中練就動中定力；當平常運作在四威儀當中功夫非常熟練之後，則功夫可由淨土法門轉進禪宗法門，轉成「看話頭」（看話頭可參考《無相念佛》及《念佛三昧修學次第》二書）；「看話頭」功夫成就之後則可轉爲「參話頭」；「參話頭」功夫熟練之後極易自然起疑情，此時再來參究，就只是等待因緣成熟的機緣了。這些功夫練就的順序是環環相扣，若有一個地方不熟悉，則功夫會脫鉤，會卡在一個地方很久難以進展；所以鼓勵大家一定要落實「無相拜佛」的動中定力功夫訓練。

二、**落實「五蘊觀行」功夫：**

五蘊十八界觀行的流程需仔細一步一步進行，落實一一界及一一蘊過程的觀察；其中又以「識蘊」中的「意識」虛妄要特別一而再、再而三、三而四：來觀察確定；因爲意根累世以來習性深重，深固執著意識爲我的慣性強烈，想要讓祂接受如理作意思惟後認定意識虛妄的結果，需不斷地確認整個觀行過程的合理性與順暢性，並教育祂能從如理作意的觀行過程中一再確定意識是虛妄的結果，進而說服意根得以接受。也可以從意識在五位中的「睡眠位」來一再地觀察，每天不管是在中午休息或晚上睡眠的過程中，一再地

用ATM在「臺灣銀行」轉帳提款，帳還是算在「彰化銀行」上。世間法中已是如此，何況修行出世間法，想在殊勝道場中得法，除了需要有定力及慧力之外，最重要的就是需要「福德資糧」；假若定力及慧力是修行的船筏，則福德資糧就是承載船的水，福德資糧不夠就如水非常淺，船非常難以航行很遠，很快的就會擱淺，進退不得；所以，修行過程中如若常常覺得修行並不得力，定力或慧力一直無法增長，則需要好好思量一下是否就是福德資糧不足所造成？而如何來快速累積福德資糧呢？最快的方式莫過於護持眞有修證的了義正法的道場及破邪顯正。後者或許我們目前尚未有能力來進行，但前者卻是最佳迅速累積福德資糧的途徑；而目前綜觀全球所有佛教界團體，有眞實講求證悟佛法大義且有文獻紀錄流通公開於世上的，只有「正覺同修會」。這是一個上求佛道也能下化眾生的大福田，有智之士應審愼評估您所投資的未來世福德資糧，應該如何來快速的累積呢？相信具有睿智的佛子們，應該已有正確的選擇了，但如何才是明確的護持方式？末學建議：應該有錢的出錢、有力的出力；每個月固定不管多少金額，皆可明確的護持「正覺同修會」；如此藉由布施錢財於正法團體迅速累積福德資糧外，又可棄捨自己一分慳貪習氣而獲得功德受用；而出力的方式，我們既然知道同修會所印出的各項結緣書籍皆是可使佛子能眞實解脫煩惱的法寶，如此將同修會所印出的各項書籍與會外想學佛的佛子結緣，將來就有可能因此而多了一些佛子修學了義正法，也是福德及自受用的功德無量；甚至，若有開新班級的DM印出來時，更可以廣爲發放，以接引有緣的佛子結上正法因緣，這些方式皆是迅速累積福德資糧的正確方法。

(四)要有長遠心：

安住在「正覺同修會」了義正法的團體來修學是非常幸福的，因爲修學佛菩提道的分枝歧路已經由導師將它斬除殆盡，剩下的只是一條坦途的康莊大道；只要能依導師及親教師所傳授的功課一步一步的修學上來，將來都會有定力及慧力的成果出現。但是學佛這條漫長路途是不可躁進的，而是需要一步一腳印，踏實的往上昇進才不會有後遺症的出現；切莫在自己因緣尚未成熟前，或因一時好奇、或因不耐等待而探聽開悟的密意；當因緣不成熟的時機之下萬一得知了密意，將來只會戕害了自己的法身慧命，不僅沒有自己一念相應的功德受用，所得的密意也無法發起後得的智慧升起，此世將與證悟無緣，甚至更會因此而造下毀謗菩薩藏的一闡提極重罪業，可不慎哉？所以**若聽到有人要對您明說密意，這是戕害您法身慧命的惡知識，千萬要掩耳快速遠離**；否則一經聽取密意，不管是有意或無意，今生已難再有挽回法身慧命的機會，千萬要慎重面對此一嚴肅話題，否則將會後悔莫及。

(五)要修除性障及慢心：

如來藏心行深細，勝妙難尋，不比前六識的粗略心行運作模式；若無過來人善知識的指引調撥，任由自己如何參得頭破血流還是難以寸進，甚至連方向都有可能完全錯誤；要能相應如此深細心行的如來藏，除了先前的建議及功夫之外，還必須先將深重的性障（性障即五蓋—貪欲蓋、瞋恚蓋、睡眠蓋、掉悔蓋及疑蓋）好好修除；否則，意根的惰性很高，與五塵相應的法塵所產生的意識將會很粗略，無法如理作意地思惟法義及作觀行的功夫，將會障礙見道的修行，所以必須將性障好好修除，才得以進入更深細的心行去探索及作法義思惟；另外一個障礙見道較深重的就是慢心，修行過程中很有可能因慢心深重無法接受善知識的調撥教導，心中堅持己見，認為高勝於善知識所知、所教，或不服善知識所教授，故障礙自己見道的機緣，所謂「慢如高山、雨水不停；卑如江海、萬川歸集」，若能好好修除慢心，隨時注意起心動念之間若有慢心生起，則應以懺悔及慚愧來對治，漸漸熟悉後，慢心才有機會慢慢調伏，圓熟自己見道的機緣。

（六）要仔細聽聞親教師教授、廣閱會內書籍：

「正覺同修會」中每一位親教師皆是親證佛法實相之久學菩薩，在大善知識 平實導師座下經歷多年的歷練及觀察，個個都是修行清淨、身口意如一的善知識，並且個個都是智慧深利難以度量，所教授的佛法皆是有系統的建立佛子們完整的佛法正知見；所以，在聽聞親教師每堂課程教授之後應如教奉行，聞後如理作意思惟法義；如此點點滴滴的長久熏習及反芻，佛法知見將會建立起一個完整梗概。雖然每個星期都有一次的正法熏習課程，但是佛法浩瀚如大海一般，每週一次兩小時的課程著實難以詳盡教授佛法內容，故需多加利用自己空閒時間，廣覽「正覺同修會」所出版的各項書籍，以強化佛法正知見；並需閱後思惟法義，讓所熏習的佛法知見經由思惟整理、條理通暢，再配合定力及觀行功夫的增長，才容易成就念心所，進而得以憶持不忘。如此運用「法相唯識宗」的法義思惟整理過程，在同修會中熏習的佛子們，佛法知見的慧力增長將會是一日千里。

(七)要發大願、懺悔及迴向：

修學佛菩提道欲往證悟之路前進，需要廣大的福德資糧來作爲後盾，然生於末法時代的佛子們普遍皆是缺乏福德資糧，能於今生值遇正法弘傳，皆是往世於正法中植種福田所致；但若要修行得以證悟佛菩提，福德資糧所需甚多，已非是目前佛子戮力所能達到的；如今唯有向 佛世尊發大願，就像事先向 佛世尊開近期、中期及遠期支票一樣，先補足所欠缺的福德資糧，過後再慢慢償還對 佛世尊的承諾；但發願需以至誠心來發，若所發的願不夠大，或至誠心不夠，則這張支票的額度一定不足，更有可能是會跳票的芭樂票；若是所發的願不夠大，或連自己都知道不夠至誠（因爲心中連自己都不相信自己能作得到）又如何能求得到 佛世尊的加持呢？勸請同修們發大願時要以至誠心來發，並相信自己絕對作得到，無論是否是盡未來際，皆須達成承諾，如此 求佛世尊加持必能應驗。

證悟佛菩提是解脫於三界無窮生死的無上大法，在勤求證悟之時，我們累世來的冤親債主必定不能善罷干休，深怕未來再也要不到債了；往往有許多同修（包括末學前兩次上山亦是）在禪三時，坐在座位上整理思路時非常清晰敏捷，可是一旦進入小參室中腦袋就變成一片漿糊，任何問題都答不上來，甚至連導師或監香老師所出的題目都會聽錯；可見向累世來的冤親債主至心懺悔是多麼重要，要出自於內心至心懺悔，才得以讓累世的冤親債主感受到我們的誠意。最後要如實明確地迴向，將我們所做的所有功德皆迴向給累世來的冤親債主，願他們因此迴向而能在未來往生善處修行正法，或未來能共爲同修道侶、同證菩提。這樣經由發大願、懺悔及迴向，遮障我們證悟的因由就能得以消除，在世尊及諸佛菩薩的加持下、平實導師及監香老師的攝受下，證悟菩提的因緣就會來到，終將得以順利成爲親證實相的菩薩。

七、結語

弟子今生從未想過有證悟的一天，本來對佛法概念一向毫無所知的我，更遑論是所謂的證悟實相；但三生有幸，今生得以値遇大善知識出世弘法；並在短短四年之內得以建立起佛法正知見，又能順利破參得以進入佛法殿堂一窺堂奧；這些全都是佛、菩薩保佑加持，大善知識 平實導師及各親教師的教授及引導恩德，此恩此德難以回報。

想想古今有多少人少小出家學佛，一直參禪到老死皆無所獲；弟子何其榮幸能得值遇正法弘傳而能有所證，感恩之情難以語言表達。在今時稍具擇法眼的同時，反觀現今地球上的芸芸佛子何其可悲，在這末法時期眞的是邪思邪法如洪流一般蔓延整個佛教界，其中充滿了表相佛法，更甚者邪魔外道更是登堂入室佔據佛法殿堂，以美其名「藏傳佛教」在莊嚴殿堂中大修「男女雙身」行淫邪法，讓不知內情而一心求法的佛弟子，掉落陷坑難以自拔，隨學佛子們輕者失財失身，重者無慚無愧自稱成佛成聖，妄造未來世長劫地獄尤重純苦之罪報。

奈何世人共業所障，感召惡魔大行其道；但身爲　世尊遺法的佛弟子們，怎能坐視惡魔酣睡於佛法殿堂之內？如今大善知識　平實導師出現於世，並豎起大法幢、吹大法螺，得法弟子於今當仁不讓，願共扶法幢、共吹法螺、共扛大纛；願生生世世常隨大善知識　平實導師身旁，護持正法、破邪顯正、續佛慧命，將正法接續三千年不斷不絕，共護如來家業，以報佛恩、善知識救拔之恩。

南無本師　釋迦牟尼佛
南無極樂世界　阿彌陀佛　觀世音菩薩摩訶薩　大勢至菩薩摩訶薩
南無當來下生　彌勒菩薩摩訶薩

佛弟子　王俊超　合十
公元二〇一〇年十一月五日
禪三期間：2010/10/08~11

禪三見道報告

——溫正融——

一心頂禮本師 釋迦牟尼佛
一心頂禮護法 韋陀菩薩摩訶薩
一心頂禮 克勤圜悟菩薩摩訶薩
一心頂禮法身慧命父母 平實和尚
一心頂禮親教師 張正圜老師、孫正德老師、余正文老師
一心頂禮監香老師

壹：學佛的因緣及過程

從小弟子在雙親的愛護下成長，長大結婚後，弟子的家庭仍舊受到母親溫暖的照顧；後來母親生病了，即使受到疾病的痛苦，她依舊是細心地照顧著我們而不願意多休息。在多年的疾病折磨下，多次進出醫院，她也從來沒

有抱怨，總是讓我們感受到她平靜又安祥的態度。在一九九八年的五月母親過世了，我們將她火化；母親的身體經過火化後成為一堆骨灰，而她的「靈魂」離開了這個軀體之後會到哪裡去呢？

弟子經常思念母親，在她過世半年後，仍然無法走出喪母的悲慟。有一天，我家同修拿了幾本科學家對於生命、輪迴、死亡……等探討的著作讓我閱讀，書中有愛因斯坦的相對論，與《金剛經》之空義、宇宙的誕生、生命本質、時空的轉換、腦波與意識層次的關係……等內容。我仔細閱讀，並且一邊作筆記，深怕遺漏了重要的內容；看了之後，覺得科學家們對於生命的研究只能侷限於肉體感官可知的有形世界當中，這樣的研究顯然並不是全面性的。印象中曾經聽說過 佛對於宇宙生命的描述是全面性的，而且是不受時間與空間的限制，弟子就想 佛應該有生命的答案，那麼，弟子應該去學佛才對！

腦筋裡才剛有學佛的念頭時，就遇到一位密宗的朋友，經由她的介紹進入了新竹鳳山寺設立的福智團體，學習《菩提道次第廣論》；但因為工作忙碌，而且自己與《廣論》所教的內容也不相應，於是就不再繼續學了。當時，曾參加過藏密的法會，參觀過藏密文物展覽，對於西藏密宗男女裸身合抱的「佛」像、兇神惡煞模樣的護法神像、成分不明的甘露、人頭蓋骨及人骨念珠的法器，會感覺不清淨，很想要遠離；又見姊姊的密宗上師仁波切食肉、食五辛、飲酒等，覺得奇怪令人不解。佛開示教導弟子們持戒，引導弟子們能安住在佛法之中修行，必須不違背 佛的教法修行，才能通達生命的眞理，才有可能邁向成佛之道；於是心裡就起了疑問：西藏密宗講的是佛法嗎？

一個偶然的因緣，弟子在般若圖書館裡看到淨空法師宣講《佛說大乘無量壽莊嚴清淨平等覺經》的錄音帶；於是將錄音帶借回，聽後非常歡喜，也就持續地借錄音帶聽經聞法。爾後，對於往生西方極樂世界生起嚮往之願，願生彌陀淨土修學佛法，並願道業有成返回娑婆世界廣度眾生。在那期間，亦曾依照法師教導的「十念法」，在早上起床時，三餐用餐前，上下午工作前後，晚上及睡前等特定時間，持名唸十句佛號。經過了一段時間的練習，弟子希望能夠進一步有連續的念佛功夫，於是就有人來指導弟子數念珠唸佛、按計數器唸佛。弟子也曾經到念佛團體參加經行唸佛，就是無法專心，心仍然很散亂；自己覺得非常地慚愧，就起了一個念頭——願 佛能夠安排善知識來教導弟子。

貳：進入正覺的因緣與過程

二〇〇六年的十月，有一天突然收到正覺同修會舉辦佛法講座的夾報廣告單，講題是「第七意識與第八意識？」覺得很疑惑，因爲曾經聽說過第六意識、第七識、第八識的名相，雖然完全不明白其中的內涵，但是知道第七識、第八識應該不是意識，想必其中是有蹊蹺的。在廣告單背面有「給大家的一封信」，提供了五十一個揀擇、問難；弟子揀擇之後，發現自己竟然沒有一題答得上來，連題目都完全不懂。另外還有一則禪淨班開課的公告：

「**以無相念佛及拜佛方式修習動中定力實證一心不亂功夫；傳授解脫道正理及第一義諦佛法以及參禪知見。**」

感恩　佛！這眞是天上掉下來的禮物，弟子一定要去參加這個佛法講座。由於過去未曾聽聞　平實導師之名，亦未曾閱讀過　導師的著作，所以在講座中聽到　導師對於臺灣佛教界以及西藏密宗非佛教之種種錯謬之理作出大力的破斥，當時心裡一驚；再專心地聆聽　平實導師所開示的內容，弟子聽得出那正是菩薩的慈悲慧劍，正在猛利地大砍那些引人入鬼窟裡去的邪見，眞的是刀刀入骨，太讚歎　平實導師的慈悲與大勇猛！講座結束後，請了幾本書回家閱讀，發現書中盡是寶藏；當天晚上一直讀到深夜，就是捨不得放下書本。過去曾經聽說「禪」是天才所學的法門，而自己的根器很低，哪有能力學禪呢？又曾聽說要一門深入修學佛法才會有成就，那麼「禪」與「淨」是兩種不同的法門，如何能俱修呢？「禪淨修學」的內容是什麼呢？平實導師又是何方來的大菩薩？……一大堆的疑問無法自己解答，於是隔週又再次來到講堂，遇到了值班親教師；經由老師詳細的說明之後，弟子完全信受，並且起了大歡喜心，於是就報名參加正覺禪淨班課程。

蒙　佛加持來到正覺講堂修學佛菩提道法，在　平實導師及親教師張正圜老師、孫正德老師、余正文老師座下修學，探究生命的實相。知道每一位有情都有各一唯我獨尊的如來藏，祂就是生命的根源，祂非屬蘊處界的世俗法，祂確是法界萬法的根源，含藏著個別眾生無始以來一切業種，並且如實地實現因果定律，使眾生一世又一世在三界六道中受生酬償業報。

又知道大乘佛法的一切教法莫不是淨土法門，其目標亦直指唯心淨土；

而禪與淨土是密不可分的，因爲要親證萬法的根源如來藏，才稱爲破初參—見道；見道之後，漸次通達才能進入修道位。然而欲見道，必須仰賴參禪或止觀法門之理觀，此非定力不可，尤其是動中定的功夫；所以，老師教導我們無相念佛及拜佛的方式，修習動中定力。課程中，也教導解脫道的正理、第一義諦佛法以及參禪的知見，同時指導我們進入見道門檻所必須要有的五個條件：一、功德：離三界繫縛的解脫功德（斷結、心得安定、能得自在），二、知見，三、福德，四、除性障，五、除慢。在老師們慈悲攝受下，弟子漸漸明白其中的內涵，並且有能力可以運用所學的方法，例如知見、定力、懺悔、發願或是六度等等許多的法，來對治自己的煩惱習氣。

來到正覺才知道「學佛」的正知見與正確的修行方向，於此末法時期能聽聞到正確的二乘法已經是很難得了，更何況是聽聞到上於二乘法的大乘菩薩法，倍復困難。自己何其有幸能受學此甚深、極甚深，微妙、極微妙的大乘菩薩法；每思及此，感念 佛恩、感念 師恩，淚水就會禁不住地湧出來；爲報 佛恩，爲報 師恩，弟子在二〇〇七年十二月於 平實導師座下具足受菩薩戒、學戒，願意成爲菩薩戒子。平時，除了鍛鍊無相念佛拜佛功夫外，學習看話頭、觀行五陰十八界的內涵、閱讀 導師及親教師們的著作，並且努力修集福德資糧；在學習當中不斷地調整、伏除自己的性障及慢心，期待能有機會參加精進禪三，在 平實導師的座下開悟明心。

兩年半禪淨班課程，很快就要結束了；有一天弟子夢見自己到一所學校，在校園裡走來走去，腦筋卻是一片空白，不知要作什麼。小參時，弟子將此夢境向親教師張老師報告，老師告訴弟子說那是在選佛場（禪三道場）；弟子心想若是在選佛場裡腦筋空白，一定表示報名禪三的條件尚不具足，那麼就應該要先好好地檢查自己過失之所在。首先，弟子承認自己對於五陰十八界內容的一一觀行，尚未能完全認定其虛妄性；其次，對於憶佛及看話頭的功夫尚淺，所以疑情無法發起，那如何能夠參禪呢？於是就決定這次不參加禪三報名。下定決心要再作更深細的觀行，也要加強每日鍛鍊念佛拜佛以及看話頭的功夫，等到有了功夫之後再來報名禪三。時間過得很快，幾個月又過去了，有一天我問自己：「爲何求悟？」這才驚覺到，竟然只是爲了自己想要「探究生命答案」而求悟。在這禪淨班兩年半的課程中，老師總是鼓勵我們要發起救護眾生及荷擔如來家業之大願。一時之間，自己感到非常地羞愧，於是跪在佛前深心懺悔，並且至誠發願：願爲眾生求開悟！願爲眾生成佛道！願意荷擔如來大家業！

參：明心的過程

第一次參加禪三

承蒙三寶加持，連續三次報名禪三都被 導師所錄取。第一次參加禪三，小參時弟子即向 主三和尚當面懺悔：那是兩年前受菩薩戒時，弟子曾對 授戒和尚起過不恭敬的念頭。之後，曾向張老師發露懺悔自己的無明愚癡，老師告誡說：若是將來有機會參加禪三，一定要當面向 平實導師懺悔。弟子知道自己過失深重，因此，在某次參加禪一時，亦再次對眾發露懺悔；這次收到禪三錄取通知時，我大哭一場，因爲，終於有機會可以親自向 主三和尚發露懺悔了。在 主三和尚的小參室裡，和尚以溫暖眞誠的態度接受弟子時，讓弟子這個自責已久的心，才終於得到了安頓。

起三大法會之後，主三和尚一上堂就舉起殺人刀、活人劍，猛利地要砍斷弟子們的我見，另一面要將弟子們的法身慧命活過來。當時，弟子緊緊隨

著　主三和尚的開示、現前觀察，確認五陰十八界的一一法，確實是無常之法、虛妄不實，也確認了意根的虛妄不實，不再認取覺知心及處處思量作主之意根爲常住不壞的法，我見就斷。主三和尚開示說：我見斷了，疑見則隨斷，同時對於諸方大師是否已斷我見，就能判斷而無疑惑；疑見斷，戒禁取見則隨斷，就能了知解脫的果報決非外道所施設之戒行及修道方法可以成就。並且，確知如來藏出生六根，後觸六塵，即有六入，遂起意識，而意識覺知心□□□□□運作；換言之，一切能見、能聞、能嗅、能嚐、能觸以及能了知作主的覺知心，都只□□□□□運作。

過堂時，主三和尚都會過來每桌點名：「某某某！吃水果！」「用手直接拿起來吃，最親切了。」「別客氣！吃的都是自己家裡的。」「就要這樣子！」接著　和尚就拿起水果往口裡送，一邊吃一邊說：「吃葡萄，不吐葡萄皮兒；不吃葡萄，倒吐葡萄皮兒。」又問：「會麼？」還眞難！參不出其中的玄機。用齋過後，離開齋堂時，主三和尚提醒弟子們：「照顧腳下！」「足下步步有金蓮！」該如何照、如何顧？如何知金蓮？眞是難會！只能承認自己原來不會吃飯也不會走路啊！

第二次參加禪三

第二次參加禪三的第三天早上，在經行時，突然閃過一念：「□□都是如來藏□□□！」沒錯！身體只是段肉，全身之……（參究內容爲護未悟行者，從略）。隨後，卻認爲那是神經的作用……（參究內容爲護未悟行者，從略）究竟□□與□□□的運作要如何分別清楚呢？回到大殿，原本想要去登記小參，想起監香游老師才剛宣布說：「**同學們一定要自己整理好了，才來登記小參。**」於是就打消登記小參的念頭，決定要好好的再參究。時間分秒地過去而問題仍舊沒有突破，心裡覺得好苦、好苦！於是數度起身到　佛、菩薩前懺悔，並向　佛、菩薩求願。

下午正當弟子深陷泥沼動彈不得時，糾察老師居然來引導弟子到　主三和尚面前，心想莫非是　佛、菩薩感應到弟子的請求而悲憫我。真的！主三和尚就爲我作引導，並開示：「□□□□□□□。」眞就是祂！祂緣一切法而任運，祂於其中不起見聞覺知，也不分別六塵萬法，一切法無非就是祂；但祂並非隱蔽在萬法的背後，而是就在萬法之中，弟子百分之百承擔了。

主三和尚接著開示如來藏所具有……（小參內容為護未悟行者，從略），這也就證明了自己的眞心如來藏和他人的如來藏之間有「排他性」，永遠不可能互相合併或分割。

至誠頂禮 佛、菩薩，謝恩後，再進入監香老師小參室，蔡老師問：「妳找到的是如來藏的□□？□□？還是□□？」這點很重要，必須要弄清楚，未來才不至於退轉；之後，蔡老師又指示了兩個題目——……（小參內容為護未悟行者，從略），要弟子下去好好地整理；時間很快過去，就要進入第四天的解三大法會了。解三後，弟子將此三個題目帶下山，從閱讀 導師著書以及配合觀察體驗而整理如下說明：

第一題：「……（小參內容為護未悟行者，從略）」證悟的是第八識心體，心體雖無形無色，但因為那是眞心，所以必定會有其自性。眞實的心體在蘊處界現行運作中，必定會有所顯示出的自性功德——清淨性、不虛妄性、平等性、離生性、無我性、不變異性……等無為心性之眞如法相；而且由眞如法相而可顯示出其無漏有為法之相用，眞的可以現觀祂的確是具有不可思議的功德，包括清淨無為不生不變的眞如性，以及圓滿成就萬法的有為功德性。

弟子隨時隨地都可以體驗眞心的運作，例如穿衣、吃飯、走路、打電腦、開車、掉眼淚、笑開懷……，全都雙具眞如性及有爲功德性。

第二題：……？（小參內容爲護未悟行者，從略）第一義諦即是眾生界，眾生界者即是如來藏。

第三題：……？（小參內容爲護未悟行者，從略）無想定是定境，不是人間境界；但是在人間證得這種定境，還是要依人間的色身爲方便才能證入，覺知心也才能離開五塵進入只有法塵的定境中，然後暫滅意識而進入無想定中；此時，如來藏依舊□□□□，□□□□。

第三次參加禪三

蒙　佛慈悲護祐，弟子能有第三次機會再來正覺祖師堂參加精進禪三，接受　主三和尚親自教導與攝受。第二天安排與　主三和尚小參，和尚再問：……（小參內容爲護未悟行者，從略）。回到座位上就依照　主三和尚的提示的方向作整理。

第三天早上安排與監香老師小參，向監香游老師報告：……（小參內容爲護未悟行者，從略），眾生的眞實心如來藏依共業有情的共業種子而共同變現出三界不同的器世間，有情眾生輪迴不離此三界，眞心如來藏依眾生所造不同業種而製造出欲界地獄身、鬼身、畜牲身、人身、欲界天身、色界天身以及無色界天身……（小參內容爲護未悟行者，從略）。之後再次安排與監香老師小參，報告……（小參內容爲護未悟行者，從略）。

第四天上午，由 主三和尚親自驗收我們六位弟子所作的觀察體驗報告；六位一起進入 主三和尚的小參室，輪流由不同的角度來說明所觀察體驗的內容。主三和尚眞的是用心良苦，施設了這些題目令弟子觀察整理，得要一題一題的整理通透，目的就是要弟子建立深入之理，所悟要能印證經論及法界中的事實；必定經得起檢驗，要悟得深入而不許退轉。通過了這些題目之後，主三和尚就爲我等蓋上金剛大印；主三和尚接著開示：眞、妄心時時刻刻都是和合運作無間，眾生因此能夠在人間生存；雖然眞心很忙碌永遠不休息，但是妄心在其中也是很厲害，要作很多的事。接下來還要我們體驗喝水，並且分別體驗觀察……（體驗內容爲護未悟行者，從略）。離開小參室之前，主三和尚還特別囑咐我們要飲水思源，應到 佛前、護法 韋陀菩薩及祖

師　克勤圜悟菩薩前頂禮謝恩。慚愧弟子來到　佛菩薩前至誠頂禮，發願盡未來際常隨　佛及善知識修學了義正法，護持正法，救護眾生永不退轉。

回到大殿座位上，按照　主三和尚的指示喝無生茶，但是體會得很淺；之後　主三和尚用竹如意在弟子身體多處點了幾下，弟子在被點處仔細觀察，仍無法體驗出更深細的內涵，對於眞心及妄心的觀察仍是相當的粗糙。之後，糾察老師安排六位弟子一起進入　主三和尚小參室報告喝水的體驗，輪流報告之後，主三和尚再為我們詳細說明：覺知妄心經由身體各部位所收集到的種種訊息，提供回饋到大腦勝義根處接受整合，意識妄心就能分別知道身體及環境的種種狀況及變化，然後由意根作主，決定要這樣或決定要那樣，覺知心也能……（小參內容為護未悟行者，從略），這些都是妄心的作用；因為第八識眞心在六塵上是完全不分別，但是眞心能了妄心七轉識的心行，恆時配合妄心之分別及所作的決定，……（小參內容為護未悟行者，從略）。主三和尚把看似簡單自然的現象說明得極深細，可以發現到所謂「日用而不知」的極深意涵：不但對於如來藏是日用而不知，並且對於七轉識也是日用而不知，這才驚覺到微妙甚深無上法的浩瀚。

由於證得自己生命的根源，也知道祂含藏著自己無始以來所造的一切業種，並且一定會如實地實現因果，現前觀察到眞實心如來藏的清淨性、不虛妄性，又同時觀察到假合我覺知心是如此地雜染、不清淨而且虛妄不實，當下就發願要轉依此眞實心來運作；導師於《心經密意》書中開示：「菩薩因爲證得『如來藏眞相識』的緣故，所以不落入斷見的邪見裡面，就不怕死；也因爲證得如來藏的緣故，所以不落入常見的邪見裡面，那就不必執著知覺性是否會斷滅、消失，因此就沒有罣礙，根本就不怕生死。眞悟菩薩因爲已經現觀知覺性的自己是虛假的，是依靠眾緣而起的緣起法。菩薩又證知自己的如來藏是從來離六塵、離見聞知覺性的，所以臨命終時，便準備進入中陰身的階段，心無罣礙的讓覺知心漸漸的消失掉；在中陰階段時，便準備進入下一世再來自度度他。」「由於金剛心如來藏無始就自在，並且未來也將永遠不會壞滅，所以我們可以透過盡未來際不斷的修行而不會唐捐其功，如來藏集藏所有的種子未來都能夠究竟清淨，儘管蘊處界仍舊不斷的有生有死，那又何妨？就是因爲證悟了自心如來藏而有所本，就不會害怕恐懼於生死輪迴之中。」導師的開示對弟子而言，不啻是一劑菩薩強心劑，弟子發願：

學佛報告

—黃東彬—

一心頂禮　本師釋迦牟尼佛

如果不是　世尊於因地時就勇發十無盡願，不捨一切眾生永無窮盡，無明垢重的弟子東彬是無法能夠值遇正法。

一心頂禮　導師平實菩薩摩訶薩及諸勝義親教師菩薩摩訶薩

如果沒有　導師悲心特重帶領正覺教團親教師們出世弘法，不求回報無怨無悔，教導弟子佛法的正知見，不再被邪見誤導而能夠瞭解生命本源，進一步參禪而親證實相心如來藏，明心開悟對弟子來說是遙不可及的事。

一心頂禮　正覺海會菩薩摩訶薩

如果沒有這麼多的實義菩薩，同見同行勤作義工，給予學員們舒適的修學環境並護念，展現菩薩行者的威儀典範，要讓弟子安住正覺道場至今是很困難的。

成長背景

弟子生長在中部鄉下，父親是長子，祖父也是長子。祖父在七歲的幼小年紀即失怙，母親不久又改嫁；從此祖父就帶著才三、四歲的妹妹獨自生活（所以當弟子看到宮崎駿的「螢火蟲之墓」卡通影片時特別的感動）。那是一個顛沛的世代，作苦力、當長工，亦兄亦父與妹妹相依為命；也因爲這樣的環境，造就祖父刻苦堅毅的個性。結婚之後爲扶養八個小孩，更是努力幫好幾位地主耕作（當佃農）。臺灣光復後政府實施「耕者有其田」的政策，聰明的地主早在政策實施前就將農地收回，祖父因這一個政策變得一無所有，但是祖父一點怨言也沒有的說：「**那些地本來就不是我的！**」所以身爲長子的父親也跟著祖父作長工，當時的年紀也只有十歲左右。

退伍之後的父親更是承擔起家中的重擔，因爲祖父沒有田產，所以父親就跟著舅舅一起學作牛隻販賣的工作（當時農村耕作都需要牛來幫忙）；後來結婚娶了母親，因爲母親從小就跟著外婆作小生意，個子小又從來沒作過農事等粗活，所以手腳不俐落，不得婆婆的歡心（可以說是臺灣版的阿信）。爲扮演好長男媳婦的角色，母親是吃足了苦頭，但是這一切祖父都看在眼裡。三叔成家之後，因四叔及五叔都已出社會工作，所以祖父就爲兒子們各準備一鍋飯宣告分家。母親不願父親繼續從事牛販（看到牛被鞭打於心不忍），決定到臺中作小吃生意，便將弟子與姊姊託付給外婆照顧。

當時剛念國小一年級的弟子，看到外婆每天早上都會擦拭佛堂桌子、換上「敬茶」、上香，然後打開電唱機放上佛經唱片（當時並不清楚是佛經梵唄），便好奇的拿起唱片的封套，第一次看到佛的形像端詳了許久；以後只要外婆要放唱片都會幫忙，並拿著唱片的封套看著佛像聽著梵唄自得其樂。但是半年過後外婆突然往生，母親因爲無法接受此一事件，傷心過度身體虛弱，父親只好將臺中的攤子頂讓又回到鄉下，就在外婆家暫住下來。從此弟子也就擔負起每天早上供佛的工作，直到要念國中時搬離外婆家才中斷。因爲這樣的緣故，所以弟子在求學的過程中還算順利，但是弟子卻自認爲是自己非常聰明，驕傲慢心也一分一分地增長。

學佛因緣

到進入社會工作的這段期間，弟子並未再接觸宗教；屬民間信仰的祭祀，弟子都會幫忙或主動張羅，這也是延續在外婆家所養成的習慣。一九九〇年美國經濟蕭條，公司來了不少回國求職的同事，才發現自己還是有很多不足之處，就毅然辭去工作準備考試充實自己。幸運的是在幾個月當中通過國家考試並接著進入研究所就讀，研究所畢業之後，發現自己並不適合修學科系的職場生態，所以就離開工作的事務所；後來雖然作了幾項不同的工作，最後都還是回到原點。深思之餘想到家裡父母親非常辛苦的照顧著一間二十四小時的檳榔攤，就決定回家幫忙。

因大哥在弟子未出生時就因氣喘往生，所以祖父對弟子特別疼愛，也因此在家這段期間弟子一有時間就會回去老家探望祖父。當時祖父與最小的兒子（五叔）同住，五叔與弟子年紀相近，常會跟弟子聊天，算是很談得來。五叔常會在談話當中跟弟子探討什麼是「我」？什麼是「無我」？「法塵」又是什麼？當時弟子並不清楚這是有關佛法的提問，就用意識思惟講了一番，以為很有道理；現在才知道根本是言不及義，錯得一塌糊塗。後來祖父要抱長曾孫的心很急切，因為父親的弟弟們都當祖父了，只有他是老大都一直沒消息，所以就一直關心弟子的終身大事，但是祖父從未當面跟弟子催促結婚的事。直到二〇〇二年春節前除夕夜，祖父對父親下最後通牒說：今世沒看到阿宏（弟子乳名）結婚，死都不會瞑目。就在年初三，祖父突然昏倒後就沒有再清醒過來。當弟子在醫院聽五叔講起這一段話時，心眞的很痛；所以祖父往生後，弟子就心念要幫助祖父往生到沒有痛苦的國度「極樂世界」！

為了要讓祖父能夠往生極樂世界（弟子當時並未學佛，只是曾聽聞有一尊阿彌陀佛的國度叫作極樂世界，就深信有這樣的地方），弟子就開始尋找有關這方面的書籍。當時聽說臺中市有一家書局是專門提供佛、道宗教訊息的書局，所以就前往瞭解，但是並沒有找到弟子想要的；就在要離開等電梯時，發現旁邊有一書架，上面陳列了許多書，其中有一本《我與無我》；弟子心裡爲之一震，心想怎麼有人用這樣的命題寫書？我一定要探究看看（也許看了之後就可以回答五叔的提問），所以就請了一本回家，時間是二〇〇二年六月（此書出版是二〇〇一年十月，因緣眞的不可思議）。但是回家打開閱讀，發現眞的看不懂，什麼是涅槃、五陰、眞如：：：？雖然是看不懂，但是作者又寫得條理分明，讀來不會覺得矛盾；心想這其中一定有東西（道理），我要好好弄清楚；翻到書末頁，發現有提供共修，就寫信索取共修申請表，從此邁向正覺學佛之路！

弟子在親教師張正圜老師的攝受之下，對正法產生了歡喜心，並蒙佛菩薩慈悲的成就因緣，藉由過年「拜天公（拜玉皇上帝）」的機會，告知父母親弟子現在正在學佛，天公也希望父母親一起來學（因爲民間信仰中的觀念天公最大，所以最有說服力），就這樣父母與弟子都在張老師座下熏習佛法的正知見。張老師每兩週到臺中講課是弟子最期待的時刻，課中老師調柔的身段深深地吸引著弟子，也發願有一天要像老師一樣有能力來利樂有情修學正法。有次老師講到臺北講堂非常莊嚴，弟子就心想有一天一定要到臺北講堂看看。

就在一次弟子到臺北處理事情，事務提早結束，心裡盤算著剛好有時間可以到臺北講堂走一趟；當時並不知道講堂地址，只些許記得是在圓山捷運站附近，也不遲疑就搭捷運往圓山出發。走出捷運車箱，午後兩三點的陽光灑在月臺上，弟子往前抬頭一望「正覺講堂」四個字就映入眼簾，眞的感謝佛菩薩的慈悲！循著目標到達九樓，方知講堂只在上課時間才開門，但是透過玻璃大門仍可看到韋陀菩薩座前的大概情形，禮拜之後帶著有些失望的心情準備搭電梯離開；此時電梯門打開了！走出一位先生，請問之下才知道是講堂的師兄，準備要來修理佛龕的電燈，還要等另一位福田組長（文翰老師）來開門；眞的感謝 世尊慈悲，成就弟子的所願。此時弟子就像是遇到家人至親一般，在與師兄談及進入正覺講堂的種種經過時，不禁熱淚盈眶。組長到來，見到弟子，很親切的引領弟子供香並禮佛，瞻仰著講堂 世尊的聖像猶如親覲大慈父，是的，在外流浪的孩子終於回到家了！

慢心障道

由於種種不可思議的因緣，又蒙老師慈悲地給予弟子擔任班級義工的工作，讓弟子起了驕傲慢心，認爲自己的因緣非常殊勝；殊不知是自己的福德不足才需要擔任義工來彌補，完全不把親教師的提醒放在心上而自以爲是。平時的功夫也不努力作，看 導師的書也不思惟整理，只記些名相就以爲自己懂了知道了，其實都只是死記所以不能通達。更可憐的是把參禪當作是世間一般考試來準備，以爲只要一、二個月的時間衝刺即可應付的投機心態；殊不知，用世間智來求出世間智只有一個「難」字！

禪淨班課程結束後進入進階班游正光老師座下繼續修學，不久就夢見一位年輕人因得人緣，所以起了忌妒之心想要加害於他，但是沒有成就。醒來之後回想夢境中的年輕人是誰？心中立刻起念是游老師，難怪第一次參加禪三游老師擔任監香，弟子即對游老師的威嚴而心生畏懼，當時並不知是何故？現在終於明白因果不爽，過去因爲慢心而造下惡因，所以此世面對善知識時就手足無措，尤其是跟老師小參時更是緊張得不敢直視老師。弟子感謝游老師的大慈悲，雖然弟子過去世造了惡因，老師仍處處給予攝受；如果沒有游老師調伏弟子的慢心，得了此法，弟子可能會有輕易想，功德受用就大大減損。弟子也深刻體會到唯有佛法才能將過去的惡因轉成善果，感謝佛菩薩一再不捨地攝受，終於讓弟子願意來調伏慢心，於諸眾生不起輕想並且要善待之，再次讓弟子領受佛正法的不可思議！

菩薩因緣示現

家父在張老師班結束後，對修學佛法也起了求法之心，決定從頭開始學習，就在楊正旭老師座下熏修了兩期的禪淨班課程。參加歸依時聽聞 導師開示：歸依之後就不要吃肉。父親就開始素食（雖然當時已在接受洗腎治療，醫師都建議要吃肉補營養之不足），乃至進而受持菩薩戒，與母親到定點擺放結緣書等，父親都盡己之所能來受持；蒙 佛的慈悲攝受，今年五月父親終於脫離八年洗腎所引發的種種病苦，捨壽前楊老師對家父的開示引導，更讓父親堅定未來續修正法的信念。弟子也一再祈求 世尊慈悲成就，讓弟子有能力完成父親這一場佛事，迴向父親未來無上正等正覺。謝謝 世尊的哀愍，承蒙 導師、張老師及正覺菩薩們的護念，護法龍天的守護，讓弟子得以順利完成再次領受正法的威德力，如果沒有受學正法，情執深重的弟子一定很難接受此一事實。

弟子因爲外婆的往生而能夠培植福德，因爲有五叔的提問，讓祖父往生的因緣成就弟子值遇了義正法；因父親的往生而接引弟子進入佛門，開啓佛法的堂奧。這種種因緣，令弟子想起 導師於講經時說過：世尊在因地行菩薩道時，曾經爲了一位女子，用了一世的時間與她成爲夫妻，只爲了要接引她學佛。菩薩隨學諸佛亦是發了如此願：利樂有情，永無窮盡，乃至示現凡夫而與凡夫同事！

地藏菩薩在因地時發了「爲是罪苦六道眾生，廣設方便盡令解脫，而我自身方成佛道」。弟子在隨學課誦時心想：菩薩是如何作到的？而能夠有如此的心量！如今弟子在 佛及眾菩薩種種因緣的示現之下成就道業，終於明白也願意隨學 地藏王菩薩，要爲一切眾生能夠趣向佛道乃至只稱名一句「歸依佛！」作任何的示現，並且盡未來還要繼續護持直至成佛。感謝 世尊悲愍成就，讓弟子過去所發的願再次堅固，現在弟子終於明瞭爲什麼菩薩「生死無疲倦」，因爲能夠護持一切眾生成佛是多麼幸福快樂的事啊！

見道過程

第一次禪三報名是在張老師的禪淨班結束前半年，因爲上課時間已達兩年半具有報名資格，所以就領了表格報名參加禪三。導師慈悲錄取了弟子，禪三前弟子就夢見 導師您，場景是：弟子與眾師兄穿著紅色的袍子（在西藏）圍坐於地上，正爲一位爲法捨命（弟子心裡了知）的師兄助念；夢境中弟子的心裡是很恐懼的，但是 導師您在隔壁身穿白色唐裝，神態自若地走動處理事情，並沒有開口，夢境中相應到 導師您的心境是那麼平和安祥，相對於弟子的恐懼是兩個極端；夢醒之後弟子就一直對過去因貪生而怖畏於爲法捨命的心態很慚愧，所以也就不知導師您慈悲的另一處。也因爲第一次參加禪三，不知就是要去找如來藏，落入會有突然感應就開悟的境界相上，以爲會看到一個從來沒見過的相，所以當然是無功而返。解三回來張老師找弟子小參，弟子的眼睛都不敢直視老師，像是洩氣的氣球一般，但是 佛、菩薩仍不斷給予弟子種種機會：

其一、拜佛時感覺有水滴到脖子上一直流下來，不久就在《正覺電子報》閱讀到有相同經驗菩薩的見道報告，弟子卻是投機的想從報告中去找到答案，眞是枉費 佛、菩薩的苦心。

其二、是跟母親第一次到通霄拱天宮媽祖廟擺放結緣書，進入廟內仰頭一看在媽祖神龕的正上方是 觀世音菩薩的聖像，弟子心中歡喜，直覺這是 觀世音菩薩示現的道場，至誠禮三拜後一轉身就有一根棒棒糖出現在弟子面前，當時弟子只是傻笑的接受（現在知道應該當場把它拆開大口吃了），心想菩薩一定很失望！後來在讀到寒山、拾得與潙山靈祐禪師的公案時，不禁莞爾。

其三、又一次在夢境中有一聲音直問弟子：想知道密意嗎？密意就是「知之為知之，不知為不知，是『之』也！」（就抓著弟子的手寫了一個斗大的「之」字）。幾天之後就在 導師的書上看到這一句話，弟子才知道又是 導師慈悲為弟子，但是弟子還是不知眞的是「之」！到土城承天禪寺禮拜廣欽老和尚（因看了廣老年譜心中很不捨）之後，螞蟻菩薩示現爬到身體上咬了好幾口，還是不知，唉！眞是煞費菩薩們的苦心了。

就這樣禪淨班課程結束轉入進階班後，弟子又蒙 導師錄取；上山前夢見自己被人逼到角落不能動彈，心生恐懼的驚醒，才發現原來是腳被壓住麻痺了，不能翻身動作；當時也不知要用所學的知見來觀行，雖然面對監香孫老師的問題回答：……（小參內容為護未悟行者，從略）。弟子講到這裡就接不上來（沒有深入體驗故），監香老師當然吩咐繼續參究（現在才知道是觀行體驗）了。後來監香陸老師告訴弟子：「學佛是很快樂的事，不要給自己太大的壓力。」讓弟子釋懷不少，決定要好好享受學佛的樂趣。所以就在一次朋友請喝飲料時，當喝第一口時朋友就問：好喝嗎？當下弟子閃過一個念頭：……（參究內容為護未悟行者，從略），那剛剛這個不就是祂嗎？再觀察祂眞的不垢不淨、□□不作主……，但是為什麼有些祖師公案還是不能通達？同樣是回答「毫釐有差，天地懸隔」，卻有悟與沒悟的差別？會不會是□□□□當中？不懂，弟子也就不敢承擔。

進入進階班後臺中購置新講堂，弟子有幸參與裝修義工工作，工程結束後又再到大溪祖師堂裝修而擔任義工。有次 導師您慈悲來探視大家，到用餐時刻還親切招呼大家：「**捉妖！**」（禪師眞的是太慈悲了，處處都是在爲禪子們。）（編案：臺語「捉妖」與「捉餓」同音。）當時弟子剛好下樓碰到 導師您，導師輕拍弟子的肩膀，要弟子通知師兄們用餐；當時弟子有起作意要爲過去怕死的過失向您懺悔，但是不直心故就錯過了。

祖師堂落成後第一次在自己的道場舉辦禪三，這次禪三所錄取的大多是長久以來發大心努力爲講堂擔任義工的菩薩們；相對於弟子所作之乏少仍得 導師您的厚愛錄取，弟子眞的很慚愧。禪三期間 導師眞的是老婆到極點了，但是無明的弟子眞的是瞎了眼。在樓梯間 導師您慈悲的問弟子：找到了嗎？弟子答不出個準來，只是又起作意要爲過去怕死的過失向您懺悔，卻面對　導師您的慈悲又再次錯過；弟子已將這一幕深記八識田中，未來世在夢中出現時一定要會得。這次禪三監香張老師：：：（參究內容為護未悟行者，從略），但是在回答題目時　導師您慈悲的來捏了一下弟子的鼻子，當時弟子不知　導師您的用意，想當然爾也是錯會了張老師的意思。

解三以後弟子自認為自己已經悟了，跟親教師游老師小參時仍有淆訛，不被游老師認可而起了慢心，深信自己下一次禪三一定可以過關，也不繼續找親教師小參是哪裡出了問題？所以在第二梯次禪三錄取通知寄出後幾天弟子仍未接到通知，於是弟子就在週二聽經後跪在　佛前，懺悔自己所悟非真，願意繼續努力求悟並接受　導師最嚴格的勘驗。回到家裡已經是午夜時分了，對講機突然響了傳來說：有掛號信。弟子當場淚下合十感謝　世尊慈悲！

之後弟子連著兩次報名禪三未錄取，導師您也知道弟子開始有些懈怠了，所以又讓弟子去充電一番；雖然　導師您依然是那樣的慈悲，但是這段期間弟子的性障又增加不少，所以還是讓　導師您及監香老師費力的再殺一番。後來又在夢中告誡弟子不要作表面功夫，這次 導師您終於嚴肅的說重話了，但是卻直中弟子無始來的要害。

這次會報名禪三的原因是家母週五禪淨班課程結束，弟子心想家母已經熏習了兩期禪淨班應該要報名禪三，所以就幫家母領了報名表，但是家母卻一直提醒弟子要陪伴她一起去禪三，所以隔一週弟子才再向親教師領取報名表。感謝 世尊慈悲成就家母所願，這是弟子參加的第五次禪三，上山前夢見弟子坐在過去世的講堂，佛龕是黑檀的顏色，有師兄一直叫著弟子的名字，醒來之後不知夢境是何意？也不去在意它。

起三前的拜願，弟子想起父親往生蒙 世尊成就的種種因緣心中感激，也為過去性障深重只作表面工夫，對長輩不知深心恭敬給予問候而深感慚愧，一時之間眼淚如同雨下；弟子愚癡魯鈍自以為是，無明垢重，何德何能仍為 世尊所攝受！再則弟子每次在 韋陀菩薩前請求菩薩慈悲攝受弟子的冤親債主們不要遮障弟子，但是現見弟弟與弟媳努力工作承擔家計，父親住院時更是兩頭燒，如此這般的護持，不讓弟子有後顧之憂而能一心學佛，怎麼是遮障？弟子參加禪三期間有這麼多護三菩薩照顧周到，怎麼說是遮障？現實中都在接受別人的護持而不自知，卻想像成遭到遮障，這不是非常顚倒嗎？

事實是只有自己在遮障自己，因爲如果不是過去自己造了惡因，怎麼會有遮障的惡果產生？一切不都是自己所成就的嗎！所以在第一次小參時，弟子終於向 導師您懺悔過去的過失，也感謝 導師起三時殺了那個會怕死的弟子，眞的很痛快！但是爲什麼在跟監香老師小參時仍語無倫次或是答非所問？再次 佛前懺悔，相應到過去曾對正法不信受，造就謗法謗賢聖等惡業，那麼反觀現在正覺道場中的老師們及護三菩薩們不都是賢聖嗎！阿彌陀佛！過去自己眞的是太傲慢了，所以把菩薩都得罪光了；今日爲求道業，還是要靠菩薩們來鼎力護持才能成就。如今弟子終於知道慢的相貌，深切警惕自己於諸眾生絕不可輕想，要恭敬尊重讚歎，因爲周遭一切有情都是道業的增上緣，感激都來不及了，怎能起慢呢！

感謝 世尊爲教化這一個頑固的弟子眞的是用心良苦，當弟子有慢心再生起時就使力將它踩死；所以一次又一次的從監香老師的小參室走出來時，弟子心中是很慚愧的；因為以弟子的資質，要通過監香老師的勘驗是根本不可能的，何況是　導師！如果沒有監香老師們的大力幫忙，想要往前跨越一小步都不可能，因為這不是世間智慧可及的境界。所以弟子在此要感謝　導師及兩位監香老師的大慈悲，在任何時刻都不放棄給弟子機會；經行時監香老師的開示，在過堂及普說時　導師更是大降甘露，潤澤弟子乾涸的心田，眞是獲利良多。寫到此時弟子眞不知該如何表達心中於　佛、菩薩的恩澤，經云：「假使百千劫粉身碎骨，都無法回報佛恩師恩一微塵許」，這眞的一點都不誇張，想想過去種種身口意行，如果沒有　世尊悲愍，沒有勝義菩薩願續佛慧命，紹繼佛種弘傳正法，生死海中的浮沉永遠都缺少不了弟子，所以弟子願在　佛與菩薩座下再次發如是願：

弟子從今日乃至盡未來，依佛教誨如說修行，調伏性障嚴守信用，修除諍勝大我慢心及貪染不正知。盡形壽努力救護眾生遠離邪見不墮惡道，於諸眾生起慈悲心，讚歎大乘之勝妙，令其有因緣能趣向大乘，歸命三寶修學正法親證菩提，盡未來弟子必定鼎力護持直至有緣眾生成佛而弟子方成佛道。

發露弟子學佛過程中的一些糗事，藉此警惕自己莫重蹈覆轍。願以此功德迴向正法久住，導師、師母及諸勝義親教師色身康泰、弘法無礙、超劫精進、佛道早成。一切正覺佛子福慧增上，學法無礙，勇猛精進，諸根通利，智慧明了。

南無本師　釋迦牟尼佛
南無大悲　觀世音菩薩
南無當來下生　彌勒尊佛
南無大願　地藏王菩薩
南無護法　韋陀尊天菩薩摩訶薩
南無　克勤圜悟菩薩摩訶薩
南無　平實菩薩摩訶薩
南無　正覺海會菩薩摩訶薩

菩薩戒弟子　黃東彬　合十稽首頂禮

見道報告

—廖照子—

一、接觸一貫道歷程

誠如一般的農村家庭，自幼即和父母過著純樸的日子，並沒有特殊的學佛際遇；記憶中父親大人對弟子是疼愛有加，因爲有他老人家的鼓勵，才有繼續升學讀高職的機會；這因緣更促使弟子擁有一份固定工作，故能經濟獨立。當時經由一位同學姊姊引進下，進入一貫道，也許是佛法種子現行相應，就與一貫道結下了修道的因緣，並且死心塌地安住於道場中修學數十年，這也是弟子初次宗教信仰。當時只覺得前賢們講的道理還可以接受，諸如：人要盡孝道、存好心、說好話、作好事、對佛菩薩要禮敬、對師長要尊敬。同時也闡述色身是父母所生，是個臭皮囊，大限一到就會壞；在咱身上還有一個眞主人不會死，是老母娘所生的（後來方知《心經》明確告知自性不生不滅，若有生，是生滅法），所以，想要明白生從何來？死往哪裡去？就必要受明師指點求三寶。

傳三寶的過程，罩著神秘色彩，來吸引好奇廣眾，講什麼「打開玄關竅，閻羅王嚇一跳；天堂掛號，地府抽丁；能行功立德，將來皆可成聖成賢，百年之後可直接回天堂」（其實，如果不守五戒及行十善道，光憑一指點，還是去不了欲界天）。更有三才竅手開沙盤示訓，仙佛菩薩親自臨壇說道理、批妙訓，有諸多的顯化；前輩們又常常提點：「釋家從此絕宗風，儒門得我正法通。佛陀弘法期已過，儒家應運，道降火宅，一般平民皆可求道。」又云：「讀破千經萬典，不如明師一點」，「一子修道九祖樂，一子成道九玄七祖盡超生」，「一世修一世成」云云（其實以上皆是謬論錯誤知見，但以前弟子也曾如此轉述），在此深深懺悔，祈求 佛世尊及諸佛菩薩赦罪。

更有引用三教經典，斷章取義來實證玄關竅、明師指點之處，說是有依據，不是隨便亂指點的。例如：（一）釋迦牟尼佛於大眾弘法，偈曰：「吾有正法眼藏，涅槃妙心，實相無相，微妙法門，不立文字，教外別傳。」之後眾弟子沒有反應，唯有迦葉尊者破顏微笑，以心印心即時得道（一貫道前輩解義：「佛陀拈花示眾，是示現正法，藏在明師指點之處，叫這正法眼，那兩旁眼睛是肉眼。何謂肉眼？能看前方，不能看後方；看上不能看下，看左不能看右；很遠看不見，近的亦不能見；『如眉毛』。涅槃妙心是不生不滅，實相無相是指無形無相，沒辦法拿給你看，但沒有祂又不行；眞經不在於文字，是教外別傳。」）唯有字義之解，非是 佛陀本義，其中還有弦外之音也。（二）還引基督教十字架，說耶穌被釘十字架，兩旁有二個匪人，是指眼睛二瞳人，中間一指點的是耶穌。（說耶穌代表靈性不死，兩旁匪人會死。）以上簡例二點經典的引證，如今才知牽強附會。

因錯知見熏習，學佛因緣未具足，因此就一直待在一貫道中，一心奉行；不管是度人或研究班，無不盡心盡力護持。在這當中也度了一些人進一貫道修學，多少也會排斥其他宗教；尤其總認爲現在佛教只是唱誦佛號、拜佛，欲求得心靈上的平靜而已，並不了知佛法的內涵。亂下評語。就這樣一直在一貫道中熏習了錯誤的邪知見，也爲人講了許多不如理的法義；被誤導說 釋迦牟尼佛已示現涅槃，佛教弘法期已過，只認定所奉侍的老母娘是唯一不二法門。如今想來眞是汗顏，不禁腳底發涼、頭皮發麻，實是愚昧無知；從此更明白 導師爲何要作法義辨正，挽救學子正確理念。這是相當讓人扼腕的，想起還有這麼多有緣人，仍然被錯誤知見籠罩，肇因於不懂佛法而造作了妄語業，怎不哀哉！在此深深懺悔，求　佛世尊及諸佛菩薩赦罪。由此可知正知見的熏習是非常重要，學法能值遇大善知識教導，是多麼有福報，導師曾曰：「**寧在大廟睡覺，勝在小廟辦道。**」有法才是大廟，誠如實語，可免走一大段冤枉路。

二、進入正覺學法因緣

佛菩薩慈悲，也許弟子學佛因緣到了，碰上了以前一起同修的道親，拿一本　平實導師著作《我與無我》給弟子；當時並未詳閱書的內容，但書內夾一張文宣傳單說，導師將於民國九十五年十月二十二日，到高雄講堂演講，題目是「第七意識與第八意識？」那時對佛學沒有概念，覺得這講題很有吸引力，很相應，就和師姊南下；以前從未參加佛教道場安座儀式，就在引磬法鼓的引導下，深受震撼，汗毛直豎；尤其是唱誦佛號時，不由潸然淚下；未曾有這麼深的感受，當下眞誠懺悔，叩求　佛世尊慈憫弟子無明，以往所違犯之邪知見，能攝受弟子懺悔。頃刻間彷佛回到心靈的故鄉。

下午聆聽　導師開示演講，記憶所及，導師敘述「意識」能推理、分析、比較、思惟、判斷、歸納等深細了別之作用，「意根」處處作主，作任何事皆由意根決定。並爲大眾舉例說明：若要上館子用餐，意識分析後，決定要去的是意根……。意識與意根皆要依第八識如來藏才能運作……。除此，當場有許多人提問，導師必依經教和其證量，深入淺出的解答；各有因緣智慧之別，固有不同領受，似如「佛以一音演說法，眾生隨類各得解」。弟子是初學，不懂　導師敘述深廣的內涵，只是深深感受　導師是一座寶山，你需要什麼珍寶皆免費送給你，也絲毫沒有大師架子；不由眼眶泛紅，心裡一陣酸，眼淚不由自主掉下來。這是弟子活了一大把年紀，聽到一場最殊勝的法會，當時內心充滿法喜，並且感動不已，因此迫不及待的想到「正覺」上課熏習正法。眞的佛菩薩慈悲，過了幾天，有位許師姊來電話通知弟子，說臺中有禪淨班，雖已開課，但三個月內仍可報名；在此佳緣之下，就和幾位同修一起報名。

記得第一次走入臺中講堂共修處，那時還是承租一個地下室，一進去看到滿滿的人，正在拜佛，義工菩薩引導我們到小參室，由親教師指導我們如何拜佛、憶佛；這門動中定功夫好像很深奧，心生歡喜，從此心得決定邁向正覺，當個「正覺人」，每週三從雲林到臺中講堂上課，每堂課都聽得非常法喜；許老師教學態度親切溫和，時常叮嚀要如實作功夫，每日一下床於行、住、坐、臥中去體驗與觀行，每一細節皆不放過；並且 導師書籍要閱讀，而要自身去體驗才是你的東西，否則還是 導師的。親教師諄諄教導，從禪淨班乃至今進階班，及週二聽 導師講經，正知見不斷熏習，爲弟子打下深厚的佛法基礎，方知一貫道只是人間善法，更確定正覺的法才是究竟的成佛之道。

三、邁向正覺學佛的功德受用

未進入正覺前不懂得內攝，檢視自己的心行，處處攀緣，性障深重，與人相處及處理事項上都過於急躁；雖然沒有激烈的言詞，但在情緒上總是起起伏伏，很容易即時發洩，常自以爲是。如果不是在講堂修學無相拜佛的功夫，眞不知六根如何收攝，更不知「一觸即止、煩惱不生」。親教師常常提點學員：**「若遇上逆境，不順己之事，不能強迫別人接受自己的想法，只要**

不違背原則，沒有所謂對錯；違背慈悲之事不做，不起瞋，生活一定很好過；多在法上用功夫，在生活上常常反觀佛法，在自己身上實踐了多少？」句句皆是金玉良言，就弟子最近日常生活中的體驗而言，感受到當歷緣對境時，瞋心一現起，即憶起楊老師所教導十種對治「瞋」的方法，就不像以往言詞那麼激烈，聲音也調柔多了，不易被煩惱所繫縛，也不把別人的犯錯拿來自己受氣，更不再拿別人的過失來懲罰自己。

到正覺學佛後的功德受用，開啓我對人生價值的改觀，已成爲弟子一生最大的轉捩點；知道人要如何活得有意義，如何死得有價值；進一步了知該如何生，該如何死。學佛眞好，受益良多，從此之後，除了慣例的家務事外，其餘時間不是拜佛就是閱讀　導師的書；大約一星期擺一次流動書攤，不但和眾生廣結緣，也介紹每週二　導師講經，更是接引有緣同修最好的方法，亦可消除性障；天天法喜充沛，過得很落實，總覺得時間不夠用。以前親朋好友邀約旅遊往往會參加，自進入正覺之後皆回絕了，連泡茶聊天之事也都很少攀緣了。導師的每一部鉅著皆不離第一義諦的深妙法義，而且文學造詣過人，令人讚歎不已，著書比弟子看書還快，永遠讀不完，哪還有空閒到處攀緣？弟子無始劫來對正法之熏習可能不夠深厚，福德因緣也不足；故至現今才能聽聞，雖然慢了許多，但能遇上大善知識學了義正法，已是大幸。弟子一定緊追不捨，加倍精進熏習，願未來世年少時，即得遇菩薩僧，修學大乘第一義。

四 禪三過程

二○○九年四月禪淨班結束，在報禪三之前，弟子也和其他同修菩薩一樣，盡己之力，努力作觀行；每當拜佛極投入時，通體輕安舒服，似乎感覺背部慢慢下彎，手掌伸、縮，動作快慢都有覺知，此乃是妄心作用；正要起身時忽電話鈴聲一響，急接電話，突然起了一念，難道一切法之生起皆是如來藏嗎？如□、□、□、□、□、□、□、□□無處不在，須□□□配合如來藏一起運作，正因爲如來藏了眾生心行，才能夠與意根、意識眞妄和合，如難兄難弟情如手足搭配無間。如農曆年，從事各種家務過程中，每□□□□□，絕沒放過，倒帶重複逐一慢慢體驗，深細思惟；如□□壞了□□□□，□□□□□□，有情眾生只要是□□□□□□，是□□□？是誰□□□？

第八識阿賴耶識所現功能有眞有妄，心體是眞是恒，祂所生的七轉識是妄是無常；一心有二門，心眞如門和心生滅門，眞妄和合運作。

想來似是找到眞心，但還很粗略，在親教師鼓勵下，把禪三報名表交出；那時並沒有特別作意會被錄取，反而是接到錄取通知，心情忐忑不安，但又有感喜悅；心想各方面似乎皆不足，怎麼辦？爲久安住正法，唯有祈求佛菩薩慈悲加被，禪三期間能親值 導師開示就足足有餘了，因此以平常心去參加禪三。第一天報到後，護三菩薩安排寮房隨後有灑淨法會，楊枝水遍灑三千，拜願拜懺不由自主眼淚直流，莫名的激動及慚愧，泣聲不斷；刹那間覺得一個染污遮障頗深的弟子，何其有幸能置身妙法的禪三，那不是古代多少大師爬山涉水翻山越嶺，穿破多少草鞋，都一直在追求的無上甚深大法嗎？

接著是起三法會，主三和尚作斷我見開示，記憶略述：從入胎識持受精卵，住胎攝取四大，出生六根、六塵、然後有六識，十八界具足；前五識、意識、意根是心法，………（參禪內容，爲護讀者，省略）。對於識蘊的虛妄及依他起性更深一層了知，意識心、五色根、意根、五蘊全不是我，另有一個心，是恒而常住的眞心如來藏。晚上普說眞是精彩，一言一語皆有爲人處，處處生緣。

第二天首先與　主三和尚小參，主三和尚提問：什麼是□□、□□□□□。要弟子解析清楚。前二者答了，後者支吾其詞說不出口，主三和尚指示回座再仔細好好思惟整理，再跟監香老師小參；回座只好一直拜佛思惟，兩次跟監香孫老師小參，問□□□□□□□，弟子回答□□□□□就是如來藏，孫老師說：能不能□□□□□□□□？要我口說手呈。當時雖然知道，可是就說不上來；孫老師要弟子再體驗，否則智慧出不來。走出小參室，心裡頗沉重，繼續求佛菩薩加被，發願、懺悔，再拜佛思惟。第四天再登記小參，向監香陳老師報告，說□□□□□如來藏，陳老師說那你□□□□□？弟子又愣住了，陳老師引導說：□□□□是如來藏，那如來藏□□□□□；之後再提問：□□□□□如何運作？這問題已來不及回答就解三了。此次雖沒過關，且受益良多，也深深體會自己程度不夠，功夫定力不行，福德不足，性障仍重，所以隔一次禪三未報名。

俟一年後二〇〇九年四月，第二次報名禪三又被錄取，感謝佛恩、師恩加被，第二天第一輪與　主三和尚小參，本以為「□□」□□□□就是如來藏已通過，結果 主三和尚說：「那是書本上寫的，要能用淺白明確直接說出，你回座位再思惟整理。」經數小時後登記小參，向監香蔡老師報告：「只要是有情眾生□□，如來藏就□□□□□□。」「你這樣說不夠貼切。」要我繼續整理。走出小參室，心如一顆大石頭壓住很難過，趕緊禮佛懺悔、發願求佛菩薩，祈求護法菩薩，克勤圜悟菩薩加被；後繼續拜佛思惟，主三和尚知道弟子鈍根智慧不足，因此特別開演引導弟子，當時對如來藏，似乎有更進一步的瞭解體驗；但是再跟監香老師小參時，卻又搞得迷迷糊糊，言不盡意。

走出小參室心裡非常痛苦沉重，眞的打算放棄，以後不敢再報禪三。晚上 主三和尚普說雖是非常精彩，而且破記錄延長普說時間，但弟子心煩悶又慚愧，當晚沒留在禪堂用功，回寮房休息。第四天早上 主三和尚似乎了知弟子心聲，再次開示引導，當下心又感恩、又慚愧，無法形容。回座後依主三和尚指示方向仔細思惟，再次小參，這道題總算通過；蔡老師說：「雲門禪說『胡餅』、『六六三十六』，是否一樣？」弟子回答：「一樣。」導師每週二講《實相般若波羅蜜經》「咭利」、「唵」皆是相同之意。蔡老師給我下一題目：你如何證明阿賴耶識爲什麼□□□□？一時著急答不出來，監香老師要我回座整理；至下午跟陳老師小參，首先再幫弟子複習前面考題，再提問：「佛經未曾說阿賴耶識□□□□？祂□□□有什麼關係？」當時只回答：因祂□□，□□□□□。陳老師說若光如是作答，不夠完整，祂還有許多功能，回去繼續體驗整理。此次走出小參室覺得心尚有些釋放，總算這次禪三有進展，這歸功　主三和尚開演引導，佛菩薩加被。

二〇一〇年十月第三次參加禪三，第二天早上四點半到禪堂發願，禮佛祈求佛菩薩加被攝受弟子，若機緣成熟能讓弟子順利過關。

第一輪小參　主三和尚提問：「阿賴耶識□□□□□關係？」弟子答：「有色根是由阿賴耶識所生，□□□□，□□□□□，不論是扶塵根或淨色根；意根也是祂所生，由祂所持，也遍於意根；我們所接觸的色、聲、香、味、觸五塵也是如來藏變現，法塵就在五塵上面顯現出來，所以只有阿賴耶識是遍十二處的法；而且六識亦是如來藏出生，遍十八界之法。」主三和尚覺得弟子講不完整，指示從□□□方向再整理。俟第三天與蔡老師小參，報告：阿賴耶識亦是阿陀那識，是因爲祂□□□□，□□□□□，色身如無祂會腐爛；祂雖無覺觀，卻了知七識心的心行，所以就配合你而隨緣應物，而□□□□。」蔡老師追問：「那□□□□還有一種特質功能，說看看。」弟子又啞口無言，蔡老師很慈祥說：「今日才是第三天，足夠你整理。」走出小參室，再次到 佛世尊前叩拜懺悔、發願生生世世到娑婆世界度化眾生，護持正法，摧邪顯正，世世皆能做 平實菩薩摩訶薩座下的好弟子。回座位上開始拜佛參究，過了二小時登記小參時，又經 主三和尚慈悲再次引導，方能理出較完整的作答，感恩戴德。此次小參正好輪到游老師，從外表看似很威嚴，聽他問起話來可親切溫和，也因游老師適時提點，才能通過此道題。

接著再次回 主三和尚小參室，第一道筆試是：如何證明……………。並提示方向，目的是讓弟子能穩固自己的悟見。經過一段時間後， 主三和尚讓三位學員輪流回答此問題之後，再給我們一道筆試題目：………………（體驗的考題，省略）。讓我們思惟整理至明天（第四天）。此筆試二道題，主三和尚先要我們依序從不同角度輪流講自己心得，接著 主三和尚再開示補足，驚歎不已，主三和尚悲心滂沱，智慧如海，自己的觀行眞是非常粗淺。

主三和尚說：……………（體驗的考題，省略）。走出小參室之前，主三和尚叮嚀：要飲水思源，應到佛前禮謝 佛菩薩加被，稟報日後不違誓願，到護法韋陀尊天菩薩摩訶薩前禮謝，護念咱們沒受到冤親債主的遮障；也要向祖師 克勤圜悟菩薩前禮謝，當初收了 主三和尚這弟子，願留下來娑婆世界弘法，才有今日之「正覺」繼承祖師之傳承慧命，方有今之徒孫們，感恩再感恩。

主三和尚指示：……………（體驗的考題，省略），說要仔細觀行體驗。喝了五個小時無生水，下午三點糾察老師，集合七位學員進小參室，報告喝水觀行體驗；讓七位學員將各自體驗輪流報告後，弟子深知自己所整理出來眞的是有夠粗糙；主三和尚更深細說明眞、妄心功能作用，圓融無礙的引導著弟子們；從這當中更明白 導師證量之高，甚至關於科學、醫學樣樣通透，有些醫學人員無法體究的問題，導師亦能解析得很深細。這世能追隨 主三和尚修學，不免要覺得自己太有福報了。

接下來到外面廣場，首先…………（體驗的考題，省略），主三和尚繼續引導我們更深入瞭解如來藏的功能性。

解三法會圓滿落幕，主三和尚給學員口頭與書面的叮嚀，並囑咐我們要守護密意不可洩露，否則犯虧損如來之罪，牢記之。大家都法喜充滿，這回能否破參都應該高興，能與 主三和尚共住四天三夜是很有福報的事，連 主三和尚自己女兒孫子都無法如此，大家聽了都由衷感動。

感恩 佛世尊的正法，感恩 導師住世弘揚正法，若非 導師破邪顯正，弘揚如來正法，弟子此時此刻仍在「外道」中護持而不知，這是何期有幸。雖然 導師弘法已二十年，弟子腳步雖慢了些，但能值遇勝義菩薩摩訶薩，這都要感恩諸佛菩薩的攝受；在這四天三夜的禪三中，真的是充滿法喜，能和 主三和尚及監香老師，護三菩薩共處，主三和尚善巧開演百聽不厭；從這當中更了知 導師之證量，智慧如海，說法無礙，若非 導師慈悲，弟子今生今世，又怎能了知能生萬法的「祂」，本自清淨的「祂」，「明心」這個名詞又將如何實證？

若非 主三和尚以再來菩薩出世弘法，在這末法時期，邪說紛紜，各宗各派將誤導更多的學人。就以弟子親身經歷，在一貫道中修學數十年，莫若在正覺修學四年，於正知正見、定力、慧力的比較上，乃至心行上起了貪、瞋皆有方法對治；而非像以往未修學正法時，無處下手對治。同時明白學戒的功德受用，再也不會心、口不一，因爲了知如來藏有能藏、所藏、執藏的功能，屆時了知染污種子起現行時，當下懂得去除，由此可知正法的修學有多麼重要。總而言之，若非進正覺修學，弟子永遠都是「門外漢」，於此叩謝 佛世尊、諸佛菩薩的加持攝受，導師救弟子之法身慧命。阿彌陀佛！

弟子 廖照子 頂禮敬呈

二〇一〇年十一月五日

見道報告

一心頂禮本師 釋迦牟尼佛
一心頂禮西方極樂世界 阿彌陀佛
一心頂禮大慈大悲 觀世音菩薩
一心頂禮敬愛的導師 平實菩薩摩訶薩

弟子 呂艾倫
二〇一〇年十一月十五日

記得我三歲的時候，把阿嬤藏在書桌裡的一大把千元大鈔從窗戶往樓下灑，引來路邊許多民眾大家爭先恐後的在地上搶錢，害得阿嬤損失慘重；當時被大人痛罵了一頓，不過總覺得自己沒有作錯什麼，好像從小就喜歡和別人分享自己的東西。

由於家父是外交部駐外人員，我四歲便離開臺灣，跟隨父母搬到法國住。剛上法國幼稚園時，完全聽不懂老師和同學講的話，唯一會講的法語是跟老師說要上廁所。當時其他的小朋友都會欺負黑頭髮的亞洲人，我爲了要讓他們看得起我，所以非常的用功，上課每次老師問問題時都舉手搶答。到了小學二年級時，老師說我三年級不必念了，可直接跳級到四年級。沒想到升四年級時，家父被派到荷蘭工作，幸好當地有法國學校，我的課業也可以銜接得上。

升國中時家父被調派回臺灣，我被送到新竹科學園區裡的中、美雙語學校；在那裡除了中文以外，念的全是美國教科書，同學們也都是美國人或從小在美國生長的華人，英文是他們的母語。我剛開始上英文課時都聽不太懂，也無法和其他人打成一片，不過由於我很認眞，一個月後英文成績便成爲班上第一名。在雙語學校度過了快樂的四年光陰，英文的說、寫能力打下良好的基礎，使得中文、英文、法文都像是我的母語一樣。

升高二時，家父再度被派遣到法國，這次我念的是巴黎的英、法雙語學校，上課時都非常用功，過得很充實快樂。我十七歲高中畢業後，唸了一年的大學預備班後考上了法國的一所高等商務學院研究所，暑假和課餘時間還學了西班牙文和義大利文。二十一歲金融系畢業取得碩士學位，隨後決定回臺灣工作。

我的童年和青少年就在不斷地適應不同文化和教育制度當中度過；回想起來眞的很辛苦，不過那段經歷也使我日後能自然的與來自不同國家的人溝通相處、打成一片。我發願要將世間法所學的知識和能力運用在護持正法上，這樣之前的辛苦和努力才有意義。

回臺灣之後，我進入金融業，目前在一家美商投資銀行的股票交易部門上班。工作的環境注重多元化，平常跟國外的同事和客戶有很多的互動；他們的十善業都修得不錯，可是大部分的人卻爲了追求五欲而同時不斷的起煩惱、造惡業；而這些享受又是短暫、無常的，爲此造惡業眞的很不值得。在這個行業裡，人事變化無常，有些人叱吒風雲，很年輕就當上主管，不過好像福報享盡後又很快的被換掉；由於觀察到世間人、事、物變化無常，我感受到修行的重要性。

因爲家父認識佛光山的師父，所以我回臺灣工作期間便成爲佛光山的義工。在他們的世界會員大會裡，我曾負責會議的英文直譯工作，也參與了許多佛光青年的活動，不過這些對我除性障以及法義上的進步絲毫沒有幫助。花了很多時間在道場作義工，可是好像都是世間法上的攀緣。記得有一位佛光山的師父曾經告訴我「禪」的定義，「所謂禪，就是保持一顆歡喜心、善良的心、正面的心。」如今只希望佛光山的師父們和正法的因緣早日成熟，未來也有機會來正覺講堂學習正確的佛法知見。

二〇〇七年 Lily 阿姨（趙玲子老師）打了好幾通電話給家母，鼓勵我和家母到正覺來上課。因爲她既熱心又堅持，我們不好意思拒絕她的好意，於是我報名了當年十月開課的禪淨班，親教師是余正偉老師。余老師上課生動有趣，上了第一堂課，我就知道學習正法是我眞正要走的路。

余老師上課時提醒我們 平實導師說過的話：「**一個人心量到哪裡，福德就到那裡；福德到哪裡，修行就到那裡。**」這句話對我影響很大。另外，余老師曾說過，我們會知道要守戒律，是因爲我們過去無量世都受過教訓了，老師也很清楚的告訴我們受菩薩戒的重要。有時公司裡的同事們會好奇的詢問我來正覺是在學什麼，我會簡單的介紹給他們。希望透過我來正覺後，身、口、意行的改變可以讓他人對佛法有正面的印象，有朝一日他們也可以吃素、修學正法。

工作之餘我會參加英譯組的工作，我發願今生要努力將 平實導師的書翻譯成英文，讓西方人也有機會接觸正法。另外，我們一定要讓全世界知道，修雙身法的「藏傳佛教」並非眞正的佛教，我們要阻止他們繼續誤導眾生、殘害眾生。翻譯時我抱持著很嚴謹的態度，對自己要求很高；由於我們要攝受很多的西方讀者，因此一定要呈現最好的翻譯品質。

記得 平實導師曾說過，「**吃虧就是佔便宜**」，今生不計一切的爲正法付出，來世會有很大的善果。我能夠體會這句話的意思，因爲在日常生活裡也可以觀察得到，很會盤算、自私自利的人，往往事與願違，也很容易造惡業；相較之下，忠厚善良、樂於布施、不計較的人，表面上看起來不會爲自己打算，實際上是最聰明的，因爲他們常會遇到貴人，客戶很喜歡他們，好像作什麼事都很順利，我身邊就有這樣的同事。

〇一〇年二月受菩薩戒當天，導師提醒大家要「不捨眾生」。從 導師口中聽到這四個字，我熱淚奪眶，感覺很熟悉、很相應。受了菩薩戒之後，我天天努力的除性障，常常觀照自己的身、口、意行，也養成常常在佛前懺悔的習慣。

二二〇一〇年四月禪淨班畢業後，我被錄取參加禪三，欣喜萬分，對 佛、菩薩和 導師充滿了無限的感激。我知道這個機會很難得，一定要好好把握。禪三第一天起三法會請師的時候，我胡跪在小參室裡，第一次近距離的仰望導師，心裡感到很歡喜；導師好親切、好有攝受力。雖知道禪三期間要攝心、不要攀緣，可是我每次遇到 導師都忍不住的一直對 導師微笑；導師還知道我的英文名字叫「Ellen」，又注意到我的膝蓋有受傷，讓我心裡高興的不得了。禪三期間，我親眼目睹了 導師愛護每一位弟子的大悲心，就像父母愛護自己的孩子，用種種善巧方便來幫助每一位弟子成長，眞是令我太感動了！

由於我準備不足，並沒有通過監香老師的考驗；但是 導師說只要有菩薩種性，以後一定還有機會再來參加禪三，所以離開時我心裡充滿著歡喜與感激，並發願下一次再來。

禪三結束之後，我感覺到自己的轉變。以前喜歡的社交活動與時尚派對，現在覺得是在浪費生命，應該把握時間努力護持正法、培植福德才對。我人生的目標有了大改變：每天去上班是為了和眾生結善緣，以及儲蓄更多資糧來護持正法。我感覺到之前浪費太多時間在世間法上攀緣！因為佛教的正法日漸衰微，正法的命脈猶若懸絲，而我們很幸運能夠值遇到大菩薩 平實導師出世弘法，因此一定要好好把握這個機會來努力護持正法、行菩薩道。

我進階班的親教師是陸正元老師。陸老師對學生非常的慈悲，又很平易近人，所以我很喜歡跟老師小參，每次小參對我都很有幫助。陸老師上課很精采，使得我的知見快速增長，每個星期五我都很期待去上老師的課。我發願將來要用悲心來度化眾生、永不捨眾生。

除了努力除性障外，我平時也會憶佛練定力、抽空拜讀 導師的書增加知見。在日常生活當中，我的同修善思師兄的菩薩種性、護持正法的決心也是我學習的典範。記得一年前某一個炎熱的下午，我偶然在捷運站撞見他正在努力的發正覺口袋書；當天是個週末，他不但沒有出去玩，還賣力的在發書，我心裡深受感動，也決定加入推廣組發書。可能是我們過去世有很深的因緣，他的提醒對我都很有幫助，比如說福德要不斷的累積，這樣才有足夠的資糧護持正法；還有平時不要亂花錢，要存錢來護持正法，這樣來世的果報更大。此外，之前我以爲遇到什麼不順心的事都要安忍，認爲這樣才能修安忍度；後來善思也提供了一些建議，告訴我有時也要用智慧來處理，因爲一味的安忍卻讓眾生不停的造惡業，對眾生不見得有利。

二〇一〇年九月底，我們在世貿素食展推廣 導師的書，眞是難得的經驗。那天有很多人來參觀素食展，並且經過我們正智出版社的書攤。因爲來往的民眾很多，有各式各樣的人，也讓我可以學習如何去觀察眾生不同的習性，然後用不同的善巧方便跟他們介紹 導師的書。當天買書以及詢問上課訊息的民眾很多，令人高興。

二〇一〇年十月五日我收到禪三通知，心中充滿了感激與歡喜。禪三第一天的拜願法會裡，我抬頭時剛好看到 導師慈悲的臉龐，想到 導師不捨眾生的大悲心，我竟泣不成聲。難得有機會能和 導師相處四天三夜，我們眞的非常的幸福。導師開示時說，本梯次有將近一半的同修是第一次來參加禪三，因此　導師鼓勵大家，能不能破參是急不得的，要隨順因緣，水到渠成。晚上是　導師普說的時間，也是我最喜歡的部分；我很仔細的聆聽　導師開示的每一句話，努力的記住它們，把握這個難能可貴的機會。導師講的每一則公案我都聽得懂，心裡非常的歡喜，迫不及待的等待第二天的到來，能和　導師小參。

第二天我進去小參室，導師很親切慈悲的說：「Ellen，看看這一次妳能不能過關。」我首先感謝　導師讓我再度來參加禪三，並哽咽的向　導師承諾我會努力護持正法，以報師恩。隨後我向　導師報告如來藏是什麼，導師說我的答案正確；考了我幾個題目之後，導師說我的答案正確，還說我的慧力不錯。最後再考了我兩題，並叫我回座位思惟一番。

禪三期間，我一直低著頭攝心，常常到　佛前發願懺悔，時時刻刻提醒自己要保持柔軟心、謙虛的心。我請求　佛、菩薩加持我能順利的破參，我發願要努力的將　導師的書翻譯成英文，希望將來可以攝受東、西方人；或許有一天　導師能到美國演講，我會努力提升自己的修行程度，希望我有機會當　導師的隨行護法傳譯！這是我最大的心願。我還發願，破參後會努力的除習氣，會很愛護每一位眾生。

到了第四天早上，我通過監香老師那一關，終於又能在小參室見到 導師了。導師考了我幾個問題後，又出了筆試的題目。寫完第一題後，我發現答案是用口頭向 導師報告的；於是回座位寫第二題時，因爲迫不急待的想要過關，中文字寫得很潦草，還有一部分答案乾脆用英文回答比較快；沒想到進了小參室，導師竟然拿我寫的答案過去看，我趕緊的向 導師解釋，我是在國外長大的，導師說：「**我當然知道妳在國外長大的，不然妳怎麼會叫作 Ellen！**」導師眞的很親切，感覺我跟 導師的因緣很深，好像已經跟著 導師修學佛法很多世了，眞是幸運極了！

導師曾說過，破參是爲了救度眾生，這樣破參才有意義；因此破參之後我感覺時間都不夠用，護持正法都來不及了，沒時間和朋友交際應酬。

敬愛的 導師，我發願把握今生和未來世的每一生，盡我所能護持正法，廣度眾生，以報 佛恩、導師恩和父母恩！

見道報告

臺中週四班　游宗明　96.5.10.

我的生平

公元一九四五年出生於彰化市，有兄弟姊妹各一人。母親多產，孩子不幸夭折就又抱一個來養，以補家計。她領養的嬰兒若不是人家的姨太太所生，就是妓女所生的性病兒，臭頭爛耳，人家不想養的、找不到乳母的，找她就對了；因爲她會替嬰兒治病，用金銀花、紅芋梗洗瘡毒，所以嬰兒長大後遷居臺東，也跟我們有往來。母親會接生，跟日本助產士學的，全村族人常找她去接生；所以我家雖窮，常有油飯可吃。

從彰化火車站經過「過溝仔」，是到和美鎮的主要道路；過溝仔西邊有個小村莊叫「燒坑仔」，這裡族人大都姓周，出了一位很有名的外科醫生叫周中，外號「阿中仙」，可見他也很有一套。日治時代中部五縣市找他治瘡的，人山人海，從過溝仔排到燒坑仔有半里路。周家就是母親的娘家生母處。母親的養父姓施，開磚廠，有錢；獨子施清泉即我舅父，會內科，治癌出名。父親身材魁梧，被家母之養父相中，娶了母親後沒有房子，只好住到母親的生母家一間土房子；這屋子就在燒坑仔最出名的玄天上帝廟之後，也就是我的出生地。

說起這尊上帝公，來頭不小，是武當山傳來三尊之一。一九四五年我出生時盟軍大轟炸，是要炸火車站及旁邊之倉庫，與村莊比鄰；這時上帝公大展神威，讓炸彈的降落傘掛在竹林上，只有一枚爆炸。有時候我想：一生經過大水災、大地震，幸未遇兵災；但其實出生時就遇到戰爭了，只是當時還小而不知。爲什麼知道玄天上帝有神威？因爲阿婆對我們這些似懂非懂的小孩說：「**就是我替木雕神像擦汗的呀！**」但我的三舅父周川不相信有神，廟裡要選新乩童時，新桌頭(筆生)就找周川同去；關在廟裡坐禁時有一隻大蟒蛇搖醒他，逶迤鑽入虎爺位置而去，三舅父周川嚇壞了！到了神明附身眞正起乩時，神就講：「**因爲你不信，所以我叫大將現身讓你瞧。**」這還是小事一樁而已。

眞正讓周川嚇死的是：虎尾鎮有人來請，說有一家新屋落成，但住不平安，要請神來問；乩童和他兩人就去了，上帝公附身後乩童說：「此屋被下惡符咒。」「在哪裡？」「就在吾腳下三尺處。」周川趕快暗示乩童說：「不要亂講呀！你腳下是人家才剛蓋好的新居廳堂，你這一挖，萬一沒有挖到符咒什麼的，虎尾多武師，豈不被打死在此？」三舅父已經一身冷汗了，但乩童卻肯定得很。這時屋主決定馬上挖，挖了兩尺多並無異狀，有人大喊：「神棍！該打！」周川暗叫不妙，但已經被圍住，跑也跑不掉；這時有老者出面大叫：「別動！誰敢先出手，老子先揍誰。把尺拿來量，三尺也未？」並未三尺，再挖，果然挖到符咒等物。推想是人家忌妒所爲，大家喝采：「神力非虛。」從此一炮而紅。

二舅之子周江樹，被三姑娘把魂抓去，也是上帝公治好的。中部八七大水災，上帝公也先說：「路上有東西，不要去亂撿。」大家都笑乩童亂講，有什麼好撿的？原來大水一來，都是家具、皮箱、雞鴨鵝，你去撿就被沖走了。那麼大的水並沒有進入廟裡，也很奇妙，我小時候對這些都很好奇。我二伯父是茅山術高手，但有作虧德之事；被大陸鳳陽婆知悉，來臺灣把二伯弄成精神錯亂而去，所以父親嚴禁我們學符咒。我只是好奇：那個法是眞的有？還是騙術？

有一次劉大師來訪，請我幫助他治療一位精神錯亂病人，我說：「**可以！但條件是你以後不能再向患者拿錢。**」我問他：「**你是眞的有學嗎？**」他說有，「**那能不能表演來看？**」「**可以。**」他要我準備二枝竹竿，改天來展示他的法力。我就約兄弟好友來看，我站立，手掌向上叉腰，竹竿置掌上；老劉就到門外請神，比手印踏魁步，然後叫竹竿相合交叉。這樣燒金紙連著三次請神，居然毫無動靜。內人知道我怕惹鬼上身，一定有請菩薩護佑，就叫吾弟來：「**換小叔看看。**」他擺好了再請一次，果然二竹竿合攏交叉；手印叫開，竹竿就開。他用這一招賺了很多錢，曾上電視表演。我覺得：法是有，但你把名字寫上去，可以叫竹竿開，只是請神在竹竿上作用，又不一定能驅鬼，那麼附在患者身中的第三者就會離開嗎？所以還是騙術。若如現代張天師表演的法術，讓被酒淹死的蒼蠅活過來；被魔術師拆破，斥之為魔術、非法術，那又等而下之了。

讀彰化初中時，常到大姨媽家吃飯，跟年齡較近的三個表兄弟玩。土房子要拆除重蓋時有很多螞蟻，我們就在那邊燒死很多螞蟻，現在想起來還是很殘忍的罪過。後來表兄李達夫不幸十九歲死亡，送他去火葬場的印象，使我對死亡的感觸很深；從此大姨媽開始去聽一貫道，有時我也跟她去。但當時一貫道還不合法，政府會抓，聚會不定點，對我也沒什麼吸引力。理化老師是基督徒，有時也會要我們去看聖經、信上帝；我也看了，手錶丟了也祈禱上帝，果然找到了，可能眞的有上帝。但我到大姨媽的女婿周金德那邊時，長老教會的周金德表兄一直叫我去洗禮，我不去；我跟他和牧師講：「雖然我信上帝，祂會賜我吃、賜我穿，死後去天堂享樂；但我父母因為不信上帝而在地獄受苦，這種樂我沒辦法享。」「那你要去勸導父母來信呀！」「那麼古代聖人沒信上帝的怎麼辦？譬如孔子。」「不信上帝就會下地獄。」「可是孔子非不信，他生於耶穌之前，怎知有上帝？有人類出現時你們上帝就要講這個道理了，怎麼半路才跑出獨子耶穌出來講要信上帝？那之前的人是不教而判之罪，這樣不公平，不合乎常理，我不去洗禮。」他們都說我不會先顧自己。他們不知道我的個性：有難可以獨當，有福不願獨享；看大家快樂，我會更快樂。

我十八歲到草屯彰德外科周金德這裡學習，沒有薪水，只是換口飯吃。他們本來請一位女傭，我去之後，這位女傭免職了，因為她的工作我都會作。從洗衣、煮飯、炒菜、幫忙看小孩，無所不能；我還用細砂把馬桶污垢洗淨白，他們夫妻—我的表兄表姊—嚇一跳，連稱讚我好厲害。所以我到正覺同修會來搶著要洗廁所，這對我來講駕輕就熟、輕鬆得很。工作中最不願意的是殺生，他們愛吃魚鰍，我就要去買來煮，我常把小的魚鰍藏起來，利用溜狗的時候去河邊把牠們放了。溜狗可以去外面走一走，而我最喜歡去聽人家作晚課，聽那引磬清脆的聲音。這期間有一本書對我影響很大，那就是于凌波居士寫的《向知識分子介紹佛教》，我是到彰化路邊攤請回來的。他使我對佛教有個概念。

周金德的母親很疼我，因為我太勤快了。她有一種病很痛苦，病發時從床頭摔到床尾，一種劇烈的疼痛使她呻吟不已。三更半夜我會跑去崇仁醫院護士房間叫醒護士，請她趕快來替我舅母打針，而我就在她身邊守護到天亮整晚不寐，這使我感到病的痛苦眞是很可怕。

二十一歲當兵去金門服役，每月七十五塊薪餉；但我賣香煙又多了幾元收入，人家不夠花，我卻有存錢。軍中也會強欺弱，我會對身高馬大的壯漢說：「不要欺負人家。」他也會聽我勸，因爲他的性病、什麼病，要找我治療。站衛兵常吵架，因爲半夜起不來，他就早二十分鐘去叫，於是就吵架。輪到我站，我就多站半小時再去叫醒下一位，他一看時間超過那麼多，連說爲什麼不早一點叫他？我說：「沒關係！你下一位就時間到才去叫。」從此站衛兵大家就客氣了。

我在九十三師工兵第一連時，打坑道沒意外沒死傷，獲獎賞，說要買一條牛殺來慶祝，連長叫：「游宗明！你不吃肉，讓你去看牛，別給跑丟了。」我說：「你要殺牠，牛會哭喔！」他們不信，說我亂講。但綁在樹下的牛聽到下午要殺牠，眞的會流淚，其實我也只是聽說而已。班長也來看，這些老兵殺人都不怕，看牠流淚，竟沒人肯去殺，只好退回不要了。本以爲他們會去買現成的就好，怎麼竟然去殺豬來吃。可能是在劫難逃，當晚酒足飯飽之後就出事了：我在站衛兵，忽然聽一陣緊急集合聲；有一位老士官長槍殺一位排長，又槍傷幾位士兵，然後自己飲彈自殺，血流滿地慘不忍睹，連長也丟官了。世人愚癡，常將好事弄成惡業，慶生時殺生吃肉，就是一例，所以我不想作生日。那位士官長當時是穿新衣，顯然是想飽餐一頓再去黃泉；若是買個有用的金門紀念品回臺灣，肯定比大口喝酒、大口吃肉有意義多了；連長免職穿上百姓衣服，對我苦笑，我也對他搖頭嘆息。

當兵期間父親不幸病亡，我從金門回家，只能看看棺木就得要回營，不能作什麼，百般無奈。乘軍艦要回金門途中，我夢見一尾很大如龍的魚鰍王，身邊無數小魚鰍跟隨；突然魚鰍王一個震身擺動，只覺得船身一晃，我就驚醒了。到了天亮，聽大夥兒在甲板上說：「**高雄到了！**」我問水手：「**不是要去金門嗎？怎麼是高雄？**」「**因為昨夜船身龍骨震壞了，同行的另一船去金門，我們這隻船要回高雄修理。**」於是我又奔回家，送父上山才回營去。

退伍後又到草屯報到，表兄要擴張營業，在霧峰又開一家診所，叫我去經營，因為我可以獨當一面。這時周金德的異母弟阿東，睪丸生腫瘤，大家急得要死；最後阿東的父親決定請他的師傅臺中澄清外科院長，親自出馬為他開刀。腫瘤裡面有頭髮牙齒指甲，他們斷定是癌症沒錯，一家人愁眉苦臉了。我說：「**那就到霧峰來住吧！由我來照顧。**」他就來了，我替他敷藥治療，又炒豬肝給他吃，結果好了。我還說：「將來還會生孩子。」他們不信，但後來結婚也有生孩子。其實古書都有記載：那是瘤，不是癌。

以前霧峰彰德外科和草屯一樣，都是租牌照行醫。人家牌照要取回，表兄先知道，他說霧峰這間要我頂下來；從前一切開支全歸我付，我頂下來不久，沒執照，變成密醫了。翌年中醫檢定考通過，第二年跟表兄同時參加中醫特考，我沒錢買書，讀的是他已考多次淘汰了的舊版書，答案都被他剪掉了。他曾對我說，等他考上中醫後，那些書會留給我讀；他讀高中時都是第一名的高材生，很會讀書。但我不能等，二年才有一次特考，我只能硬上；幸蒙佛菩薩保佑，廿九歲那年考上中醫師；範圍大又難考的外科，也被我考過；所以我開業登記時想要只寫「內、外、皮膚、痔瘡科」都不行，說我是全科，都要看。

也眞的要看，去年就有一位被蛇咬到；他抓著蛇去最大的澄清醫院求診，醫生叫他去臺中榮總才有血清。不知誰叫他來找我，我說：「我替你治，不必花錢，但你要把蛇拿去放生。你若不欠牠咬，你把腳伸給牠看看，牠還不一定願咬咧！」其實雨傘節蛇，乃是保育動物，殺牠是要罰錢的。我用大蒜一片，用艾火直炙，等到口鼻有蒜味，一次就好了。霧峰有湯先生祖傳治蛇傷，自己被咬了卻治不好，來找我，我說：「你要到彰化八卦山桃源里土地公廟後，大樹葉採來敷就好了。」那棵過山香，可能幾百年了。蛇毒當然血清最好，中藥青草藥是救急方便；但江湖一點訣，不在藥草，對於治不好的蛇瘡要忌鹽，它才是秘訣。

如果我跟表兄一樣只會一點外科，那我也會跟他一樣早就結束營業了。當兵前，我都要早一點煮晚餐，好讓他去讀中山醫專牙醫夜間部，但沒讀成，就沒牌照；中醫也一直考不上，眞奇怪。他也不知道我怎麼會西醫、西藥，那是因爲我對密醫慈心看待，不會看不起他們，也會幫助他們。有一位陳□男在后里很有名，他想取得中醫執照，要我教他，然後他把一些獨門西醫要訣傳給我；譬如說某種針劑靜脈注射時不能正臥，要側躺；注射中胸悶，就要停一下；別人不敢打的針，在他卻很安全。其實他們也曾是大醫院的助手。省議會內舉辦萬佛寺三壇大戒時，醫護都由我負責；全省都來擁護，見識到信徒的熱情；但二十年後不一樣了，他發心來作醫護時，既要廣告，也要設樂捐箱，名利都要，我就推辭讓人家去作了。

因爲我免費替出家人看病，所以一些大法師都見過，如道安、印順、廣化、妙蓮、眞華、妙境、明復、如虛等法師；大師自會有人關心，倒是那些老僧眾才更需要人關懷。

耕雲居士是人家向我極力推薦的開悟者，叫我一定要去跟他學，我就坐車去臺南聽他演講；他也不講客套話，直接就講觀心法門，口才一流，我奇怪他會吸菸。要拜他爲師也很簡單，敬一個禮就好了。他規定不能送禮給他，主要在觀心、唸《金剛經》，要把自己這一生的過錯寫給他、眞心懺悔。殺生我犯不少，小時候，田螺、青蛙、蜻蜓、螞蟻、金龜子都殺過；偷過一本書被抓到，罰三倍，賠二十四元；幾個人去偷小火車上的甘蔗，偷摘蕃茄，都被追個半死；沒見過鋼筆，也把親戚的筆偷走了（邪淫從來不犯，三十年前霧峰鄉還有梅毒，瘡口長蛆，我要那些性病患者集合，一起去看梅毒；整個脊椎爛瘡都會蠕動，仔細一看都是小蛆，很可怕。得性病的人都會有想要報復的心理，女人男人都一樣，清白之身被染污了當然有恨）。耕雲居士自己也說他桶底未脫落，要再參；我也只是跟隨他把意識心不要亂想當作就是觀心；大家都知道有心，但六、七、八識分不清楚。後來連《中華禪雜誌》也沒出版就散了。

宣化法師從美國回來，大家說他是高僧，齊來護持，他持戒莊嚴令人敬仰。有一卷錄音帶，宣化法師預言臺灣會遭遇戰爭，死傷很慘，要趕快遷居美國宣化法師住的萬佛城去。那時人心惶惶，很多信仰法師的都移民了；他們也替我辦了護照，叫我要準備。但我後來並沒有準備要去，我是想：戰爭的話，這裡才更需要我呀！我自己逃了，好像不太對，所以沒有移民。現在他座下的恆固法師也回來學正法了，眞替她慶幸，她就是我們這一團去美國出家者之一。

我會學密法是從常一法師來，他半路出家，跟屈文六上師、貢噶老人學過；他來萬佛寺，我常幫助他日常所需。他買一套《妙雲集》送我，奇怪！我卻不愛看《妙雲集》，只翻幾本，其它原封不動；二十幾年後，同修會作法義辨正要參考，我整套送過來了；其中有幾本借丟了，我也不會可惜。常一法師捨壽後，我才跟吳潤江學藏密紅教，吳上師不收紅包供養。他捨壽後，我又隨田璧雙師兄去跟韓同上師學。韓上師捨壽後，我想瞭解藏密，就白、黃、花各派都去。黃教慧源一派是達賴死對頭。我常想：「爲什麼喇嘛教，大家會去信？就是把他當作佛教而又沒有人敢說破。」像演培法師在一九八八年時代，也都在稱讚藏密；我們看這些書長大，不知不覺就被騙了，死了還不知道錯在哪裡，所以破邪顯正是必須要的。看完　導師《狂密與眞密》後，我對藏密能成佛的幻想已破滅，知道他們是邪見外道。我知道自己錯了就趕快改正過來，可是要改變別人卻很不容易；不容易還是要去作，不是至死方休，而是生生世世都要去作，這是一條我要走的路。

耕雲居士要我們學佛修行排第一，那第二就是行醫。吃喝嫖賭沒興趣，我不賭是沒錢可賭，輸了會痛苦；有一位叫我去買撲克牌，他能「認」牌，那就像眼明人跟瞎子對賭；所以「大家樂、樂透」我都不會。不敢嫖，還有二個故事：以前燒坑庄流氓火桐，被日本人抓去海南島跟中國打仗，他活著回來了；他說他沒死是有原因的，他到海南島後決不傷害女人。有一次他去搜索村莊時找吃的，看到二個女人很害怕抱在一起，他說：「你們別害怕，我也是中國人，我只要找點糖。妳們千萬別出去，我會在門口用掃把點火薰黑做記號，表示這一家搜索過了。」那女人說：「糖藏在地下。」挖出來給他。

當他走出門外做記號後，日本班長過來了，問他有沒有看到女人，他說沒有。第二天跟中國軍打仗，前後左右都死，只有他沒死。

在草屯鎮時聽鄰居蔡先生講：他的親戚郭政壇，外號郭大砲，曾作日軍神風特攻隊；出征前會安排慰安婦，但他進房以後卻不嫖。去炸美軍航艦時掉到海裡，被美軍救起；幾位被救起的人站一列在甲板上，突然日本空軍一陣掃射，他們迅速臥倒，之後美軍軍官叫他們站起來，只有他站起來，左右都死了，檢查屍體都是連中兩發機槍彈。美軍很好奇：怎麼機槍會跳過兩發，只有老郭沒擊中，是奇蹟或命大？後來老郭在船上當翻譯。在我小小的心靈裡，覺得尊敬女人還是有福德的。

有人說我當醫生，膽子很大，那是從前不得不然；我要為病患負責到死，替他寫死亡證明；我還要為他們證明：死亡不是什麼都沒有了的斷滅。所以我對外面講：「**蘊處界緣起性空可以接受。但一切都空，沒有一個本際存在常住，不能接受。**」這一點我常接受挑戰，我的信念是：「**萬法緣起性空，但如來藏非緣起，祂不空。**」「**一切唯心造**」的心決不是妄心，我從學佛以來一直堅信有眞心不滅，但六、七、八識仍分不清。

連教唯識學的大德于凌波也被印順誤導。我要來正覺學習，我問他：「您聽過蕭平實老師嗎？」「聽過。」「他的書，您要看嗎？」「不看。」「我要去學如來藏。」「如來藏是印度神我的思想。」我一聽，就知道他的落處了。他看我要學如來藏，送我一堆他的唯識著作，但我一本也沒看。我現在才知道他為何要去見藏密大師，問道於盲，難免落入空亡；當我整理清楚，想對他有所助益，才把他書中的錯處一條一條寫出來，正確的也寫出來，讓他自己去對照思考；可惜他不久病亡。他很早就跟李炳南居士學，對佛教的付出也很大，把房子也獻給他創辦的李炳南文教基金會；只因為不相信有眞心如來藏，徒勞而終，眞是太可惜了。

作善事也有煩惱：我也會讓病人住宿，有一位老盲人，患痔瘡，騙我說是孤獨無依；我留他暫住，他覺得住在這裡不錯，不想走了，變成我要養他。他要無賴可能成精了，有一套；我也不報警，先安養他，要吃貴的鵝肉就給鵝肉。他說住在我這裡眞是痛快，其實他是有兒女的。住了大概個把月，有一天他說他要走了，我聽了當然很高興；「但你要再給我十天的藥，不能減量。」那簡單。

我對鄉村野老都恭敬，所以也學了一些奇奇怪怪的秘方，其實中醫比較獨特的是煉丹術。有人治骨刺，敷一次要二千元，他說他的秘方沒人知道；我說：「我寫一個字給你，你就知道。」我寫「烏」字，他嚇了一跳。「烏面馬」是敷了會起泡的青草藥，不是什麼仙丹。中醫用水銀、鉛、砒霜，這些毒藥煉成可以治病的藥，也不是仙丹。煉丹有毒，所以我很少做；有一次煉成了，第二天有人來問，我問他：「你怎麼知道我有煉丹？」「那是我女兒說的，她是乩童，起乩講的，我還以為她騙我。上次來你這裡沒治好，神附身說你現在有藥了，所以我來看看，看來還真有神明。」開神壇的人還不相信有神？

若有人想要弘揚佛法，我都會贊助，但這樣也容易受騙乃至出事。有一貫道改信佛教者謝□發，本來大家配合護國寺在推廣；有一天半夜突然發神經病一般抓狂，開來貨車，用車尾撞爛我家鐵捲門，整條街的人都跑出來看。警察來了，他誣說我跟他太太有染。接著又去護國寺要殺如虛法師，大鬧一場；又押走朋友廖秋科，他向廖借一百多萬元不想還，設計廖君和他一起去美國宣化法師那邊出家，然後要我作護法的替他還債務，好讓他去出家；我不答應，想借錢又不給，終於抓狂幹惡事。如虛法師當時是慧日講堂住持，出事後，如虛法師並未遠離惡友；反而讓他在慧日講堂賣假古董，說要贊助慧日講堂。如虛法師後來在恆春中風，他們有來拿藥，但沒有給他吃，才會有到高雄榮總昏迷危急之事；我趕快叫廖秋科載我去高雄爲他急救，他吃的那些中藥根本沒用；毒藥不敢用，救不了也。我不敢說是專家，但我用的藥寫出來還是會嚇死人。我用生半夏治療彰化虎山岩比丘尼，嘔吐七天不止；生半夏只能外用，中藥店說吃了會死人，吃了會傷喉變啞巴，不敢用，我只好親自處理。過去我自己都先吃過，要用生薑同煮，再切片煮；搗碎煮很難喝。煮好後古人用筷子攪拌千下起泡，現代用果汁機一下子就成泡沫，喝下去泡沫吐不了；還要轉移他的注意力，把杯子覆桌上，叫作覆杯而愈，一次見效。

我的體質像母親，初中時跟山東大漢尹千合將軍學少林拳；這尹千合也喜歡搞中藥，他用生羊肝沾中藥治好彰化富翁的盲疾，《徵信新聞報》一登，瞎子都來找他治病；他趕快向我求救兵，忙了一陣子，眞是好笑。我在霧峰才碰到鶴拳高手，電力公司主任高火炎先生，我怎麼攻擊都打不到他；他是建山的徒弟，建山是二哥所傳，聽說二哥是廖鼓介紹來中部；二哥的藥書傳給廖，再傳到我這裡。總統侍衛長八極拳的許雲樵，證明二哥的鶴拳是少林眞傳，怪不得高火炎先生臨終之前對我說：他一生打敗三十幾位拳頭師，用的都是「過馬」「吃角」。他最厲害的是會讓你欺身到底，以爲得手了，哪裡會想到肘被他封住，橫力一出，人就跌出丈外了！他不會用拳傷人，所以不結仇怨。我用來運動很好，三戰的呼吸法最喜歡。

邁向正覺

二年半之前，我到臺大醫院看龍宇純教授中風不語的病；難得到臺北來，同修跟兒子也一起去華西街玩。二十幾年前去過的龍山寺，現今如何？先去看看。在這裡被我發現了寶——正覺的書，被我從書架上一一挑出來，向 佛禮拜後抱走了。我就抱著這些書去逛華西街。兒子想到便利商店有售塑膠袋，去買二個來分裝，回家就努力看了。大精進菩薩觀佛像無覺無知，爲什麼是正遍知？這使我生起很大的疑情。想了二天，到第三天要坐下椅子吃飯那一剎那，忽然一念相應：如驢覷井，面對寒潭！但我知道這還只是找到穀子，還不是米，於是趕快到正覺同修會報名。也是因緣湊巧，我常會對患者說正覺的正法如何如何，一位林老師帶女兒來看病，問我：「**那你有沒有去聽蕭老師講經？**」「**尚未。**」原來他是正覺同修會的會員。他告訴我中午十二點到兩點，在臺中市公館路附近。我以爲公館路在公益路那邊，結果繞遠路過來才找到了，人家已經下課；課沒聽成卻拿到報名表，我就決定要來學了。第一次聽經我就學會斷我見了，覺得聽菩薩講經眞的不同凡響。

我常有一個想法：爲什麼空盡所有之後，他們就會說空就是妙有？空既然不是沒有，那麼空盡所有之後的沒有，要叫作什麼？就好像醫學上說零期癌症就是有癌了，那麼沒有癌就要說負九啦！如果能夠證明有一個空性的如來藏眞實存在，那才能說眞空生妙有。就好像一定要有畫紙畫布的存在，才能有一幅畫呈現；要有節拍，才能有音樂旋律出現一樣。可是有些人卻說：「**如來藏是佛怕修行人恐懼斷滅而安慰的方便說，其實只有緣起性空，沒有一個眞實法叫作如來藏。**」我遇到一位出家三十年的道證法師（後來成爲「大乘非佛說」的信徒），常來看病兼辯論佛法；導師所破斥的這些人我都親身體會到，也更督促我要加強學習才不會退轉。

因爲有我們的覺知心，所以有一切法；法的現象是因爲我們眾生的心能覺，所以能知道法，感覺到有這些法生起、演變、消失。但其實法的本際是如如不動，祂不曾生起、演變、過去。譬如生氣這回事，好像眞的有一個令我生氣的法出現生起，但這個生氣的法會演變，然後消失、過去了；而法的本際從來沒有起，沒有滅；法的本際非覺非知，法的本身從不說我是什麼法。一切的法本然空寂，本然無覺，本然無知，而是有識心在感覺這個法，在用這個法；所以說，法有生住異滅，其實法的體性本身從來沒有生住異滅，法的體性是空寂、無覺、無知。如來的法身也是如此，非覺非知。

維摩詰大士云：「**法不可見聞覺知。**」「**不觀是菩提。**」「**不會是菩提，諸入不會故。**」經中又說：「**第一義諦離諸覺觀，無覺觀者是名心性。**」《心經》明言如來藏就在心中，不離○○而有本心。爲什麼如來藏○○○？有時候我也會想到○○○○，○○○○都不是我們的意識所能指揮控制的，雖然禪定能脈息俱斷，但如來藏爲什麼不是○○○，而是○○？

如來藏又叫入胎識，要如來藏配合意根才能○○○，色身既由如來藏藉母血中四大變現成長而出生，故色身內即有如來藏和合□□而住，故說○

〇〇〇即是空性如來藏；如來藏空性不異色蘊，故云：「色即是空，空即是色。」空性如來藏即是〇〇，故說色蘊不異空性如來藏，如來藏空性不異色蘊。這樣想起來〇〇〇〇〇〇，可是禪三時導師問我如來藏在身體哪裡時我又講不出來。因爲我又想到五蘊是如來藏所生，但五蘊非如來藏；五蘊若是如來藏空性，則五蘊壞時，如來藏空性亦應敗壞，故非一。若云五蘊非如來藏空性，佛子將離五蘊而覓如來藏空性，卻成心外求法，故非是異，故阿含中說五蘊「不異我」，故說如來藏才是眞我。

既能不落於色聲香味觸法中，不起知覺心，而又時時能生其心，可知於色受想行及七轉識之外別有一心。既云「應無所住而生其心」，可知於能知能覺之外，另有一個無分別性的，無所住的如來藏於應緣對境時，不斷地生其心——不停地運作。導師說眞心與妄心同時並行。當你證得第八識心體的時候，就有本覺智；而本覺智證得以後，你會發覺這個本覺如來藏也有祂的〇〇〇〇，而祂的〇〇〇〇〇〇〇上，是在〇〇〇、〇〇、〇〇〇〇〇……等等覺知心〇〇〇〇〇〇上面，卻不是對六塵的了知；祂是在六塵以外的了知上而有許多的了知性，否則就不能稱爲識、稱爲心了；而這種知覺是本有的，是意根和前六識等見聞覺知心出現以前就本來而有的六塵以外的覺知，不是藉緣而出生的覺知，所以叫本覺。這樣思惟就知道如來藏不是空無，是眞實法，不是虛妄想像的一個觀念或一種思想的想法而已。

爲什麼如來藏不是空無而是萬法的根源？

如來藏和意根投胎於受精卵，「識緣名色」，如來藏與受精卵相結合不可分離，吸收母體血液中的四大出生六根，六根觸六塵而有六識從如來藏中出生。意識能了別而知有蘊處界萬法，如來藏○○○○○○○○○○○○○○○○，祂又○○○○○○○離開○○○○○了，所以萬法的根源就是如來藏。

諸法即是一切有爲法，有爲法者乃是指因緣和合所生之法，所謂五陰十二處十八界及其輾轉所生之善惡雜染諸法。一切諸法是有爲法，有爲法之法相是無常相，只有生相、住相、異相、滅相，沒有常住不壞之自體性。於有爲法中，常相及不變異相不可得，因此說有爲法是無常、是苦、是空；無常、苦、空故無我，一切有爲法無我及無我所故，常相及不變異相不可得故，因此有爲法乃是空相之法，不是空性。而一切有爲法空，故無相；既然是空、無相，既無願求，所以空、無相、無願求是有爲法之實相。空、無相、無願求所顯現者即是於一切法無爲，因此一切有爲法之實相（諸法實相）即是無爲。無爲就是無相，無生相、住相、異相、滅相；無爲就是不生不滅、不來不去、不增不減、不垢不淨。無爲不是因緣所作之法故，此無爲之如實相即是諸法實相，即是勝義，此勝義即是自心如來藏之眞如法性。一切有爲法皆是由無爲無漏之自心如來藏聚集眾緣，直接或者輾轉而生，因此有爲法都是由無爲性的如來藏中出生。也因此於一切有爲法中必定顯示出自心如來藏之無爲眞如勝義法性。離於無爲，有爲即不可得故；離於有爲，則無法證得無爲故，所以經中說有爲性住於無爲性中。我從這裡證明如來藏不是空無。但我再怎麼想、怎麼講，都不如導師一句話把如來藏講得這麼親切。我過去所學的知見都是「禪是不可說的」，結果變成玄之又玄去了。我現在對如來藏雖然只知道一點點，但整個生命已經改觀，曉得要轉依如來藏去行菩薩道。

我愛修準提法，是小學時從父親一本《玉曆至寶鈔》學來的，書中說樹木枯死了持此咒令活，我種的花死了此咒最合用。後來知道祂是自性清淨心，那我就是要知道什麼是自性清淨心？後來又知道祂即是文殊智加上普賢行才能證得的，證得以後還是要修文殊智加上普賢行；我生生世世就是要行普賢行，就以此咒來勉勵自己。

禪三第二天，我恐怕胃痛有礙，先吃一包同修給我準備的胃藥；結果吃下去才想到那是晚上才能吃的藥，藥效一來口乾舌燥，意識不清明，監香老師的問題整天都答不好，越急越糟糕。現在的鎮靜劑安眠藥眞的很厲害，難怪我那位朋友陳□男自己當醫生，自己吃了二十年安眠藥，疑心並加上藥力干擾產生幻想，懷疑妻子跟豐原趙醫師有曖昧關係，買了一把西瓜刀，一刀刺上趙醫師；大家急著抓兇手，趙延誤就醫，流血過多而亡。被判死刑，我都叫他念 觀世音菩薩；第六次還是死刑，我以爲他死定了；最後有法醫從他的日記證明他長期吃安眠藥，精神意識會受干擾而改判無期徒刑；但他在要出獄時自覺無臉見人，在廁所自切股動脈自殺。像這樣意識很容易受到干擾控制，絕對會斷滅的東西，竟然臺灣四大山頭、假「藏傳佛教」敢說意識是永恆不滅的，他們的常識眞的有問題。就好像聖經說地球是平的一樣，科學家證明地球是圓的才能轉，他們硬拗四百年之後還是不得不改正；所以有人問我說：「**爲什麼你們正覺的才是正法，別人就不是正法？**」我回答說：「**你**

把意識當成永恆不滅就非正法；你想把意識妄心修練變成眞心，那麼人有八識，你只有七識，就非正法；你說有另一個眞如能生第八識，那就是有兩個眞實心並存，十八界得要變成三十六界，邏輯都不通，當然非正法。」就是這麼簡單！我走過三十幾年歧路改正自己很簡單，但要改正別人就不簡單，而這是我今後要做的工作！

南無　本師釋迦牟尼佛

南無　平實菩薩摩訶薩

南無　正圜菩薩摩訶薩

南無　寬道菩薩摩訶薩

南無　監香菩薩摩訶薩

南無　護法菩薩摩訶薩

南無　一切義工菩薩摩訶薩

明心見道報告

—卞秀姿—

南無本師　釋迦牟尼佛
南無大悲　觀世音菩薩摩訶薩
南無當來下生　彌勒尊佛
南無護法　韋陀尊天菩薩摩訶薩
南無聖　玄奘菩薩摩訶薩
南無法身慧命父母聖　平實菩薩摩訶薩
南無正覺教團　親教師菩薩摩訶薩

媽媽說，她懷著我的時候，曾經以爲我死在她肚子裡面，她要捏一下肚子，看我有沒有反應……。

在這種氛圍中長大：

小學二年級至中學的一段期間，我家搬到山上的木屋區居住，因爲我們有四姊妹，沒人願意租房子給我們。木屋初期沒水沒電，晚上要燃點蠟燭照明，想要用水得往公眾龍頭取。爸爸年少便染上賭癮，家裡十分拮据，媽媽常爲生計忙碌。小孩不懂事，大人不在家的時候，相約山上的鄰居小孩四處跑。父親跟部分香港人一樣，只相信自己及口袋裡的鈔票。高中時期，搬往政府分配的廉租屋，孩子逐漸長大、找到工作，經濟算得到改善。媽媽是個民間信仰者，她喜歡去附近的城隍廟、譚公爺廟、天后廟去拜拜；爸爸對基督教一直沒好感，否則媽媽說不定也去拜。有一次媽媽去拜「龍母」，沒多久爸爸因病去世，買來的紀念品「龍母」毛巾丟進垃圾桶。

四、五歲的時候，逢七月十四日，伯母會帶我去「打盂蘭醮」(盂蘭廟會)，我會被安置在一個密密麻麻寫滿人名的地方等她，不一會我心裡便發毛。然後，我們會去看十八層地獄的壁畫。可能是個子小的緣故，我眼睛會特別注意到那個「勾舌」圖，旁邊有小字註明，大概是說：生前說謊死後被罰勾舌。我很擔心，往後還有幾十年，能不能不說謊？好像很難，我死後要在地獄裡作鬼被勾舌嗎？

那年代，香港還是英國的殖民地，課本上經常描述爲「東方之珠」，時至今日仍享有「東西文化薈萃的都市」的美譽。我讀的幼稚園是基督教幼稚園，我跟姊姊有時候會拿到學校派發的麵粉回家，當然少不了摩門教的信徒來「摸門」。剛踏進初中被招募參加了一次團契，工作環境和朋輩中很容易遇上基督徒，以前，在尖沙咀常常有一些基督徒在招攬信徒。雖然如此，我越發不能接受那些「道理」：有沒有誰像全知全能的上帝這樣無聊，不斷地創作一些不信「祂」的人出來，然後審判那些不信「祂」的人下地獄，又要確保這些人永不超生。這對大家有甚麼好處？

唸中學的時候，晚上睡不著覺，我會思索：我從哪裡來？生命的意義是甚麼？如果是爸媽造我、和我的姊妹，爲什麼我們的樣貌高矮肥瘦不相同、想法不相同？爲什麼爸媽讀不到我腦子裡的想法？我似乎想出了一個端倪：我們是獨立的個體，因爲過去世所作的事一定會不同，所以我們都不一樣。我想，大概是這樣吧！

初學佛：

中學畢業沒多久，我作了第一個夢裡有佛像的夢；其後相隔些日子，又作另兩個有佛像出現的夢。我覺得很奇怪，是甚麼緣故？該問誰？到了二十來歲，有一段期間，不止一次、兩次、三次，腦子裡面會突然出現一個念頭：我好像還有一件事還未作：結婚、生孩子、進修……？似乎不是一般人作的事，那究竟是甚麼？究竟宇宙的眞相是甚麼？

後來姊姊知道我那三個有佛像出現的夢之後，她把事情告訴她的一個佛教徒朋友；順理成章，她帶了我去香港一個佛教道場，後來也在那裡歸依。初期，有一位師兄常常吹捧他的師父（另有其人）神通有多厲害，可惜（幸好）我與家中同修對於神通都沒甚興趣。香港經歷一九九七亞洲金融風暴，爲了取個學位自我增值，報了兼讀的課程，因此道場舉辦的佛學初階班經常請假。若干個年頭，雖然是「釣魚」（打瞌睡）居多，也熏習了些基本知見，四聖諦、十二因緣、緣起性空的觀念。有一次課堂上，師父容許學員發問，我問：「**爲什麼世尊祂自己有留頭髮，但徒弟不可以蓄髮？**」師父回答：「**那是肉髻。**」心裡「哦」了一聲，我很錯愕——這算不算是個回答？明明肉髻上是有頭髮的呀！我不好意思再問下去。

「八識田」這個名相也是從某師姊口中聽來，但八識田是什麼？不知道。這麼多佛經，佛法一定是很深很廣，但在道場裡面所學到的卻自覺很皮毛。大師們的著作，終究沒捨得錢去買，只讀過聖嚴法師的一本《正信的佛教》。師父的一片「生活的禪味」CD只是一直在抽屜擺著。

奇怪的對談：

又過了若干年。某一天，我同修約了他的朋友吃燒烤，大家都在聊天，突然間我的耳朵尖了，我聽到坐在火爐對面的一個男生跟旁邊的人說「……**佛教也是在演變……**什麼宗什麼宗（忘記了他說了哪些宗）……」我不由分說立即很認真的說：「**佛教從來都沒有改變過……當中有一個** main theme（主題）**在裡面……**。」（心裡浮現出『軸心、核心』的意思，但沒法找到貼切的名相，一時情急用了 main theme 去表達）他要跟我爭論，我根本沒去理會他說甚麼，因爲我知道我是對的，只是拿不出證據；因爲我沒熏習過這些知見，我只好回答：「**我去問師父**（這樣說其實是託詞，因爲我知道師父也幫不了）。」事件發生在剎那之間，整個氣氛頓時變得很奇怪、很僵。他們離去之後，我問同修：「佛法裡面有個核心主題，是甚麼？」我感覺極度的莫名其妙：爲何我會這樣說？

巨變：

很多人說，針還未扎到肉是不知痛。當事情發生在自己身上的時候，是截然不同的一回事。

小時候跟媽媽上菜市場，站在旁邊看著雞販如何把雞殺掉、放進一鍋熱水後再丟進一個滾動的桶子裡去毛。我會不寒而慄，應該是很痛的吧？儘管如此，即使是歸依了、受了五戒，依然改不掉吃肉的習慣（阿彌陀佛！對不起這些眾生）。二○○四年六月父親在醫院最後的日子，終於體會到，假如因爲吃、便要了人家的命，實在太殘忍，就這樣改吃素。說實在，香港吃素不容易，素餐館難找不在話下，在公在私亦沒伴，自此少了許多的朋友，慶幸的是有同修的支持。我們開始在素食網站找資料。

對於父親的過世，就如切膚之痛，方察覺我不曉得如何爲他助念；原來，我所去的佛堂是「不作這些的」。師兄師姊們教我四十九天內每晚誦《地藏經》迴向，亦參加佛堂每週的《地藏經》誦唸法會。《地藏經》裡面描述地藏菩薩的事跡及他的大願令我深受感動。但爸爸往生到哪裡去？人爲甚麼流轉？一個晚上，我哭著在西方三聖像前跪下求佛菩薩幫我。亦因爲處理父親的事，遇上一位作殯儀的師姊給予幫忙，她說臺灣的佛教比香港深入很多，我心裡記住。二〇〇四年的某一天，在一個素食網站看見一位來自臺灣的網友（後來得知是臺北講堂的一位師兄。菩薩！感謝您！）貼了一個名爲「成佛之道」網站的連結，介紹 導師的書，推介說是免費的。基於一點點好奇，反正不用花錢，看看亦無妨，我手推動滑鼠時是這樣想。

點擊進去一看——樸實無華的網站內含震懾人心的內容——這個世界上居然有這麼好的法！心裡一連串的充滿著震撼！「**導師是佛陀指派下來的。**」我這樣想。

學正法 來正覺：

基於家庭、工作及經濟的條件，雖然很希望來講堂修學，每週來臺北上課是不可能的事，於是寫了一頁傳眞來同修會詢問情況。收到的回覆是不可以，因爲出席率沒法滿足的關係；成爲會員的條件，是先要成爲學員一年才能申請作會員。我只好打消念頭，只好在網上看書。二〇〇五年耶誕前後，寄了郵費往講堂請書，不久，收到一份小包裹。雖然已預計小箱子裝著的，應該是 導師的法寶，但拆開的一剎那，依然沒法忍住奪眶而出的眼淚。

千里之行，始於足下。臺北，相比古時的學佛人攀山涉水，一個半小時的航程不算甚麼（其實從住所到抵達臺北市需要五至六個小時）。緣於二〇〇六年三月在十方論壇有美國的師姊貼文，她詳細描述前往臺北講堂的經歷；其後，網上一位師兄（是南部的菩薩，感謝您）的鼓勵，報名臺北舉辦的禪一；屆時可以跟主一老師說一說，遠來的也許有開緣。是一種按捺不住的衝動，買了週末最早的航班，在漆黑的天色下出門，拖著行李箱坐公車去機場。

臺北的師兄已告知路線，如何坐車等等，下機直接乘捷運到圓山站下車。踏出車廂門，對面月臺剛巧沒車停靠，看見前方白色大樓高高的四個大字——正覺講堂，感覺一切都很新鮮卻又溫暖，有點兒像流落的孩子回家般；到達九樓門口時，不知何故我哭得很厲害；無暇去理會尷尬不尷尬，居然亦不會有人給以奇異的眼光。也許在正覺，流淚是平常事。

當天下午是週六章正鈞老師的禪淨班，老師慈悲的准予旁聽，課後迫不及待跟義工菩薩詢問翌日禪一的事。擾攘了一些時間，不曉得原來增上班的菩薩已然陸續抵達，因郭師兄（現在是親教師）幫忙，得到 導師允許參加週日的禪一。我才警覺到 導師也到了九樓，我禁不住往小參室方向張望。翌日禪一主一是陳淑瑛老師，老師知道我會留在臺北直至週二聽經後才回港，吩咐我明天晚上來上課。原來的週一班改為張正圜老師授課，這個時候我知道可以成為旁聽生，高興得不得了。就是這樣，這個頑劣的學生在張老師的禪淨班旁聽了一年。週二晚上聽經我老早來到九樓找個有利位置，目不轉睛地看著 導師講《勝鬘經》。好深奧！大部分都聽不懂，但又好歡喜。

那時的禪淨班只剩一年結業，每次上課張老師都慈悲地讓我小參，入小參室後又常常無緣無故地哭；我心裡歉疚沒用功，無顏面見老師，通常藉故不小參。我對不起張老師！光陰飛快地過去，班級結業，我問：我可不可報週六的班級（心想較容易請假）？原來老師已安排我轉到同樣是週一余老師的班級。這是老師給我的安排，我很放心。終於可以正式作學員了，太棒了！

福德不足　性障難除：

開課不久，我察覺到之前旁聽時，上課次數居然不足十次。工作的公司是一年十一天假期，加上公眾假期也多不了多少，即使週一搭下午的飛機抵臺、星期三搭最早的航班回港也要用上兩天，我能上多少課？我看著簽到表上的方格，自己是很多三角形才一個勾，其他同學是勾勾勾勾，心裡是一陣陣的往下沉。這樣子的上課不是辦法？我很羨慕臺灣的同學，可以每週上課和聽經，得到 導師和老師的攝受。住在承德路的人應該都要來正覺才對，不來學幹嘛住這兒？有時，我在香港的夜空下遙看天邊，想像著 導師的慈容！要不把工作辭掉，才有時間飛來飛去，可是沒工作沒收入，打算用來日後退休養老的房子還剩七年的房貸，也必須同時賣掉，才能夠騰出餘錢來作旅費。困擾了好一陣子，與同修商量商量，作了決定，日後依靠同修支持生活的日子就必須省吃省用。

二〇〇七年媽媽糖尿病引發中風，進出醫院的事就像電視劇的情節。這段日子我臉上總是愁眉苦臉，仍記掛著家中的事，擔憂媽媽會不會出狀況；自覺福德欠缺，學法每多遮障。適逢週二聽經，導師說：「**來上課應該開開**

心心的，因爲古時的人學佛不容易遇見善知識。」聽後讓我有一點釋懷，知道要專心學法，其他的事交給佛菩薩好了；親教師也教導，要常祈求佛菩薩加持學法無礙，媽媽的病況亦漸趨穩定下來。

在樂文書店還未有結緣書之前，我會帶一些結緣書回香港，放在素食館，或轉交香港有興趣學法的人，或寄往海外索書的。當學員的第一年未有資格報名義工，第二年也不曉得去報名，自覺常常不在臺灣，可以作些甚麼義工？週日的打掃沒自己份，只能看公告欄查看一下彌陀法會的時候，能去的就去，時間不容許只好隨順。香港人都很忙，自顧尚且不暇，能作多少作多少。

以前張老師教憶佛的時候，憶佛就像憶念某人；「咦！這個不難，很容易！」我覺得我行，自問是個行政人員嘛！後來才慢慢發覺，是「很難！不容易！」轉到余老師班，練習拜佛的時候，眼睛雖然是閉上，卻常常打妄想，總會覺得余老師好像有通，他知道我作了些甚麼不好的事。

禪三：

第一次禪三：距離結業前半年左右，因爲憶佛功夫還是不太純熟，余老師教我帶著憶佛念去散步，越單純越好。我遵循老師的教導去作，開始看見站著的地方往下沉，拜佛時感覺身體變得很大，觸感很敏銳，老師說方向對。無奈習氣仍然改不掉，找到了一點眉目找老師小參，總是落在意識思惟上，余老師按捺不住斥責：「這樣是障道，是自己障自己。」聽後很難過，於是把心一橫，嘗試把願改一改，改爲去西方極樂世界，試試能不能降伏這種時常要找答案的衝動，看來挺奏效的。（對不起啊！阿彌陀佛！我還是不想去您那邊，因爲我的願望是要在這裡等月光菩薩，護持正法直至末法最後一刻啊！）

禪三第一晚的普說，自認爲大部分都聽懂；第二天進小參室，導師說：「妳知道妄心不是自己，這樣已經很好了。」聽　導師語氣：「這樣已經很好」，是否意味「還期盼些甚麼？」我的心即時掉進谷底，感覺到這次沒希望了。導師吩咐男眾和女眾排班洗碗，洗碗洗不出個苗頭，晚上的普說，居然變得全部聽不懂。往隔壁的菩薩偷偷看去，看她有沒有消息，心裡有點擔心。余老師在課堂上提醒：切記不要有諍勝心，沒想過會發生在自己身上，果然應驗。中午過堂的時候，導師站在我座位後面，斥責我不努力；我很想跪下去說對不起，但最終我沒這樣作，這樣會不會太唐突？算了吧！說了沒改也是徒然。於是，第一次禪三是痛苦交煎，第三、四天就像在看風景，閒著閒著地東張西望，爲了安撫一下自己破碎的心靈，當作吸取經驗吧。

第二次禪三：上次禪三下山後，趕緊在佛前懺悔，求世尊原諒我、求懺除自己的諍勝心。轉到范老師的班級補課，每次課前鍛鍊看話頭的環節十分受用，知道自己仍需改進，加上上次禪三的教訓，要加緊作功夫，努力憶佛，每天抽時間一邊散步一邊憶佛；再轉入照顧話頭，終於能作到丟了立刻撿回來。可能是身體虛弱的緣故，身體也出現狀況，有時走路時覺得身中有東西在晃動，耳根接觸聲塵格外刺痛。既然找不出甚麼，本想打消報名的念頭，坐在旁邊的璧芬師姊知道後，對我說報名是我們的權利；想想也對，錄取與否交給導師好了。

禪三通知單寄發的時間差不多到了，還沒有收到通知，卻作了一個夢；夢裡面 導師是一個長者坐著，穿著古裝，我是個男生，看來似乎是個書僮，站在一旁；導師吩咐我去拿一個卷軸過來，我跑到一張圓桌前面，上面有幾幅卷軸，我找到一幅題字寫著「乞丐的藝術」的卷軸，拿起一看，怎麼「乞變作「2」、「丏」變作「5」，我奔跑回去想問 導師，卻見不著 導師的身影。

有幸被錄取，心情有點激動。這次是「抱著老師吩咐作甚麼就作甚麼，老師吩咐的一定有原因的，我就努力作」這個心態。普說雖然還是有聽沒懂，卻很高興。第二天我才察覺到，我的位置是25號，不會是巧合吧。開始小參，我給 導師的答案還是意識思惟得來的；導師開示，詳細分析我錯在哪裡。之後教我洗碗時，要把疑情□□□□□□，□□□□。我回到位置，照著吩咐拼命洗，洗累了轉個姿勢再洗，再洗累了轉爲拜佛，拜完佛再轉回洗碗；週而復始拼命洗，甚麼都不管，好幾次居然洗出個掌風（以前看武俠小說太多了），奇？心想還是不要管，看看還有沒有新發現。

經行時帶著疑情，在快跑與停之間，覺得胸口有個東西，沒去理會。過堂時看見護三菩薩在齋堂門外列隊，眞的不好意思，辛苦大家了，這次說不定又來白吃白喝了。接著是跟監香老師小參，卻因爲沒聽懂國語，錯過了一次小參沒去登記。監香蔡老師很厲害，那些問題我連想都沒想過。翌日回到禪堂繼續作，還是只有那個掌風，我感覺到我動它跟著動、我停它跟著停。

有次監香老師給了一道問題，讓我晚上去思惟，接著問我這個晚上會不會睡不著？我回答說應該是睡不著的了。老師跟著說：「會不會是覺明現前？」我有點摸不著頭腦，茫茫然的回到寮房，思索著老師的說話，似乎有點玄機。我的腦袋很脹痛，耳朵很不舒服，躺在床鋪上蹺著二郎腳，線索似乎朝著一個方向，洗碗洗出來的那個就是祂！坐著身子看著對面床鋪上的菩薩睡得香甜，我回到禪堂，護三菩薩在值夜。在陽臺吃點東西後回到座位拜佛，不覺那時已經接近早上四時；拜佛彎起身時猛然發現 導師就站在前面，導師給我一些提示，著我到小參室再考。導師吩咐□□□，問：「有沒有？」「有！」然後吩咐□□□□（糟糕！會不會因爲之前膝蓋痛吃了止痛藥，我的腿變得很遲鈍）「沒有。」□□，「有沒有？」還是「沒有。」 導師說：「怎會沒有？」我一下子心虛說「有」，（慘了！）導師著我回座位體驗。

我心很不安，我對 導師說了妄語，怎麼辦？我死定了。已然起板，禪堂裡菩薩已經歸位，想不通是止痛藥的影響嗎？想問 導師，但 導師不在，只好問糾察老師；糾察老師指示要登記小參，後來熬不過去見著 導師，忍著頭皮向 導師懺悔，導師吩咐要把眞心和每一個妄心仔細區別出來。回到座位忍不住又哭了起來，心裡面興奮的是我終於觸證了祂，哭的是我又一次辜負了 導師，沒考過去。解三時 導師開示，指由於過去世的某些有記、無記業，有些對話是必然會這樣出現，怎樣改也改不了。我聽了很難過，導師您太慈悲，我過去世作了甚麼有記、無記業？是不是跟 導師您頂嘴了，我實在太不孝！對不起，請您原諒！

第三次禪三：下山後，轉到週三盧正嫺老師的進階班上課。早上拜一尊佛、晚上拜多尊佛；時間許可的話繼續散步作功夫，散步時發覺除了以往出現的境界外，有時候還看見眼睛瞳孔位置附近不斷地閃動；聽電話時聽見耳膜震動的聲音，中間會出現很細緻的身觸。自上次禪三觸證之後，似乎仍欠缺些什麼，還是讀不懂公案；報名禪三前向老師稟報：「**我好像沒有一念相應慧。**」盧老師吩咐要注意觀行，要再仔細。

這次禪三抱著點期望，心想應該有機會吧。無奈，跟 導師小參時沒法說出來，隨便說了個答案，自覺很慚愧。導師吩咐要整理「□□、□□、□□」的關係。第二天、第三天跟監香楊老師和陸老師小參，心中有太多葛藤，左彎右拐沒法回答，楊老師說我用了□□法。雖然有心理準備，知道考題是很難，卻沒想過爲什麼要考這一道問題；到了第三個晚上，回到寮房輾轉反側，心想明天是最後一天了，這樣辛苦來禪三不知熬到甚麼時候才有個了結，怎辦？心念一轉：我不可以放棄，無論如何也要努力拼過去。

到了第四天早上，坐在禪堂後面等小參其實是頭皮發麻的時刻，監香楊老師迫逼，我哭喪著臉請求可不可以幫我；監香老師愼重地說：「這個權限只有導師才可以說。」對了，這個是不可以的，「明說」這個我似乎有點不太想，我閉上眼呼了一口氣，說：「如來藏能夠□□□□□完成。」監香老師幫忙把句子整理，告知這就是如來藏的密意！我的如來！難怪沒觸證的人極容易毀謗！我激動得說不出話。我的位置在最後排，看見同是香港的璧芬菩薩與幾位破參菩薩在導師小參室外等候，我很高興；雖然這次禪三沒把所有問題考完，只好留待下次禪三，心裡卻很安穩。解三的時候到了，突然，不知何故有一絲絲的不悅，是種子一直冒出來，想必是弟子過去世的有記業。在這世上我最敬愛的導師！對不起！請您原諒我。

第四次禪三：每次上山，總會盤算著如何籌劃自己的見道報告，這一次實在不敢也不想去想。這次禪三之前，感謝導師，香港終於籌備道場。初期，爲了裝潢的事忙了好一陣子，拜佛功夫放下一段時間沒作，與其他義工菩薩共事時出摩擦，心中老大不爽；後來得到明玉菩薩的多方提醒，檢查自己作得不好的地方，反省、慚愧、懺悔，原來要修除的性障還多著。有一次忙完坐下休息，看看地方看來差不多快要完成，禁不住說：「西方極樂世界應該用不著我們去油牆壁吧。」這時，所有人都笑了，難怪說這裡是累積福德的好地方。未來香港的菩薩不用坐飛機也可以修學大乘了義正法了，實在太令人感動；這種感覺似乎比開不開悟來得更暢快，跳起打一粒星☆！

畢竟是第四次禪三，感覺很親切和熟悉。導師宣講起三開示時要我們守護密意，雖然以前已聽過三次，這次宣誓時感覺不一樣，感覺是切身的，我必須把這件事在心中深深種下去。晚上近三小時的普說，終於懂了。第二天進小參室一如以往的緊張，口說手呈後，問題：「如何□□□□□□□如來藏？」我搬出一大堆之前已經想好的，在那裡兜兜轉轉，還是要 導師放水；接著 導師問「爲什麼妄心□□□□？」我回答說：「如來藏是□□□□，妄心是□□的。」導師提示「妄心□□□？」我隨即□□□□。噢！我明白了。我暗自驚歎 導師的智慧深不可測！

後來　導師囑咐了下一道考題，命弟子回座位思惟後、翌日排小參。監香老師是章老師和白老師。意想不到，我回想起二〇〇六年三月的某個週六，第一天來到正覺就是旁聽章老師的課。第三天，終於在監香章老師手下完成考題，卻忘了頂禮老師。普說的時候，導師說我上一世也跟隨著　導師，只是我忘記了。是一種無法言喻的震撼！這是　導師您的《菩薩底憂鬱》？因爲胎昧，我沒法記起；我從沒想過是如此接近，還以爲是很多世以前追隨著　導師您修來的緣。

經過重重考驗，與幾位破參的菩薩再進小參室領「金剛印」；導師再給我們考題並給我們更深入的整理和開示，讓我們自己確認無疑；原來我所知道的，只是知道個總相而已，精彩的部分是喝「正覺無生茶」，導師的如意棒下觸鋒凌厲，要我們自己體驗眞心如何與妄心配合；再進小參室時，交出的體驗卻仍然很粗糙，導師藉道種智，解說眞心的細相，一一妄心的了別功能，眞心如何與妄心配合得天衣無縫。一句：「**歎爲觀止！**」因爲，實在找不到更貼切的形容。

結語：代數題--如果沒有「祢」，日子怎麼過

「祢」：世尊、導師、如來藏

感謝 世尊安排，弟子有幸今生再遇 導師。我很慶幸，因爲上一世賴著您，是弟子的福氣。感謝 導師和監香老師的關愛，親教師們一直無私的栽培，護三菩薩的體貼照顧，同見同行的菩薩鼓勵，致令弟子得以修學大乘了義正法，培植定力慧力福德資糧，修除性障，方得親證宇宙的眞相！

導師您未來成佛時，我可不可以作您的一切世間樂見離車童子？弟子願世世追隨著您，盡未來世護持正法，謹以至誠祈願，並以見道功德迴向導師色身康泰地地增上 摧破邪說護法無礙 長久住世廣度有情 帶領正覺顯揚正法。（弟子文筆不好加港式口味，願大家讀懂。）

弟子 卞秀姿 頂禮敬呈

日期：2011年11月5日

禪三日期：2011年10月14至17日

見性報告

—林慈慧—

弟子無盡感恩　至誠頂禮

南無本師釋迦牟尼佛

南無大悲觀世音菩薩

南無護法韋陀尊天菩薩摩訶薩

南無　平實菩薩摩訶薩

禪三結束，懷著感恩護三菩薩的辛勞，眾人協力完成解三後的打掃清理，還有好多來幫忙交通、物品整理等等諸多善後事宜的菩薩們，於此時特地趕來。在眾人道賀聲中搭車返家，心裡感動著，衷心祈願每一位發心努力護持正法的佛弟子，都能明心進而眼見佛性；因爲在以正法來莊嚴的正覺殿堂安住修學，只要條件因緣具足，明心與見性是眞眞切切可以實證的法。

與家人幾日不見，一片歡樂言談互動中，心境上像隔著一層薄翼柔紗。次日清晨醒來，雖未刻意去看祂，卻自然無處不顯現，再望向露臺庭院，一樣的景物花木、蟲鳴鳥叫、綠意嫣紅，所見已不同，不禁漾起了笑意。佛性精明伶俐，在用功的過程，曾有許多體會及不明所以的現象，現在都明白了。見性是長久來的渴望，曾幾次打過一個妄想，想像當處於見性的那一刻，可能是靜靜佇立而淚流滿面吧！而今雖未淚滿面，內心仍是隱隱悸動著。

學佛因緣　獲家人認同

弟子於正覺同修會共修之前從未到過任何道場，不知佛法為何；大學時期母親開始於基隆照善寺親近師父共修學佛，見母親學得歡喜、愁容漸消，也感到高興，心想學佛好像不錯；常見母親手持念珠口中唸佛，參加各種法會或朝山等，卻也不曾起心想跟隨。

之後，進入職場、結婚生子過著一般人的生活。同事之間會分享書籍交換人生心得；記得曾看過南懷瑾的書，也聽過現代禪、慧律法師等的錄音帶，當時覺得這些人都好厲害，但我覺得玄之又玄卻支支吾吾片片段段的，對佛法仍然懵懂。一日，同事秀文借我二卷錄音帶，說是講「無相念佛」。甚麼是「無相」？聽了之後欲罷不能，只覺非常相契，直認這才是念佛，於是對當時的「平實居士」生起敬佩。

平實居士每週都有上課說法，同事已陸陸續續有人去上課，我也想去聽課，怎奈當時正在準備專技人員會計師考試；其實只是一時興起想藉考試來讀讀書，但函授費用已繳，同修也答應幫忙帶小孩，事情已進行一半，總要把它完成。心中很急，除了全心準備考試之外，回娘家時也在家中佛堂 觀世音菩薩聖像前跪著祈求，希望讓我考試順利通過，然後我要趕快去上 平實居士的課。

考試終於一次過關，高興的是可以去上課了，那時是一九九五年歲末。錯過許多精彩課程，正講到《護法集》，雖然都聽不懂，還是聽得很歡喜；漸漸地愈聽愈理解，平實老師總能將法義深入淺出說明，很能信受。接著開講《成唯識論》更是每堂課必到，絕不缺課。這期間發生一件事情稍稍調整自己學佛的心態，因為小時候學過幾年小提琴，家中有幾把現成樂器，三個孩子每個滿四歲時也都讓他們學琴；幾年後教琴老師要辦個規模不小的成果發表會，是在當時的社教館舉行，哥哥姊姊將上臺表演，親友們都樂意去捧場獻花，唯獨我這媽媽缺席，因爲那天要上課，這是不通商量的。然而事後看到照片時，從頭至尾孩子的裙子翹、領結歪、笑容僵硬，頓時心頭一酸，警覺到自己不該過度執意爲之而不顧家人感受。

此後雖也以上課爲優先，然而會盡力把家裡打點好，作好該有的本分，家人逐漸接受且瞭解學佛是不會影響家庭的。孩子還小時，常常是鬧翻天，但只要發覺媽媽在拜佛，馬上輕聲躡腳；直至現在家庭聚會活動，一定盡量避開我上課及作義工的時間。目前同修與小兒子都已在講堂共修，期願今生能令每位家人聞曉正知正見，以種下未來修學正法之因緣。

佛力加持　啓發動力

「本地風光」、「父母未生我前之本來面目」是學佛前就聽過的，知其意指生命的本源，常常於腦中浮現而陷入沉思。有次全家出遊，抱著小兒坐前座，行駛中看著車外景色，望向遠方山景凝視良久，沒來由的心中起個念：**「這一定有個本然存在的。」**後來將此事告訴同事，同事回說：「**那妳很適**

合來學這個法。」當時不太明白，等開始共修後聞熏法義，慢慢的才瞭解「明心、見性」是我們修學正法所要追求的目標。

自從一九九七年十月禪三破參明心之後，求見性便是下一個目標，然而有心要努力，但動力一直起不來；加上孩子漸漸長大的過程中，家庭、工作兩頭忙碌，只能心有餘而力仍不足。幾年後，在一次獨自安靜開車時有所領悟，覺得很像過來人所描述的，但並沒有功德受用啊！「**難道是解悟？那不就完蛋了！**」心裡七上八下的，後來決定先將此領悟收起來，不去想它，待看話頭功夫很純熟之後再行判斷。

終於退休了，身心安頓好之後開始思考著，學佛這麼久又值遇眞正善知識，應期許今生要達成的目標，才不枉此生。於是在家中佛堂，於佛前祈求，很勇敢很大膽的發了二個願，見性是其中一個。就在幾個月後的增上班課程，導師講到靜慮之數、所治與功德支，加以見性爲例說明；回家後便不斷地思惟，翌日清晨靈光一閃，導師這次說明見性與幾年前所領悟的頗爲相符，何不報名參加此次禪三予以釐清？可是時間僅剩二個月，用功來得及嗎？舉棋不定時萌生一念，還是向 觀世音菩薩擲筊請示吧！這是生平第一次擲筊請示，結果不可思議眞的賜給三個聖杯。

已無有退路，必須卯足勁來用功，因怕又落入參究生起疑情，便以憶佛的方式來看話頭；如此心無旁鶩地每日拜佛憶佛看話頭，定力的確有增長，也如願被錄取二〇一四年十月禪三第一梯次。

發大願心　平常以對

參加二〇一四年十月禪三時是抱著釐清自己是否解悟，以及佛菩薩慈悲指示，不敢怠慢；原以爲若不是解悟就是收穫了，而結果完全出乎意料。

第一天報到後到大殿禮佛時，赫然發現供奉的三尊都是與我日日修行貼近的佛菩薩，好不親切歡喜（弟子一九九七年明心時祖師堂尚未建成）。下午拜願，當唱誦到「南無本師釋迦牟尼佛」時，想到 世尊至此世界示現成佛，傳揚至深勝妙佛法是何等大事因緣，眾生難度，要將甚深妙理鋪陳教導度化，又何其不易！一股悲心油然而生，眼淚開始不受控制；又想到 導師在此佛法廣被扭曲的末法時代，勇於宣揚如來藏正法，更一肩挑起復興中國佛教的重責大任，其中的辛苦，我們無法想像，又是何等悲願智勇的胸懷！想到此已涕淚縱橫，故心中起了決定：弟子深受佛恩師恩，亦當荷擔如來家業，捍衛 世尊所傳之法。整個拜願拜懺過程，深心虔誠，最後唱到 大雄 大智 大悲 大願釋迦牟尼佛時，眞的是如此至心領受。

於休息時間便至 佛前，胡跪叉手心得決定，沒有畏懼地至誠發願：「弟子爲報佛恩師恩，當荷擔如來家業，願生生世世得遇眞善知識，修學了義正法，護持弘揚了義正法；於未來世中，若正法有需要時，若弟子足以堪任，當願荷擔如來家業，令正法永續廣利有緣。爲此之故，弟子要勇於求證，願能見性分明，見性後亦當繼續精進，努力增上，祈願世尊、諸佛菩薩護念加被。」此時，見性已不僅是目標而已，而是責任。

第三天早上於室外經行時，恩師走過來親切詢問看話頭情形，並指著眼前一大片樹葉其中一部分問：「妳看□□□□□□□□□？還有看的時候□□□□？」此時完全不知如何回答，因爲沒什麼不同啊！也沒有特別的心境。於是向 恩師報告幾年前的領悟，以及爲避免提早參究，目前是以憶佛的念或無念來看話頭。恩師未回答領悟之事，而說：「不能用憶佛或無念來看，這樣是看不到的，一定要有個話頭，可用破參時用的話頭來看。」

原來這段時間用功的方法不對，以致徒勞無功，有點沮喪。恩師還是很親和地說：「剩下的時間就用這個方法看，也不能繃太緊，（首次求見性時）太累也看不到。看話頭會有幾個階段，看最後妳能不能參得出來；若參不出來，禪三後有任何心得可隨時小參。」

回到大殿，於 佛前恭敬禮佛三拜，無言也不敢再求願，要祈求 佛、菩薩加被見性，也須自己先努力才行。端坐思惟，現在歸零重新來過，看來此次要無功而返了。真是對不起 導師和護三菩薩，不過有一點是不虛此行的，就是心得決定地、真心實在地於 佛前發的願，此願我永遠不會忘記，也是未來要一直努力精進向前的動力。

既來之，則安之，就不想那麼多了。對不起 導師和護三菩薩的，下次也來護三回報，此時就當作可以心無旁騖精進用功的難得機會，於是再繼續拜佛及看話頭。因看話頭的方法要重新來過，便先起語言文字「念佛的是誰？」然後不再生起語言文字帶著這個意思看，走路時看著地面，喝水時看一個小範圍，稍後再移動另一個小範圍看；經過小盆栽也駐足看，此時已有感覺，的確與之前所看不一樣；於迴廊喝水看著磨石子地面，看著看著有種不一樣的感覺，但那是什麼又說不上來。回到座位，話頭落在前方同修的身影或坐墊毯子，看著、看著，啊！我知道怎麼形容這種感覺了，迴廊的磨石子地面也一樣。

起身攝心拜佛，之後再到外頭看，當走到早上 恩師所指那一大片樹葉駐足端詳，啊！好分明喔！吹來一陣輕風，幾片枝葉隨之擺動，□□□，幾乎要□□一樣。回到禪堂，等待 恩師有空便報告所見，恩師笑著說：「很好，**正是我所要的，不過這只是一部分，還有其他的，再繼續努力。**」還有其他的嗎？不過有抓到方向了，此時燃起一絲希望，趕緊到 佛前禮拜求願。晚上過堂時又有些體會，不過後來知道此次是錯的，落到定境上了，卻也讓我較能釐清與定境的差別。

第四天早上眾人經行時，我獨自往樹叢走去，當看到一有分葉的大葉片，咦！其□□□□□，其□□□□□；再往右看去一大叢枝枝葉葉，啊！□□□□□。回到禪堂，並向 恩師報告方才所見，恩師首肯說方向正確：現在就剩□□了。「**這是指？**」想探尋一點提示，但 恩師只說「**就一樣看話頭。**」已經看的眼睛快脫窗了，接下來還能看出什麼嗎？實在沒把握。

午齋後為消食，駐足於二樓窗臺往下看，此時映入眼簾的一片風光，青蔥翠綠的樹林，小狗吠叫跳躍，飛鳥翱翔……，啊！有了。再慢慢回到禪堂，於迴廊食物區找到咖啡包，身靠一角，啜飲著咖啡，靜靜地看並體會，當喝完並清洗水杯放回桌面，完成這一連串動作後，啊！又有了。便再向 恩師報告，回答最後一道題目。沒想到 恩師說：「**沒錯，這都是我要的。**」心中甚是歡喜，卻難以置信，恩師說：「**是可以引導了。**」但，這太快了，我需要緩一緩。

不過 恩師覺得這時是五五波的把握，而見性的引導只有一次機會，一翻兩瞪眼；引導後若看不到，此生便再無機會見性了，所以我還是決定不急著於此刻冒險。恩師亦同意並指導弟子，話頭繼續看，說祂會有演變。回到座位，向 佛至誠頂禮三拜，弟子知道這一切都是 佛菩薩慈悲護念幫忙，否則以這淺定薄慧怎可能在二天之中完全找到方向。

回到中午過堂，在大家還未完全放下筷子時，主三和尚已起身，緩緩走動各桌間，敦促著大眾「**吃水果啊！**」幽默且饒富意涵的施展機鋒，除紓緩大眾緊繃的神經之外，也看得出來參究求明心的學人一天比一天漸入佳境，實在佩服主三和尚方便善巧的功力，無人能及。主三和尚這一天特別講解二時臨齋儀中四大菩薩稱號：

大智 文殊師利菩薩

大行 普賢菩薩

大悲 觀世音菩薩

大願 地藏王菩薩

問大眾這四個稱號的順序，大眾回答：「智、行、悲、願」，主三和尚說：「這是從果地來看，若從因地須反過來，應先發大願，發願後對眾生起了悲憫之心，然後如法如實地廣行普賢身，最後自是能智德圓滿。」字字都說進了我心裡。

這次禪三有種奇妙的感應，第一天的拜願拜懺竟引發至誠無畏發大願的決定願心，這種願心是過去所未曾有的；而在最後一次過堂 主三和尚開示，也點出了發願是行菩薩道很重要的開端。好似這次禪三是來發願的，一種能在 佛前發起，雖然現在我還沒有能力，而未來願承擔的決定心，接著就有一股勇於面對和向前的動力。主三和尚竟也在最後一次過堂開示中，更加強了這股信力與願力，眞的好奇妙，不虛此行。

精進禪三　求證見性

上次求見性上禪三返回至今，這段時間除了繼續精勤拜佛，練習看話頭之外，可能由於定力有增長，較能觀察到起心動念的變化，包括煩惱的對治，與智慧觀行心得決定，令心漸次清淨，也有助看話頭之鍛鍊。期間對於看話頭有心得時，便與 導師小參，依 導師指示繼續用功，直至 恩師認可，才開始參究、報名禪三。

此次禪三被安排於第三梯次，主三和尚起三開示精彩絕倫，慈悲爲令聞者把虛妄的五陰「我」死透，法身慧命才得生起，禪子們聞熏至此已不虛此行了。每晚 主三和尚普說也是眾所期待的，可惜求見性的人此時仍須獨自於小參室中繼續拜佛用功，魚、掌不可兼得，也只能割捨。恩師和藹地示意弟子可於小參室拜佛以加強定力，並指導說：「**見性所需的福德不能只看這一世，還要有過去世多劫來所累積的福德；福德不夠，就算引導出來也是看不見。**」弟子點頭明白，並請問：「**今早在等待報到時，仍用功看話頭，看**

著看著不知爲何會有想哭的感覺？」恩師說：「這也是一種善根發，但此時不用去理會，繼續單純看話頭就好。先不要參究，我們第三天再來看妳的狀況如何。」接著便讓我單獨於小參室攝心拜佛，但第一晚不知是認床還是定力的關係，幾乎徹夜未眠。

第二天是個陰雨綿綿的天氣，求明心的人雖無法外出經行，但能多一些與主三和尚小參的時間，都是收穫；而求見性的課程不同，不論晴雨都須一小時拜佛、一小時外出看話頭，交替進行。失眠導致的頭昏眼澀，藉著拜佛與喝咖啡提神，精神恢復許多，便外出看話頭。撐著傘在雨中看話頭，別有一番景象，遠山煙雨濛濛，但近處非常清澈，枝葉特別翠綠、花朵鮮豔欲滴，隨著落雨敲打跳躍擺姿，生動美妙。走到車道旁，此時一輛車準備離去，當駛近一看是位師姊載著師母；她們向我不停地揮手，而師母的笑容好燦爛。

該回大殿拜佛了，在佛力加持下，拜佛很能攝心，且依照導師所教導將□□□□□□□□□的方法來用功。下午再外出看話頭時雨勢已稍歇，順著另條路徑走去，池塘中水鴨優游，鳥兒在樹梢間穿梭飛翔，發出振翅聲響；

彩蝶在矮樹叢時而飛舞、時而停歇，樹林枝葉層次分明；還有幾處綠枝結著蜘蛛網，鋪滿了小雨滴，像一片片水晶網，閃閃發亮，美麗極了！樹旁的枯木、地面的石板……，放眼所見怎麼看怎麼美，心中不禁讚歎這祖師堂的林園眞是看話頭的好地方啊！晚上過堂則用心體會護三菩薩精心準備的美味佳餚，普說前 恩師見到弟子說：「明天中午可以來引導。」弟子答：「好。」但隨即想想說：「這二日拜佛覺得定力有增強，要不要等定力再好一點？」希望能再有把握些，恩師說：「好吧！那就第四天引導。」經過一天的用功，這晚一夜好眠。

第三天風和日麗，溫煦的陽光讓身體暖和，微風吹動髮絲，景物也顯得明亮，午前 恩師慈祥地問：「話頭看得如何？」弟子一一報告所見，恩師說：「嗯！這都是我要的，我想妳應該是可以看得見的。」師又說：「現在可以開始參『□□□□□？』，佛性不離見聞覺知，但不是見聞覺知。」弟子問：「所以現在要把這二者區隔開來嗎？」恩師說：「不是，這是悟後的事，見性後自然可以區隔。」師又說：「不要往□□□□□□，佛性□□□□□，可□□□□□□。」弟子謹記，此時望著前方再問：「眼前所見於見性後眞的就會有所不同嗎？」恩師說：「的確如此，見性後完全不同於現在所見的。」這是什麼樣的悟境？實在難以想像！

午齋時遵照恩師叮囑，用心體會菜餚之「酸、甜、苦、辣」以及「睡午覺」。本來還擔心會睡不著，未料差點睡過頭。接著依舊是拜佛與外出參話頭，依照恩師的提示來參究，但毫無所獲，腦筋怎麼就不通了呢！漸漸的心情開始輕鬆不起來，回大殿後於 佛前至心祈求 世尊慈愍加被開弟子智慧。晚間 恩師慈悲垂詢參究佛性的狀況，依前所參若□□□□而且是□□□，會不會是…？便答：「□□。」師：「□□。」再答：「□□、□□。」師：「都不是。」自己也知都落在識陰境界，這太難了！恩師安慰說：「沒關係！距離明天中午的引導還有半天時間，看看再給一些提示。」導師如此慈悲，眉毛拖地，弟子當何以報！

第四天早上於大眾經行時，往祖師堂旁小徑走去，不知不覺離遠了；此時導師召喚不到，還勞駕糾察老師來找，深感過意不去。恩師知我仍無進展，老婆心切，再進一步給予指引，從□□到□□一一提點。回到大殿坐著，心繫剛剛的提示，都有個「□」，無奈弟子茅塞未開，仍無法相應。只好起身拜佛，拜佛時想到：「主三和尚這麼慈悲、監香老師以及護三菩薩們這麼辛苦，覺得好對不起！」止不住飲泣抽搐、涕淚直流，久久方已。

第四天了，既然自己參不出，主三和尚便準備過午後引導。為了讓禪子們把握最後的時間，所以中午不休息繼續參究；午齋後，隨同主三和尚與已見性的實習監香老師正倖老師至林園一隅；已經努力這麼久，就此一搏吧。當依著 主三和尚的引導參出佛性名義時，主三和尚即往身旁樹上一指，問：「有沒有看見？」在沒有任何語言文字下，說時遲那時快，隨即往樹上一看，此時不自覺地點了點頭答：「眞的！看見了。」這太神奇了！師再問：「在山河大地上是不是也可以看見佛性？」答：「可以。」師又問：「那麼在黃老師身上是不是可以看見自己的佛性，也能看見黃老師的佛性？」弟子答：「是的。」師再問：「但你的佛性並不在黃老師身上，是不是？」答：「是的。」隨著 恩師所指，皆如實眼見。

恩師接著說：「這是十住菩薩的眼見佛性，山河大地、五陰的如幻觀成就；而地上菩薩的眼見佛性能直接與眾生如來藏的種子相應，究竟佛地的眼見佛性則八識心王一一皆能各自獨立運作。」弟子專注聆聽，回過神時，才見到正倖老師微笑以對。當聽到恩師說：「恭喜妳了。」當下熱淚盈眶，恭敬地向 恩師頂禮三拜；恩師謙和爲懷不受人禮拜，唯除此刻。導師悲智雄願菩薩行儀，弟子仰之彌高、鑽之彌堅；多年隨學勝妙了義正理，受用智慧與解脫功德，世上稀有難得而今可得；若非值遇地上菩薩眞善知識，如何能得？感懷銘心，爲向 導師頂禮謝恩乃期待已久，終於如願。

恩師接著叮囑可去全身沖個澡體驗，然後再四處走走以加深體驗。當水一打開，身上毛孔即微張而有覺受，水淋到身上更是從頭頂到腳全身佛性湧現，通體舒暢。回到大殿於佛前至誠禮 佛三拜，感恩 世尊諸大菩薩加被護念，弟子當盡形壽擁護正法廣利有緣以報 佛恩 師恩。稍事休息後便外出繼續體驗佛性，這眞是無比美妙的時刻，正如恩師所言眼前所見已全然不同，清風拂面，流水潺潺，青鬱樹叢隨風搖曳；偶有踩著枯葉的脆響，不禁會心一笑；輕撫樹幹細細體會，佛性處處顯現，豐富而美妙，難可言喻，終才領會 恩師書中所說「眞心爲體，佛性爲用」之妙義，這與明心時對佛性的認知眞的不同。

佛性眞實，世界如幻！解脫受用功德頓時增顯。在眼見佛性的同時，萬象欣榮卻又顯得虛幻不實，若非現前眼見，任憑怎麼思惟想像亦不可得。而此佛菩提道五十二階位修證之十住位如幻觀，即已如此勝妙難會，遑論三賢位之上位、十地、乃至佛地境界，不由心生景仰，故應更虛心修學，不敢以少爲足。

諸法實相不外自身，可憐眾生無明遮障只見虛相，認假爲實逐生死流；幸蒙 佛陀慈悲爲眾生開示悟入，地上勝義僧菩薩乘悲願再來住世弘揚，我等今日才得修學進而實證。然眞善知識極難值遇，古來多少學佛人窮其一生求法，不得無門之門，明心尚不可得，何況眼見佛性，正覺佛弟子何其有幸能於 平實導師座下修學。導師智慧深廣，不僅清楚鋪陳三乘菩提修學次第，更能善巧施設用功行門，令弟子們依循進修、次第前進實修實證，省去多少世的徬徨摸索，要謂超劫精進亦不爲過。佛法難聞，善知識難遇，吾等當珍惜今生殊勝法緣，努力精勤修福修慧並勇於求證，未來世定能速歸實義三寶再續法緣。

感恩　世尊、諸大菩薩慈憫加被，平實導師慈悲引導，以及監香老師、護三菩薩們發心護持，弟子才得越度禪門重關，眼見佛性、證如幻觀。願以此見性功德迴向：正法久住廣利有緣，導師與師母色身康泰法輪長轉，同見同行諸菩薩福慧增上所願成滿。

並發願盡形壽竭盡心力努力護持正法，《瑜伽師地論》有段非常相應也最謹記的聖教：「**欣樂佛智，不捨眾生。**」當願生生世世得遇眞善知識，修學護持弘揚了義正法，利樂有情永無窮盡。

弟子　林慈慧　頂禮敬呈

二〇一七年十一月十七日

佛菩提二主要道次第概要表——二道並修，以外無別佛法

佛菩提道——大菩提道

遠波羅蜜多

資糧位

十信位修集信心——一劫乃至一萬劫

初住位修集布施功德（以財施爲主）。

二住位修集持戒功德。

三住位修集忍辱功德。

四住位修集精進功德。

五住位修集禪定功德。

六住位修集般若功德（熏習般若中觀及斷我見，加行位也）。

外門廣修六度萬行

見道位

七住位明心般若正觀現前，親證本來自性清淨涅槃。

八住位於一切法現觀般若中道。漸除性障。

十住位眼見佛性，世界如幻觀成就。

一至十行位，於廣行六度萬行中，依般若中道慧，現觀陰處界猶如陽焰，至第十行滿心位，陽焰觀成就。

一至十迴向位熏習一切種智；修除性障，唯留最後一分思惑不斷。第十迴向滿心位成就菩薩道如夢觀。

內門廣修六度萬行

初地：第十迴向位滿心時，成就道種智一分（八識心王一一親證後，領受五法、三自性、七種第一義、七種性自性、二種無我法）復由勇發十無盡願，成通達位菩薩。復又永伏性障而不具斷，能證慧解脫而不取證，由大願故留惑潤生。此地主修法施波羅蜜多及百法明門。證「猶如鏡像」現觀，故滿初地心。

二地：初地功德滿足以後，再成就道種智一分而入二地；主修戒波羅蜜多及一切種智。滿心位成就「猶如光影」現觀，戒行自然清淨。

解脫道：二乘菩提

→ 斷三縛結，成初果解脫

→ 薄貪瞋癡，成二果解脫

→ 斷五下分結，成三果解脫

入地前的四加行令煩惱障現行悉斷，成四果解脫，留惑潤生。分段生死已斷，煩惱障習氣種子開始斷除，兼斷無始無

近波羅蜜多

心，五神通，能成就俱解脫果而不取證，留惑潤生。滿心位成就「猶如谷響」現觀及

無漏妙定意生身。

四地：由三地再證道種智一分故入四地。主修精進波羅蜜多，於此土及他方世界廣度有緣，無有疲倦。進修一切種智，滿心位成就「如水中月」現觀。

五地：由四地再證道種智一分故入五地。主修禪定波羅蜜多及一切種智，斷除下乘涅槃貪。滿心位成就「變化所成」現觀。

六地：由五地再證道種智一分故入六地。此地主修般若波羅蜜多——依道種智現觀十二因緣一一有支及意生身化身，皆自心眞如變化所現，「非有似有」，成就細相觀，不由加行而自然證得滅盡定，成俱解脫大乘無學。

七地：由六地「非有似有」現觀，再證道種智一分故入七地。此地主修一切種智及方便波羅蜜多，由重觀十二有支一一支中之流轉門及還滅門一切細相，成就方便善巧，念念隨入滅盡定。滿心位證得「如犍闥婆城」現觀。

大波羅蜜多

修道位

八地：由七地極細相觀成就故再證道種智一分而入八地。此地主修一切種智及願波羅蜜多。至滿心位純無相觀任運恆起，故於相土自在，滿心位復證「如實覺知諸法相意生身」故。

九地：由八地再證道種智一分故入九地。主修力波羅蜜多及一切種智，成就四無礙，滿心位證得「種類俱生無行作意生身」。

十地：由九地再證道種智一分故入此地。此地主修一切種智——智波羅蜜多。滿心位起大法智雲，及現起大法智雲所含藏種種功德，成受職菩薩。

等覺：由十地道種智成就故入此地。此地應修一切種智，圓滿等覺地無生法忍；於百劫中修集極廣大福德，以之圓滿三十二大人相及無量隨形好。

圓滿波羅蜜多

究竟位

妙覺：示現受生人間已斷盡煩惱障一切習氣種子，並斷盡所知障一切隨眠，永斷變易生死無明，成就大般涅槃，四智圓明。人間捨壽後，報身常住色究竟天利樂十方地上菩薩；以諸化身利樂有情，永無盡期，成就究竟佛道。

→ 七地滿心斷除故意保留之最後一分思惑時，煩惱障所攝色、受、想三陰有漏習氣種子全部斷盡。

煩惱障所攝行、識二陰無漏習氣種子任運漸斷，所知障所攝上煩惱任運漸斷。

→ 斷盡變易生死成就大般涅槃

圓滿成就究竟佛果

佛子蕭平實 謹製
（二〇〇九、〇二 修訂）
（二〇一二、〇二 增補）

佛教正覺同修會〈修學佛道次第表〉

第一階段

* 以憶佛及拜佛方式修習動中定力。
* 學第一義佛法及禪法知見。
* 無相拜佛功夫成就。
* 具備一念相續功夫—動靜中皆能看話頭。
* 努力培植福德資糧，勤修三福淨業。

第二階段

* 參話頭，參公案。
* 開悟明心，一片悟境。
* 鍛鍊功夫求見佛性。
* 眼見佛性〈餘五根亦如是〉親見世界如幻，成就如幻觀。
* 學習禪門差別智。
* 深入第一義經典。
* 修除性障及隨分修學禪定。
* 修證十行位陽焰觀。

第三階段

* 學一切種智真實正理—楞伽經、解深密經、成唯識論…。
* 參究末後句。
* 解悟末後句。
* 透牢關—親自體驗所悟末後句境界，親見實相，無得無失。
* 救護一切眾生迴向正道。護持了義正法，修證十迴向位如夢觀。
* 發十無盡願，修習百法明門，親證猶如鏡像現觀。
* 修除五蓋，發起禪定。持一切善法戒。親證猶如光影現觀。
* 進修四禪八定、四無量心、五神通。進修大乘種智，求證猶如谷響現觀。

佛教正覺同修會 共修現況 及 招生公告　2019/02/18

一、共修現況：（請在共修時間來電，以免無人接聽。）

台北正覺講堂 103 台北市承德路三段 277 號九樓 捷運淡水線圓山站旁
Tel..總機 02-25957295（晚上）（**分機：九樓**辦公室 10、11；知客櫃檯 12、13。 **十樓**知客櫃檯 15、16；書局櫃檯 14。 **五樓**辦公室 18；知客櫃檯 19。**二樓**辦公室 20；知客櫃檯 21。）
Fax..25954493

第一講堂　台北市承德路三段 277 號九樓

禪淨班：週一晚班、週三晚班、週四晚班、週五晚班、週六下午班、週六上午班（共修期間二年半，全程免費。皆須報名建立學籍後始可參加共修，欲報名者詳見本公告末頁。）

進階班：週一晚班、週三晚班、週四晚班、週五晚班（禪淨班結業後轉入共修）。

增上班：**瑜伽師地論詳解**：每月單數週之週末 17.50～20.50。平實導師講解，2003 年 2 月開講至今，預計 2019 年圓滿，僅限已明心之會員參加。

禪門差別智：每月第一週日全天　平實導師主講（事冗暫停）。

不退轉法輪經詳解　本經所說妙法極爲甚深難解，時至末法，已然無有知者；而其甚深絕妙之法，流傳至今依舊多人可證，顯示佛法眞是義學而非玄談，其中甚深極妙令人拍案稱絕之第一義諦妙義。已於 2019 年元月底開講，由平實導師詳解。每逢周二晚上開講，第一至第六講堂都可同時聽聞，歡迎菩薩種性學人，攜眷共同參與此殊勝法會現場聞法，不限制聽講資格。本會學員憑上課證進入第一至第四講堂聽講，會外學人請以身分證件換證進入聽講（此爲大樓管理處安全管理規定之要求，敬請諒解）；第五及第六講堂（B1、B2）對外開放，不需出示任何證件，請由大樓側門直接進入。

第二講堂　台北市承德路三段 267 號十樓。

禪淨班：週一晚上班。

進階班：週三晚班、週四晚班、週五晚班、週六下午班。禪淨班結業後轉入共修。

不退轉法輪經詳解：平實導師講解。每週二 18.50~20.50 影像音聲即時傳輸

第三講堂　台北市承德路三段 277 號五樓。

禪淨班：週六下午班。

進階班：週一晚班、週三晚班、週四晚班、週五晚班。

不退轉法輪經詳解：平實導師講解。每週二 18.50~20.50 影像音聲即時傳輸

第四講堂　台北市承德路三段 267 號二樓。

進階班：週一晚上班、週三晚上班、週四晚上班（禪淨班結業後轉入共修）。

不退轉法輪經詳解：平實導師講解。每週二 18.50~20.50 影像音聲即時傳輸

第五、第六講堂

念佛班　每週日晚上，第六講堂共修（B2），一切求生極樂世界的三寶弟子皆可參加，不限制共修資格。

進階班：週一晚班、週三晚班、週四晚班。

不退轉法輪經詳解：平實導師講解。每週二 18.50~20.50 影像音聲即時傳輸。第五、第六講堂爲**開放式講堂**，不需以身分證件換證即可進入聽講，台北市承德路三段 267 號地下一樓、地下二樓。每逢週二晚上講經時段開放給會外人士自由聽經，請由大樓側面梯階逕行進入聽講。**聽講者請尊重講者的著作權及肖像權，請勿錄音錄影，以免違法；若有錄音錄影被查獲者，將依法處理。**

正覺祖師堂　大溪區美華里信義路 650 巷坑底 5 之 6 號（台 3 號省道 34 公里處 妙法寺對面斜坡道進入）電話 03-3886110　傳眞 03-3881692 本堂供奉 克勤圓悟大師，專供會員每年四月、十月各三次精進禪三共修，兼作本會出家菩薩掛單常住之用。除禪三時間以外，公元 2018 年前每逢單月第一週之週日 9:00~17:00 開放會內、外人士參訪，當天並提供午齋結緣，自公元 2019 年後開放參訪日期請參見本會公告。教內共修團體或道場，得另申請其餘時間作團體參訪，務請事先與常住確定日期，以便安排常住菩薩接引導覽，亦免妨礙常住菩薩之日常作息及修行。

桃園正覺講堂（第一、第二講堂）：桃園市介壽路 286、288 號 10 樓（陽明運動公園對面）電話：03-3749363（請於共修時聯繫，或與台北聯繫）

禪淨班：週一晚上班（1）、週一晚上班（2）、週三晚上班、週四晚上班、週五晚上班。

進階班：週四晚班、週五晚班、週六上午班。

增上班：雙週六晚上班（增上重播班）。

不退轉法輪經詳解：平實導師講解。每週二晚上，以台北正覺講堂所錄 DVD 放映；歡迎會外學人共同聽講，不需出示身分證件。

新竹正覺講堂　新竹市東光路 55 號二樓之一　電話 03-5724297（晚上）

第一講堂：

禪淨班：週一晚上班、週五晚上班、週六上午班。

進階班：週三晚上班、週四晚上班（由禪淨班結業後轉入共修）。

增上班：單週六晚上班。雙週六晚上班（重播班）。

不退轉法輪經詳解：平實導師講解。每週二晚上，以台北正覺講堂所錄 DVD 放映。歡迎會外學人共同聽講，不需出示身分證件。

第二講堂：

禪淨班：週三晚上班、週四晚上班。

不退轉法輪經詳解：每週二晚上與第一講堂同步播放講經 DVD。

第三、第四講堂：裝修完畢，即將開放。

台中正覺講堂 04-23816090（晚上）

第一講堂 台中市南屯區五權西路二段 666 號 13 樓之四（國泰世華銀行樓上。鄰近縣市經第一高速公路前來者，由五權西路交流道可以快速到達，大樓旁有停車場，對面有素食館）。

禪淨班：週三晚上班、週四晚上班。

進階班：週一晚上班、週六上午班（由禪淨班結業後轉入共修）。

增上班：增上班：單週六晚上班。雙週六晚上班（重播班）。

不退轉法輪經詳解：平實導師講解。每週二晚上，以台北正覺講堂所錄 DVD 放映。歡迎會外學人共同聽講，不需出示身分證件。

第二講堂 台中市南屯區五權西路二段 666 號 4 樓

禪淨班：週一晚上班、週三晚上班、週六上午班。

進階班：週五晚上班（由禪淨班結業後轉入共修）。

不退轉法輪經詳解：每週二晚上與第一講堂同步播放講經 DVD。

第三講堂、第四講堂：台中市南屯區五權西路二段 666 號 4 樓。

嘉義正覺講堂 嘉義市友愛路 288 號八樓之一 電話：05-2318228

第一講堂：

禪淨班：週一晚上班、週四晚上班、週五晚上班、週六上午班。

進階班：週三晚上班（由禪淨班結業後轉入共修）。

增上班：單週六晚上班。雙週六晚上班（重播班）。

不退轉法輪經詳解：平實導師講解。每週二晚上，以台北正覺講堂所錄 DVD 放映。歡迎會外學人共同聽講，不需出示身分證件。

第二講堂 嘉義市友愛路 288 號八樓之二。

台南正覺講堂

第一講堂 台南市西門路四段 15 號 4 樓。06-2820541（晚上）

禪淨班：週一晚上班、週三晚上班、週四晚上班、週五晚上班、週六下午班。

增上班：增上班：單週六晚上班。雙週六晚上班（重播班）。

不退轉法輪經詳解：平實導師講解。每週二晚上，以台北正覺講堂所錄 DVD 放映。歡迎會外學人共同聽講，不需出示身分證件。

第二講堂 台南市西門路四段 15 號 3 樓。

不退轉法輪經詳解：每週二晚上與第一講堂同步播放講經 DVD。

第三講堂 台南市西門路四段 15 號 3 樓。

進階班：週三晚上班、週四晚上班、週六上午班（由禪淨班結業後轉入共修）。

不退轉法輪經詳解：每週二晚上與第一講堂同步播放講經 DVD。

高雄正覺講堂　高雄市新興區中正三路 45 號五樓 07-2234248（晚上）

第一講堂（五樓）：

禪淨班：週一晚班、週三晚班、週四晚班、週五晚班、週六上午班。

增上班：單週週末下午，以台北增上班課程錄成 DVD 放映之，限已明心之會員參加。

不退轉法輪經詳解：平實導師講解。每週二晚上，以台北正覺講堂所錄 DVD 放映。歡迎會外學人共同聽講，不需出示身分證件。

第二講堂（四樓）：

進階班：週三晚上班、週四晚上班、週六上午班（由禪淨班結業後轉入共修）。

不退轉法輪經詳解：每週二晚上與第一講堂同步播放講經 DVD。

第三講堂（三樓）：

進階班：週四晚班（由禪淨班結業後轉入共修）。

香港正覺講堂　**☆已遷移新址☆**

九龍觀塘，成業街 10 號，電訊一代廣場 27 樓 E 室。

（觀塘地鐵站 B1 出口，步行約 4 分鐘）。電話：(852) 23262231

英文地址：Unit E，27th Floor, TG Place, 10 Shing Yip Street, Kwun Tong, Kowloon

禪淨班：雙週六下午班 14:30-17:30，已經額滿。
雙週日下午班 14:30-17:30。
單週六下午班 14:30-17:30，已經額滿。

進階班：雙週五晚上班（由禪淨班結業後轉入共修）。

增上班：單週週末上午，以台北增上班課程錄成 DVD 放映之。

增上重播班：雙週週末上午，以台北增上班課程錄成 DVD 放映之。

不退轉法輪經詳解：平實導師講解。雙週六 19:00-21:00，以台北正覺講堂所錄 DVD 放映；歡迎會外學人共同聽講，不需出示身分證件。

美國洛杉磯正覺講堂　**☆已遷移新址☆**

825 S. Lemon Ave Diamond Bar, CA 91789 U.S.A.

Tel. (909) 595-5222（請於週六 9:00~18:00 之間聯繫）

Cell. (626) 454-0607

禪淨班：每逢週末 15：30~17：30 上課。

進階班：每逢週末上午 10：00~12：00 上課。

不退轉法輪經詳解：平實導師講解。每週六下午 13：00~15：00 以台北所錄 DVD 放映。歡迎各界人士共享第一義諦無上法益，不需報名。

二、招生公告　本會台北講堂及全省各講堂、香港講堂，每逢四月、十月下旬開新班，每週共修一次（每次二小時。開課日起三個月內仍可插班）；但美國洛杉磯共修處之禪淨班得隨時插班共修。各班共修期間皆爲二年半，全程免費，欲參加者請向本會函索報名表（各共修處皆於共修時間方有人執事，非共修時間請勿電詢或前來洽詢、請書），或直接從本會官方網站(http://www.enlighten.org.tw/newsflash/class)或成佛之道網站下載報名表。共修期滿時，若經報名禪三審核通過者，可參加四天三夜之禪三精進共修，有機會明心、取證如來藏，發起般若實相智慧，成爲實義菩薩，脫離凡夫菩薩位。

三、新春禮佛祈福 農曆年假期間停止共修：自農曆新年前七天起停止共修與弘法，正月 8 日起回復共修、弘法事務。新春期間正月初一～初七 9.00～17.00 開放台北講堂、正月初一~初三開放桃園、新竹、台中、嘉義、台南、高雄講堂，以及大溪禪三道場（正覺祖師堂），方便會員供佛、祈福及會外人士請書。美國洛杉磯共修處之休假時間，請逕詢該共修處。

密宗四大派修雙身法，是外道性力派的邪法；又以生滅的識陰作為常住法，是常見外道，是假的藏傳佛教。

西藏覺囊巴以他空見弘揚第八識如來藏勝法，才是真藏傳佛教

佛教正覺同修會　弘法行事表　2019/02/18

1、**禪淨班**　以無相念佛及拜佛方式修習動中定力，實證一心不亂功夫。傳授解脫道正理及第一義諦佛法，以及參禪知見。共修期間：二年六個月。每逢四月、十月開新班，詳見招生公告表。

2、**進階班**　禪淨班畢業後得轉入此班，進修更深入的佛法，期能證悟明心。各地講堂各有多班，繼續深入佛法、增長定力，悟後得轉入增上班修學道種智，期能證得無生法忍。

3、**增上班 瑜伽師地論**詳解　詳解論中所言凡夫地至佛地等 17 師之修證境界與理論，從凡夫地、聲聞地……宣演到諸地所證無生法忍、一切種智之眞實正理。由平實導師開講，每逢一、三、五週之週末晚上開示，僅限已明心之會員參加。2003 年二月開講至今，預定 2019 年講畢。

4、**不退轉法輪經**詳解　本經所說妙法極爲甚深難解，時至末法，已然無有知者；而其甚深絕妙之法，流傳至今依舊多人可證，顯示佛法眞是義學而非玄談，其中甚深極妙令人拍案稱絕之第一義諦妙義。已於 2019 年元月底開講，由平實導師詳解。不限制聽講資格。

5、**精進禪三**　主三和尚：平實導師。於四天三夜中，以克勤圓悟大師及大慧宗杲之禪風，施設機鋒與小參、公案密意之開示，幫助會員剋期取證，親證不生不滅之眞實心——人人本有之如來藏。每年四月、十月各舉辦三個梯次；平實導師主持。僅限本會會員參加禪淨班共修期滿，報名審核通過者，方可參加。並選擇會中定力、慧力、福德三條件皆已具足之已明心會員，給以指引，令得眼見自己無形無相之佛性遍佈山河大地，眞實而無障礙，得以肉眼現觀世界身心悉皆如幻，具足成就如幻觀，圓滿十住菩薩之證境。

6、**阿含經**詳解　選擇重要之阿含部經典，依無餘涅槃之實際而加以詳解，令大眾得以現觀諸法緣起性空，亦復不墮斷滅見中，顯示經中所隱說之涅槃實際—如來藏—確實已於四阿含中隱說；令大眾得以聞後觀行，確實斷除我見乃至我執，證得**見到**眞現觀，乃至**身證**……等眞現觀；已得大乘或二乘見道者，亦可由此聞熏及聞後之觀行，除斷我所之貪著，成就慧解脫果。由平實導師詳解。不限制聽講資格。

7、**解深密經**詳解　重講本經之目的，在於令諸已悟之人明解大乘法道之成佛次第，以及悟後進修一切種智之內涵，確實證知三種自性性，並得據此證解七眞如、十眞如等正理。每逢週二 18.50~20.50 開示，由平實導師詳解。將於《**不退轉法輪經**》講畢後開講。不限制聽講資格。

8、**成唯識論**詳解　詳解一切種智眞實正理，詳細剖析一切種智之微細深妙廣大正理；並加以舉例說明，使已悟之會員深入體驗所證如來藏之微密行相；及證驗見分相分與所生一切法，皆由如來藏—阿賴耶識一直接或展轉而生，因此證知一切法無我，證知無餘涅槃之本際。將於增上班《瑜伽師地論》講畢後，由平實導師重講。僅限已明心之會員參加。

9、**精選如來藏系經典**詳解　精選如來藏系經典一部，詳細解說，以此完全印證會員所悟如來藏之眞實，得入不退轉住。另行擇期詳細解說之，由平實導師講解。僅限已明心之會員參加。

10、**禪門差別智**　藉禪宗公案之微細淆訛難知難解之處，加以宣說及剖析，以增進明心、見性之功德，啓發差別智，建立擇法眼。每月第一週日全天，由平實導師開示，僅限破參明心後，復又眼見佛性者參加（事冗暫停）。

11、**枯木禪**　先講智者大師的《小止觀》，後說《釋禪波羅蜜》，詳解四禪八定之修證理論與實修方法，細述一般學人修定之邪見與岔路，及對禪定證境之誤會，消除枉用功夫、浪費生命之現象。已悟般若者，可以藉此而實修初禪，進入大乘通教及聲聞教的三果心解脫境界，配合應有的大福德及後得無分別智、十無盡願，即可進入初地心中。親教師：平實導師。未來緣熟時將於正覺寺開講。不限制聽講資格。

註：本會例行年假，自 2004 年起，改爲每年農曆新年前七天開始停息弘法事務及共修課程，農曆正月 8 日回復所有共修及弘法事務。新春期間（每日 9.00~17.00）開放台北講堂，方便會員禮佛祈福及會外人士請書。大溪區的正覺祖師堂，開放參訪時間，詳見〈正覺電子報〉或成佛之道網站。本表得因時節因緣需要而隨時修改之，不另作通知。

佛教正覺同修會　贈閱書籍 目錄　2018/10/20

1.**無相念佛**　平實導師著　回郵 36 元
2.**念佛三昧修學次第**　平實導師述著　回郵 52 元
3.**正法眼藏—護法集**　平實導師述著　回郵 76 元
4.**真假開悟簡易辨正法＆佛子之省思**　平實導師著　回郵 26 元
5.**生命實相之辨正**　平實導師著　回郵 31 元
6.**如何契入念佛法門**（附：印順法師否定極樂世界）平實導師著　回郵 26 元
7.**平實書箋**—答元覽居士書　平實導師著　回郵 52 元
8.**三乘唯識**—如來藏系經律彙編　平實導師編　回郵 80 元
（精裝本　長 27 ㎝　寬 21 ㎝　高 7.5 ㎝　重 2.8 公斤）
9.**三時繫念全集**—修正本　回郵掛號 52 元（長 26.5 ㎝×寬 19 ㎝）
10.**明心與初地**　平實導師述　回郵 31 元
11.**邪見與佛法**　平實導師述著　回郵 36 元
12.**甘露法雨**　平實導師述　回郵 36 元
13.**我與無我**　平實導師述　回郵 36 元
14.**學佛之心態**—修正錯誤之學佛心態始能與正法相應 孫正德老師著 回郵52元
附錄：平實導師著**《略說八、九識並存…等之過失》**
15.**大乘無我觀**—《悟前與悟後》別說　平實導師述著　回郵 36 元
16.**佛教之危機**—中國台灣地區現代佛教之真相（附錄：公案拈提六則）
平實導師著　回郵 52 元
17.**燈　影**—燈下黑（覆「求教後學」來函等）　平實導師著　回郵 76 元
18.**護法與毀法**—覆上平居士與徐恒志居士網站毀法二文
張正圜老師著　回郵 76 元
19.**淨土聖道**—兼評**選擇本願念佛**　正德老師著　**由正覺同修會購贈** 回郵52 元
20.**辨唯識性相**—對「紫蓮心海《辯唯識性相》書中否定阿賴耶識」之回應
正覺同修會 台南共修處法義組 著　回郵52 元
21.**假如來藏**—對法蓮法師《如來藏與阿賴耶識》書中否定阿賴耶識之回應
正覺同修會 台南共修處法義組 著　回郵 76 元
22.**入不二門**—公案拈提集錦 第一輯（於平實導師公案拈提諸書中選錄約二十則，
合輯爲一冊流通之）平實導師著　回郵 52 元
23.**真假邪說**—西藏密宗索達吉喇嘛《破除邪說論》真是邪說
釋正安法師著　上、下冊回郵各 52 元
24.**真假開悟**—真如、如來藏、阿賴耶識間之關係　平實導師述著　回郵 76 元
25.**真假禪和**—辨正釋傳聖之謗法謬說　孫正德老師著　回郵 76 元
26.**眼見佛性**—駁慧廣法師**眼見佛性的含義**文中謬說

游正光老師著　回郵 52 元

27.**普門自在**—公案拈提集錦 第二輯（於平實導師公案拈提諸書中選錄約二十則，合輯爲一冊流通之）平實導師著　回郵 52 元

28.**印順法師的悲哀**—以現代禪的質疑為線索　恒毓博士著　回郵 52 元

29.**識蘊真義**—現觀識蘊內涵、取證初果、親斷三縛結之具體行門。
—依《成唯識論》及《唯識述記》正義，略顯安慧《大乘廣五蘊論》之邪謬
平實導師著　回郵 76 元

30.**正覺電子報** 各期紙版本　免附回郵　每次最多函索三期或三本。
（已無存書之較早各期，不另增印贈閱）

31.**現代人應有的宗教觀**　蔡正禮老師 著　回郵 31 元

32.**遠惑趣道**—正覺電子報般若信箱問答錄　第一輯　回郵 52 元

33.**遠惑趣道**—正覺電子報般若信箱問答錄　第二輯　回郵 52 元

34.**確保您的權益**—器官捐贈應注意自我保護　游正光老師 著　回郵 31 元

35.**正覺教團電視弘法三乘菩提 DVD 光碟（一）**
由正覺教團多位親教師共同講述錄製 DVD 8 片，MP3 一片，共 9 片。有二大講題：一爲「三乘菩提之意涵」，二爲「學佛的正知見」。內容精闢，深入淺出，精彩絕倫，幫助大眾快速建立三乘法道的正知見，免被外道邪見所誤導。有志修學三乘佛法之學人不可不看。（製作工本費 100 元，回郵 52 元）

36.**正覺教團電視弘法 DVD 專輯（二）**
總有二大講題：一爲「三乘菩提之念佛法門」，一爲「學佛正知見（第二篇）」，由正覺教團多位親教師輪番講述，內容詳細闡述如何修學念佛法門、實證念佛三昧，以及學佛應具有的正確知見，可以幫助發願往生西方極樂淨土之學人，得以把握往生，更可令學人快速建立三乘法道的正知見，免於被外道邪見所誤導。有志修學三乘佛法之學人不可不看。（一套 17 片，工本費 160 元。回郵 76 元）

37.**喇嘛性世界**—揭開假藏傳佛教譚崔瑜伽的面紗　張善思 等人合著
由正覺同修會購贈　回郵 52 元

38.**假藏傳佛教的神話**—性、謊言、喇嘛教　張正玄教授編著
由正覺同修會購贈　回郵 52 元

39.**隨　緣**—理隨緣與事隨緣　平實導師述　回郵 52 元。

40.**學佛的覺醒**　正枝居士 著　回郵 52 元

41.**導師之真實義**　蔡正禮老師 著　回郵 31 元

42.**淺談達賴喇嘛之雙身法**—兼論解讀「密續」之達文西密碼
吳明芷居士 著　回郵 31 元

43.**魔界轉世**　張正玄居士 著　回郵 31 元

44.**一貫道與開悟**　蔡正禮老師 著　回郵 31 元

45.**博愛**—愛盡天下女人　正覺教育基金會 編印　回郵 36 元

46.**意識虛妄經教彙編**—實證解脫道的關鍵經文　正覺同修會編印　回郵 36 元

47.**邪箭囈語**—破斥藏密外道多識仁波切《破魔金剛箭雨論》之邪說

陸正元老師著　上、下冊回郵各 52 元

48.**真假沙門**—依 佛聖教闡釋佛教僧寶之定義

蔡正禮老師著　俟正覺電子報連載後結集出版

49.**真假禪宗**—藉評論釋性廣《印順導師對變質禪法之批判

及對禪宗之肯定》以顯示真假禪宗

附論一：凡夫知見 無助於佛法之信解行證

附論二：世間與出世間一切法皆從如來藏實際而生而顯

余正偉老師著　俟正覺電子報連載後結集出版　回郵未定

★ 上列贈書之郵資，係台灣本島地區郵資，大陸、港、澳地區及外國地區，請另計酌增（大陸、港、澳、國外地區之郵票不許通用）。尚未出版之書，請勿先寄來郵資，以免增加作業煩擾。

★ 本目錄若有變動，唯於後印之書籍及「成佛之道」網站上修正公佈之，不另行個別通知。

函索書籍請寄：佛教正覺同修會　103 台北市承德路 3 段 277 號 9 樓

台灣地區函索書籍者請附寄郵票，無時間購買郵票者可以等值現金抵用，但不接受郵政劃撥、支票、匯票。大陸地區得以人民幣計算，國外地區請以美元計算（請勿寄來當地郵票，在台灣地區不能使用）。欲以掛號寄遞者，請另附掛號郵資。

親自索閱：正覺同修會各共修處。　★請於共修時間前往取書，餘時無人在道場，請勿前往索取；共修時間與地點，詳見書末正覺同修會共修現況表（以近期之共修現況表爲準）。

註：正智出版社發售之局版書，請向各大書局購閱。若書局之書架上已經售出而無陳列者，請向書局櫃台指定洽購；若書局不便代購者，請於正覺同修會共修時間前往各共修處請購，正智出版社已派人於共修時間送書前往各共修處流通。 郵政劃撥購書及 大陸地區 購書，請詳別頁正智出版社發售書籍目錄最後頁之說明。

成佛之道 網站：http://www.a202.idv.tw　正覺同修會已出版之結緣書籍，多已登載於 成佛之道 網站，若住外國、或住處遙遠，不便取得正覺同修會贈閱書籍者，可以從本網站閱讀及下載。　書局版之《宗通與說通》亦已上網，台灣讀者可向書局洽購，售價 300 元。《狂密與眞密》第一輯~第四輯，亦於 2003.5.1.全部於本網站登載完畢；台灣地區讀者請向書局洽購，每輯約 400 頁，售價 300 元（網站下載紙張費用較貴，容易散失，難以保存，亦較不精美）。

＊＊假藏傳佛教修雙身法，非佛教＊＊

正智出版社 籌募弘法基金發售書籍目錄 2019/07/03

1.**宗門正眼**—公案拈提 第一輯 重拈 平實導師著 500 元
因重寫內容大幅度增加故，字體必須改小，並增爲 576 頁 主文 546 頁。比初版更精彩、更有內容。初版《禪門摩尼寶聚》之讀者，可寄回本公司免費調換新版書。免附回郵，亦無截止期限。（2007 年起，每冊附贈本公司精製公案拈提〈超意境〉CD 一片。市售價格 280 元，多購多贈。）

2.**禪淨圓融** 平實導師著 200 元（第一版舊書可換新版書。）

3.**真實如來藏** 平實導師著 400 元

4.**禪—悟前與悟後** 平實導師著 上、下冊，每冊 250 元

5.**宗門法眼**—公案拈提 第二輯 平實導師著 500 元
（2007 年起，每冊附贈本公司精製公案拈提〈超意境〉CD 一片）

6.**楞伽經詳解** 平實導師著 全套共 10 輯 每輯 250 元

7.**宗門道眼**—公案拈提 第三輯 平實導師著 500 元
（2007 年起，每冊附贈本公司精製公案拈提〈超意境〉CD 一片）

8.**宗門血脈**—公案拈提 第四輯 平實導師著 500 元
（2007 年起，每冊附贈本公司精製公案拈提〈超意境〉CD 一片）

9.**宗通與說通**—成佛之道 平實導師著 主文 381 頁 全書 400 頁售價 300 元

10.**宗門正道**—公案拈提 第五輯 平實導師著 500 元
（2007 年起，每冊附贈本公司精製公案拈提〈超意境〉CD 一片）

11.**狂密與真密 一～四輯** 平實導師著 西藏密宗是人間最邪淫的宗教，本質不是佛教，只是披著佛教外衣的印度教性力派流毒的喇嘛教。此書中將西藏密宗密傳之男女雙身合修樂空雙運所有祕密與修法，毫無保留完全公開，並將全部喇嘛們所不知道的部分也一併公開。內容比大辣出版社喧騰一時的《西藏慾經》更詳細。並且函蓋藏密的所有祕密及其錯誤的中觀見、如來藏見……等，藏密的所有法義都在書中詳述、分析、辨正。每輯主文三百餘頁 每輯全書約 400 頁 售價每輯 300 元

12.**宗門正義**—公案拈提 第六輯 平實導師著 500 元
（2007 年起，每冊附贈本公司精製公案拈提〈超意境〉CD 一片）

13.**心經密意**—心經與解脫道、佛菩提道、祖師公案之關係與密意 平實導師述 300 元

14.**宗門密意**—公案拈提 第七輯 平實導師著 500 元
（2007 年起，每冊附贈本公司精製公案拈提〈超意境〉CD 一片）

15.**淨土聖道**—兼評「選擇本願念佛」 正德老師著 200 元

16.**起信論講記** 平實導師述著 共六輯 每輯三百餘頁 售價各 250 元

17.**優婆塞戒經講記** 平實導師述著 共八輯 每輯三百餘頁 售價各 250 元

18.**真假活佛**—略論附佛外道盧勝彥之邪說（對前岳靈犀網站主張「盧勝彥是證悟者」之修正） 正犀居士（岳靈犀）著 流通價 140 元

19.**阿含正義**—唯識學探源 平實導師著 共七輯 每輯 300 元

20.**超意境** CD 以平實導師公案拈提書中超越意境之頌詞，加上曲風優美的旋律，錄成令人嚮往的超意境歌曲，其中包括正覺發願文及平實導師親自譜成的黃梅調歌曲一首。詞曲雋永，殊堪翫味，可供學禪者吟詠，有助於見道。內附設計精美的彩色小冊，解說每一首詞的背景本事。每片 280 元。【每購買公案拈提書籍一冊，即贈送一片。】

21.**菩薩底憂鬱** CD 將菩薩情懷及禪宗公案寫成新詞，並製作成超越意境的優美歌曲。 1.主題曲〈菩薩底憂鬱〉，描述地後菩薩能離三界生死而迴向繼續生在人間，但因尚未斷盡習氣種子而有極深沈之憂鬱，非三賢位菩薩及二乘聖者所知，此憂鬱在七地滿心位方才斷盡；本曲之詞中所說義理極深，昔來所未曾見；此曲係以優美的情歌風格寫詞及作曲，聞者得以激發嚮往諸地菩薩境界之大心，詞、曲都非常優美，難得一見；其中勝妙義理之解說，已印在附贈之彩色小冊中。 2.以各輯公案拈提中直示禪門入處之頌文，作成各種不同曲風之超意境歌曲，值得玩味、參究；聆聽公案拈提之優美歌曲時，請同時閱讀內附之印刷精美說明小冊，可以領會超越三界的證悟境界；未悟者可以因此引發求悟之意向及疑情，眞發菩提心而邁向求悟之途，乃至因此眞實悟入般若，成眞菩薩。 3.正覺總持咒新曲，總持佛法大意；總持咒之義理，已加以解說並印在隨附之小冊中。本 CD 共有十首歌曲，長達 63 分鐘。每盒各附贈二張購書優惠券。每片 280 元。

22.**禪意無限** CD 平實導師以公案拈提書中偈頌寫成不同風格曲子，與他人所寫不同風格曲子共同錄製出版，幫助參禪人進入禪門超越意識之境界。盒中附贈彩色印製的精美解說小冊，以供聆聽時閱讀，令參禪人得以發起參禪之疑情，即有機會證悟本來面目而發起實相智慧，實證大乘菩提般若，能如實證知般若經中的眞實意。本 CD 共有十首歌曲，長達 69 分鐘，每盒各附贈二張購書優惠券。每片 280 元。

23.**我的菩提路**第一輯　釋悟圓、釋善藏等人合著　售價 300 元

24.**我的菩提路**第二輯　郭正益、張志成等人合著　售價 300 元

25.**我的菩提路**第三輯　王美伶等人合著　售價 300 元

26.**我的菩提路**第四輯　陳晏平等人合著　售價 300 元

27.**我的菩提路**第五輯　林慈慧等人合著　售價 300 元

28.**鈍鳥與靈龜**—考證後代凡夫對大慧宗杲禪師的無根誹謗。
平實導師著 共 458 頁 售價 350 元

29.**維摩詰經講記** 平實導師述 共六輯 每輯三百餘頁 售價各 250 元

30.**真假外道**—破劉東亮、杜大威、釋證嚴常見外道見　正光老師著　200 元

31.**勝鬘經講記**—兼論印順《勝鬘經講記》對於《勝鬘經》之誤解。
平實導師述　共六輯　每輯三百餘頁　售價250 元

32.**楞嚴經講記** 平實導師述 共 15 輯，每輯三百餘頁 售價 300 元

33.**明心與眼見佛性**—駁慧廣〈蕭氏「眼見佛性」與「明心」之非〉文中謬說
正光老師著　共 448 頁　售價 300 元

34.**見性與看話頭**　黃正倖老師 著，本書是禪宗參禪的方法論。
內文 375 頁，全書 416 頁，售價 300 元。

35.**達賴真面目**—玩盡天下女人 白正偉老師 等著 中英對照彩色精裝大本 800 元

36.**喇嘛性世界**—揭開假藏傳佛教譚崔瑜伽的面紗　張善思 等人著　200 元

37.**假藏傳佛教的神話**—性、謊言、喇嘛教　正玄教授編著　200 元

38.**金剛經宗通**　平實導師述　共九輯　每輯售價 250 元。

39.**空行母**—性別、身分定位，以及藏傳佛教。
珍妮·坎貝爾著 呂艾倫 中譯 售價 250 元

40.**末代達賴**—性交教主的悲歌　張善思、呂艾倫、辛燕編著 售價 250 元

41.**霧峰無霧**—給哥哥的信　辨正釋印順對佛法的無量誤解
游宗明 老師著　售價 250 元

42.**第七意識與第八意識？**—穿越時空「超意識」
平實導師述　每冊 300 元

43.**黯淡的達賴**—失去光彩的諾貝爾和平獎
正覺教育基金會編著　每冊 250 元

44.**童女迦葉考**—論呂凱文〈佛教輪迴思想的論述分析〉之謬。
平實導師 著 定價 180 元

45.**人間佛教**—實證者必定不悖三乘菩提
平實導師 述，定價 400 元

46.**實相經宗通**　平實導師述　共八輯　每輯 250 元

47.**真心告訴您(一)**—達賴喇嘛在幹什麼？
正覺教育基金會編著　售價 250 元

48.**中觀金鑑**—詳述應成派中觀的起源與其破法本質
孫正德老師著　分為上、中、下三冊，每冊 250 元

49.**藏傳佛教要義**—《狂密與真密》之簡體字版　平實導師 著 上、下冊
僅在大陸流通　每冊 300 元

50.**法華經講義**　平實導師述　共二十五輯　每輯 300 元
已於 2015/05/31 起開始出版，每二個月出版一輯

51.**西藏「活佛轉世」制度**—附佛、造神、世俗法
許正豐、張正玄老師合著　定價 150 元

52.**廣論三部曲**　郭正益老師著　定價 150 元

53.**真心告訴您(二)**—達賴喇嘛是佛教僧侶嗎？
—補祝達賴喇嘛八十大壽
正覺教育基金會編著　售價 300 元

54.**次法**—實證佛法前應有的條件
張善思居士著　分為上、下二冊，每冊 250 元

55.**涅槃**—解說四種涅槃之實證及內涵　平實導師著 上、下冊 各 350 元

56.**山法**—西藏關於他空與佛藏之根本論

篤補巴．喜饒堅贊著　　傑弗里．霍普金斯英譯

張火慶教授、張志成、呂艾倫等中譯　精裝大本 1200 元

57.**假鋒虛焰金剛乘**—揭示顯密正理，兼破索達吉師徒《般若鋒兮金剛焰》

釋正安法師著 簡體字版 即將出版 售價未定

58.**廣論之平議**—宗喀巴《菩提道次第廣論》之平議　正雄居士著

約二或三輯　俟正覺電子報連載後結集出版　書價未定

59.**救護佛子向正道**—對印順法師中心思想之綜合判攝

游宗明老師著　書價未定

60.**菩薩學處**—菩薩四攝六度之要義　陸正元老師著　出版日期未定。

61.**八識規矩頌**詳解　○○居士 註解　出版日期另訂　書價未定。

62.**印度佛教史**—法義與考證。依法義史實評論印順《印度佛教思想史、佛教史地考論》之謬說　正偉老師著　出版日期未定　書價未定

63.**中國佛教史**—依中國佛教正法史實而論。 ○○老師 著　書價未定。

64.**中論正義**—釋龍樹菩薩《中論》頌正理。

孫正德老師著　出版日期未定　書價未定

65.**中觀正義**—註解平實導師《中論正義頌》。

○○法師（居士）著　出版日期未定　書價未定

66.**佛藏經講記**　平實導師述　於 2019 年 7 月 31 日開始出版　共 21 輯，每二個月出版一輯，每輯 300 元。

67.**阿含經講記**—將選錄四阿含中數部重要經典全經講解之，講後整理出版。

平實導師述　約二輯　每輯 300 元　出版日期未定

68.**寶積經講記** 平實導師述　每輯三百餘頁 優惠價 300 元 出版日期未定

69.**解深密經講記**　平實導師述 約四輯　將於重講後整理出版

70.**成唯識論略解**　平實導師著　五～六輯　每輯300 元　出版日期未定

71.**修習止觀坐禪法要講記**　平實導師述　每輯三百餘頁

將於正覺寺建成後重講、以講記逐輯出版　出版日期未定

72.**無門關**—《無門關》公案拈提　平實導師著　出版日期未定

73.**中觀再論**—兼述印順《中觀今論》謬誤之平議。正光老師著 出版日期未定

74.**輪迴與超度**—佛教超度法會之真義。

○○法師（居士）著　出版日期未定　書價未定

75.《**釋摩訶衍論**》**平議**—對偽稱龍樹所造《釋摩訶衍論》之平議

○○法師（居士）著　出版日期未定　書價未定

76.**正覺發願文**註解—以真實大願為因 得證菩提

正德老師著　出版日期未定　書價未定

77.**正覺總持咒**—佛法之總持　正圜老師著　出版日期未定　書價未定

78.**三自性**—依四食、五蘊、十二因緣、十八界法，說三性三無性。

作者未定　出版日期未定

79.**道品**—從三自性說大小乘三十七道品　作者未定　出版日期未定

80.**大乘緣起觀**—依四聖諦七真如現觀十二緣起 作者未定　出版日期未定
81.**三德**—論解脫德、法身德、般若德。　作者未定　出版日期未定
82.**真假如來藏**—對印順《如來藏之研究》謬說之平議　作者未定 出版日期未定
83.**大乘道次第**　作者未定　出版日期未定　書價未定
84.**四緣**—依如來藏故有四緣。　作者未定　出版日期未定
85.**空之探究**—印順《空之探究》謬誤之平議　作者未定 出版日期未定
86.**十法義**—論阿含經中十法之正義　作者未定　出版日期未定
87.**外道見**—論述外道六十二見　作者未定　出版日期未定

正智出版社有限公司 書籍介紹

禪淨圓融：言淨土諸祖所未曾言，示諸宗祖師所未曾示；禪淨圓融，另闢成佛捷徑，兼顧自力他力，闡釋淨土門之速行易行道，亦同時揭櫫聖教門之速行易行道；令廣大淨土行者得免緩行難證之苦，亦令聖道門行者得以藉著淨土速行道而加快成佛之時劫。乃前無古人之超勝見地，非一般弘揚禪淨法門典籍也，先讀爲快。平實導師著 200元。

宗門正眼—**公案拈提**第一輯：繼承克勤圜悟大師碧巖錄宗旨之禪門鉅作。先則舉示當代大法師之邪說，消弭當代禪門大師鄉愿之心態，摧破當今禪門「世俗禪」之妄談；次則旁通教法，表顯宗門正理；繼以道之次第，消弭古今狂禪；後藉言語及文字機鋒，直示宗門入處。悲智雙運，禪味十足，數百年來難得一睹之禪門鉅著也。平實導師著 500元（原初版書《禪門摩尼寶聚》，改版後補充爲五百餘頁新書，總計多達二十四萬字，內容更精彩，並改名爲《宗門正眼》，讀者原購初版《禪門摩尼寶聚》皆可寄回本公司免費換新，免附回郵，亦無截止期限）（2007年起，凡購買公案拈提第一輯至第七輯，每購一輯皆贈送本公司精製公案拈提〈超意境〉CD一片，市售價格280元，多購多贈）。

禪—悟前與悟後：本書能建立學人悟道之信心與正確知見，圓滿具足而有次第地詳述禪悟之功夫與禪悟之內容，指陳參禪中細微淆訛之處，能使學人明自眞心、見自本性。若未能悟入，亦能以正確知見辨別古今中外一切大師究係眞悟？或屬錯悟？便有能力揀擇，捨名師而選明師，後時必有悟道之緣。一旦悟道，遲者七次人天往返，便出三界，速者一生取辦。學人欲求開悟者，不可不讀。　平實導師著。上、下冊共500元，單冊250元。

眞實如來藏：如來藏眞實存在，乃宇宙萬有之本體，並非印順法師、達賴喇嘛等人所說之「唯有名相、無此心體」。如來藏是涅槃之本際，是一切有智之人竭盡心智、不斷探索而不能得之生命實相；是古今中外許多大師自以爲悟而當面錯過之生命實相。如來藏即是阿賴耶識，乃是一切有情本自具足、不生不滅之眞實心。當代中外大師於此書出版之前所未能言者，作者於本書中盡情流露、詳細闡釋。眞悟者讀之，必能增益悟境、智慧增上；錯悟者讀之，必能檢討自己之錯誤，免犯大妄語業；未悟者讀之，能知參禪之理路，亦能以之檢查一切名師是否眞悟。此書是一切哲學家、宗教家、學佛者及欲昇華心智之人必讀之鉅著。　平實導師著　售價400元。

宗門法眼——公案拈提第二輯：列舉實例，闡釋土城廣欽老和尚之悟處；並直示這位不識字的老和尚妙智橫生之根由，繼而剖析禪宗歷代大德之開悟公案，解析當代密宗高僧卡盧仁波切之錯悟證據，並例舉當代顯宗高僧、大居士之錯悟證據（凡健在者，爲免影響其名聞利養，皆隱其名）。藉辨正當代名師之邪見，向廣大佛子指陳禪悟之正道，彰顯宗門法眼。悲勇兼出，強捋虎鬚；慈智雙運，巧探驪龍；摩尼寶珠在手，直示宗門入處，禪味十足；若非大悟徹底，不能爲之。禪門精奇人物，允宜人手一冊，供作參究及悟後印證之圭臬。本書於2008年4月改版，增寫為大約500頁篇幅，以利學人研讀參究時更易悟入宗門正法，以前所購初版首刷及初版二刷舊書，皆可免費換取新書。平實導師著 500元（2007年起，凡購買公案拈提第一輯至第七輯，每購一輯皆贈送本公司精製公案拈提〈超意境〉CD一片，市售價格280元，多購多贈）。

宗門道眼——公案拈提第三輯：繼宗門法眼之後，再以金剛之作略、慈悲之胸懷、犀利之筆觸，舉示寒山、拾得、布袋三大士之悟處，消弭當代錯悟者對於寒山大士……等之誤會及誹謗。亦舉出民初以來與虛雲和尚齊名之蜀郡鹽亭袁煥仙夫子——南懷瑾老師之師，其「悟處」何在？並蒐羅許多眞悟祖師之證悟公案，顯示禪宗歷代祖師之睿智，指陳部分祖師、奧修及當代顯密大師之謬悟，作爲殷鑑，幫助禪子建立及修正參禪之方向及知見。假使讀者閱此書已，一時尚未能悟，亦可一面加功用行，一面以此宗門道眼辨別眞假善知識，避開錯誤之印證及歧路，可免大妄語業之長劫慘痛果報。欲修禪宗之禪者，務請細讀。平實導師著 售價500元（2007年起，凡購買公案拈提第一輯至第七輯，每購一輯皆贈送本公司精製公案拈提〈超意境〉CD一片，市售價格280元，多購多贈）。

楞伽經詳解：本經是禪宗見道者印證所悟眞僞之根本經典，亦是禪宗見道者悟後起修之依據經典；故達摩祖師於印證二祖慧可大師之後，將此經典連同佛鉢祖衣一併交付二祖，令其依此經典佛示金言、進入修道位，修學一切種智。由此可知此經對於眞悟之人修學佛道，是非常重要之一部經典。此經能破外道邪說，亦破佛門中錯悟名師之謬說，亦破禪宗部分祖師之狂禪：不讀經典、一向主張「一悟即成究竟佛」之謬執。並開示愚夫所行禪、觀察義禪、攀緣如禪、如來禪等差別，令行者對於三乘禪法差異有所分辨；亦糾正禪宗祖師古來對於如來禪之誤解，嗣後可免以訛傳訛之弊。此經亦是法相唯識宗之根本經典，禪者悟後欲修一切種智而入初地者，必須詳讀。　平實導師著，全套共十輯，已全部出版完畢，每輯主文約320頁，每冊約352頁，定價250元。

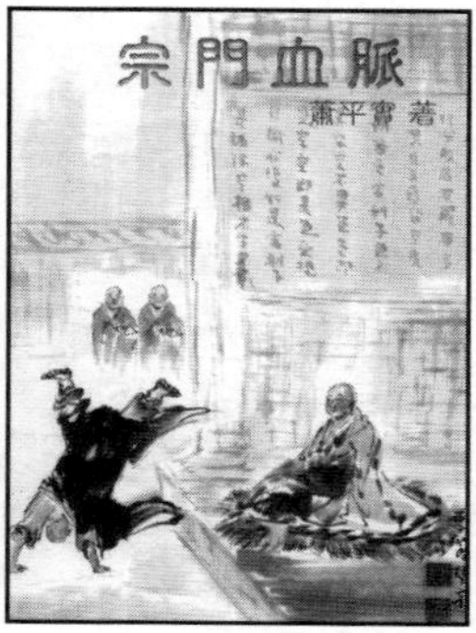

宗門血脈—**公案拈提第四輯**：末法怪象—許多修行人自以爲悟，每將無念靈知認作眞實；崇尚二乘法諸師及其徒眾，則將外於如來藏之緣起性空—無因論之無常空、斷滅空、一切法空—錯認爲 佛所說之般若空性。這兩種現象已於當今海峽兩岸及美加地區顯密大師之中普遍存在；人人自以爲悟，心高氣壯，便敢寫書解釋祖師證悟之公案，大多出於意識思惟所得，言不及義，錯誤百出，因此誤導廣大佛子同陷大妄語之地獄業中而不能自知。彼等書中所說之悟處，其實處處違背第一義經典之聖言量。彼等諸人不論是否身披袈裟，都非佛法宗門血脈，或雖有禪宗法脈之傳承，亦只徒具形式；猶如螟蛉，非眞血脈，未悟得根本眞實故。禪子欲知 佛、祖之眞血脈者，請讀此書，便知分曉。平實導師著，主文452頁，全書464頁，定價500元（2007年起，凡購買公案拈提第一輯至第七輯，每購一輯皆贈送本公司精製公案拈提〈超意境〉CD一片，市售價格280元，多購多贈）。

宗通與說通：古今中外，錯誤之人如麻似粟，每以常見外道所說之靈知心，認作眞心；或妄想虛空之勝性能量爲眞如，或錯認物質四大元素藉冥性（靈知心本體）能成就吾人色身及知覺，或認初禪至四禪中之了知心爲不生不滅之涅槃心。此等皆非通宗者之見地。復有錯悟之人一向主張「宗門與教門不相干」，此即尚未通達宗門之人也。其實宗門與教門互通不二，宗門所證者乃是眞如與佛性，教門所說者乃說宗門證悟之眞如佛性，故教門與宗門不二。本書作者以宗教二門互通之見地，細說「宗通與說通」，從初見道至悟後起修之道、細說分明；並將諸宗諸派在整體佛教中之地位與次第，加以明確之教判，學人讀之即可了知佛法之梗概也。欲擇明師學法之前，允宜先讀。平實導師著，主文共381頁，全書392頁，只售成本價300元。

宗門正道—公案拈提第五輯：修學大乘佛法有二果須證解脫果及大菩提果。二乘人不證大菩提果，唯證解脫果；此果之智慧，名爲聲聞菩提、緣覺菩提。大乘佛子所證二果之菩提果爲佛菩提，故名大菩提果，其慧名爲一切種智函蓋二乘解脫果。然此大乘二果修證，須經由禪宗之宗門證悟方能相應。而宗門證悟極難，自古已然；其所以難者，咎在古今佛教界普遍存在三種邪見：1.以修定認作佛法，2.以無因論之緣起性空—否定涅槃本際如來藏以後之一切法空作爲佛法，3.以常見外道邪見（離語言妄念之靈知性）作爲佛法。如是邪見，或因自身正見未立所致，或因邪師之邪教導所致，或因無始劫來虛妄熏習所致。若不破除此三種邪見，永劫不悟宗門眞義、不入大乘正道，唯能外門廣修菩薩行。平實導師於此書中，有極爲詳細之說明，有志佛子欲摧邪見、入於內門修菩薩行者，當閱此書。主文共496頁，全書512頁。售價500元（2007年起，凡購買公案拈提第一輯至第七輯，每購一輯皆贈送本公司精製公案拈提〈超意境〉CD一片，市售價格280元，多購多贈）。

狂密與真密：密教之修學，皆由有相之觀行法門而入，其最終目標仍不離顯教經典所說第一義諦之修證；若離顯教第一義經典、或違背顯教第一義經典，即非佛教。西藏密教之觀行法，如灌頂、觀想、遷識法、寶瓶氣、大聖歡喜雙身修法、喜金剛、無上瑜伽、大樂光明、樂空雙運等，皆是印度教**兩性生生不息**思想之轉化，**自始至終**皆以**如何能運用交合淫樂之法達到全身受樂**爲其中心思想，純屬欲界五欲的貪愛，不能令人超出欲界輪迴，更不能令人斷除我見；何況大乘之明心與見性，更無論矣！故密宗之法絕非佛法也。而其明光大手印、大圓滿法教，又皆同以常見外道所說**離語言妄念之無念靈知心**錯認爲佛地之眞如，不能直指不生不滅之眞如。西藏密宗所有法王與徒眾，都尚未開頂門眼，不能辨別眞僞，以**依人不依法、依密續不依經典**故，不肯將其上師喇嘛所說對照第一義經典，純依密續之藏密祖師所說爲準，因此而誇大其證德與證量，動輒謂彼祖師上師爲究竟佛、爲地上菩薩；如今台海兩岸亦有自謂其師證量高於 釋迦文佛者，然觀其師所述，猶未見道，仍在觀行即佛階段，尚未到禪宗相似即佛、分證即佛階位，竟敢標榜爲究竟佛及地上法王，誑惑初機學人。凡此怪象皆是狂密，不同於眞密之修行者。近年狂密盛行，密宗行者被誤導者極眾，動輒自謂已證佛地眞如，自視爲究竟佛，陷於大妄語業中而不知自省，反謗顯宗眞修實證者之證量粗淺；或如義雲高與釋性圓…等人，於報紙上公然誹謗眞實證道者爲「騙子、無道人、人妖、癩蛤蟆…」等，造下誹謗大乘勝義僧之大惡業；或以外道法中有爲有作之甘露、魔術……等法，誑騙初機學人，狂言彼外道法爲眞佛法。如是怪象，在西藏密宗及附藏密之外道中，不一而足，舉之不盡，學人宜應愼思明辨，以免上當後又犯毀破菩薩戒之重罪。密宗學人若欲遠離邪知邪見者，請閱此書，即能了知密宗之邪謬，從此遠離邪見與邪修，轉入眞正之佛道。

平實導師著 共四輯 每輯約400頁（主文約340頁）每輯售價300元。

宗門正義—公案拈提第六輯：佛教有六大危機，乃是藏密化、世俗化、膚淺化、學術化、宗門密意失傳、悟後進修諸地之次第混淆；其中尤以宗門密意之失傳，爲當代佛教最大之危機。由宗門密意失傳故，易令世尊本懷普被錯解，易令世尊正法被轉易爲外道法，以及加以淺化、世俗化，是故宗門密意之廣泛弘傳與具緣佛弟子，極爲重要。然而欲令宗門密意之廣泛弘傳予具緣之佛弟子者，必須同時配合錯誤知見之解析、普令佛弟子知之，然後輔以公案解析之直示入處，方能令具緣之佛弟子悟入。而此二者，皆須以公案拈提之方式爲之，方易成其功、竟其業，是故平實導師續作宗門正義一書，以利學人。全書500餘頁，售價500元（2007年起，凡購買公案拈提第一輯至第七輯，每購一輯皆贈送本公司精製公案拈提〈超意境〉CD一片，市售價格280元，多購多贈）。

心經密意—心經與解脫道、佛菩提道、祖師公案之關係與密意。二乘菩提所證之解脫道，實依第八識心之斷除煩惱障現行而立解脫之名；大乘菩提所證之佛菩提道，實依親證第八識如來藏之涅槃性、清淨自性、及其中道性而立般若之名；禪宗祖師公案所證之眞心，即是此第八識如來藏；是故三乘佛法所修所證之三乘菩提，皆依此如來藏心而立名也。此第八識心，即是《心經》所說之心也。證得此如來藏已，即能漸入大乘佛菩提道，亦可因證知此心而了知二乘無學所不能知之無餘涅槃本際，是故《心經》之密意，與三乘佛菩提之關係極爲密切、不可分割，三乘佛法皆依此心而立名故。今者平實導師以其所證解脫道之無生智及佛菩提之般若種智，將《心經》與解脫道、佛菩提道、祖師公案之關係與密意，以演講之方式，用淺顯之語句和盤托出，發前人所未言，呈三乘菩提之眞義，令人藉此《心經密意》一舉而窺三乘菩提之堂奧，迥異諸方言不及義之說；欲求眞實佛智者、不可不讀！主文317頁，連同跋文及序文…等共384頁，售價300元。

宗門密意—公案拈提第七輯：佛教之世俗化，將導致學人以信仰作爲學佛，則將以感應及世間法之庇祐，作爲學佛之主要目標，不能了知學佛之主要目標爲親證三乘菩提。大乘菩提則以般若實相智慧爲主要修習目標，以二乘菩提解脫道爲附帶修習之標的；是故學習大乘法者，應以禪宗之證悟爲要務，能親入大乘菩提之實相般若智慧中故，般若實相智慧非二乘聖人所能知故。此書則以台灣世俗化佛教之三大法師，說法似是而非之實例，配合眞悟祖師之公案解析，提示證悟般若之關節，令學人易得悟入。平實導師著，全書五百餘頁，售價500元（2007年起，凡購買公案拈提第一輯至第七輯，每購一輯皆贈送本公司精製公案拈提〈超意境〉CD一片，市售價格280元，多購多贈）。

淨土聖道—兼評日本本願念佛：佛法甚深極廣，般若玄微，非諸二乘聖僧所能知之，一切凡夫更無論矣！所謂一切證量皆歸淨土是也！是故大乘法中「聖道之淨土、淨土之聖道」，其義甚深，難可了知；乃至眞悟之人，初心亦難知也。今有正德老師眞實證悟後，復能深探淨土與聖道之緊密關係，憐憫眾生之誤會淨土實義，亦欲利益廣大淨土行人同入聖道，同獲淨土中之聖道門要義，乃振奮心神、書以成文，今得刊行天下。主文279頁，連同序文等共301頁，總有十一萬六千餘字，正德老師著，成本價200元。

起信論講記：詳解大乘起信論**心生滅門**與**心眞如門**之眞實意旨，消除以往大師與學人對起信論所說**心生滅門**之誤解，由是而得了知眞心如來藏之非常非斷中道正理；亦因此一講解，令此論以往隱晦而被誤解之眞實義，得以如實顯示，令大乘佛菩提道之正理得以顯揚光大；初機學者亦可藉此正論所顯示之法義，對大乘法理生起正信，從此得以眞發菩提心，眞入大乘法中修學，世世常修菩薩正行。平實導師演述，共六輯，都已出版，每輯三百餘頁，售價250元。

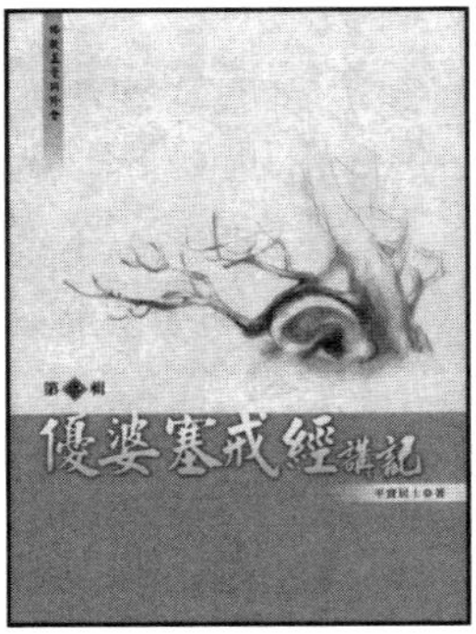

優婆塞戒經講記：本經詳述在家菩薩修學大乘佛法，應如何受持菩薩戒？對人間善行應如何看待？對三寶應如何護持？應如何正確地修集此世後世證法之福德？應如何修集後世「行菩薩道之資糧」？並詳述第一義諦之正義：五蘊非我非異我、自作自受、異作異受、不作不受……等深妙法義，乃是修學大乘佛法、行菩薩行之在家菩薩所應當了知者。出家菩薩今世或未來世登地已，捨報之後多數將如華嚴經中諸大菩薩，以在家菩薩身而修行菩薩行，故亦應以此經所述正理而修之，配合《楞伽經、解深密經、楞嚴經、華嚴經》等道次第正理，方得漸次成就佛道；故此經是一切大乘行者皆應證知之正法。平實導師講述，每輯三百餘頁，售價各250元；共八輯，已全部出版。

真假活佛—略論附佛外道盧勝彥之邪說：人人身中都有眞活佛，永生不滅而有大神用，但眾生都不了知，所以常被身外的西藏密宗假活佛籠罩欺瞞。本來就眞實存在的眞活佛，才是眞正的密宗無上密！諾那活佛因此而說禪宗是大密宗，但藏密的所有活佛都不知道、也不曾實證自身中的眞活佛。本書詳實宣示眞活佛的道理，舉證盧勝彥的「佛法」不是眞佛法，也顯示盧勝彥是假活佛，直接的闡釋第一義佛法見道的眞實正理。眞佛宗的所有上師與學人們，都應該詳細閱讀，包括盧勝彥個人在內。正犀居士著，優惠價140元。

阿含正義—唯識學探源：廣說四大部《阿含經》諸經中隱說之眞正義理，一一舉示佛陀本懷，令阿含時期初轉法輪根本經典之眞義，如實顯現於佛子眼前。並提示末法大師對於阿含眞義誤解之實例，一一比對之，證實唯識增上慧學確於原始佛法之阿含諸經中已隱覆密意而略說之，證實 世尊確於原始佛法中已曾密意而說第八識如來藏之總相；亦證實 世尊在四阿含中已說此藏識是名色十八界之因、之本—證明如來藏是能生萬法之根本心。佛子可據此修正以往受諸大師（譬如西藏密宗應成派中觀師：印順、昭慧、性廣、大願、達賴、宗喀巴、寂天、月稱、……等人）誤導之邪見，建立正見，轉入正道乃至親證初果而無困難；書中並詳說三果所證的**心解脫**，以及四果**慧解脫**的親證，都是如實可行的具體知見與行門。全書共七輯，已出版完畢。平實導師著，每輯三百餘頁，售價300元。

超意境CD：以平實導師公案拈提書中超越意境之頌詞，加上曲風優美的旋律，錄成令人嚮往的超意境歌曲，其中包括正覺發願文及平實導師親自譜成的黃梅調歌曲一首。詞曲雋永，殊堪翫味，可供學禪者吟詠，有助於見道。內附設計精美的彩色小冊，解說每一首詞的背景本事。每片280元。【每購買公案拈提書籍一冊，即贈送一片。】

鈍鳥與靈龜：鈍鳥及靈龜二物，被宗門證悟者說爲二種人：前者是精修禪定而無智慧者，也是以定爲禪的愚癡禪人；後者是或有禪定、或無禪定的宗門證悟者，凡已證悟者皆是靈龜。但後來被人虛造事實，用以嘲笑大慧宗杲禪師，說他雖是靈龜，卻不免被天童禪師預記「患背」痛苦而亡：「**鈍鳥離巢易，靈龜脫殼難。**」藉以貶低大慧宗杲的證量。同時將天童禪師實證如來藏的證量，曲解爲意識境界的離念靈知。自從大慧禪師入滅以後，錯悟凡夫對他的不實毀謗就一直存在著，不曾止息，並且捏造的假事實也隨著年月的增加而越來越多，終至編成「鈍鳥與靈龜」的假公案、假故事。本書是考證大慧與天童之間的不朽情誼，顯現這件假公案的虛妄不實；更見大慧宗杲面對惡勢力時的正直不阿，亦顯示大慧對天童禪師的至情深義，將使後人對大慧宗杲的誣謗至此而止，不再有人誤犯毀謗賢聖的惡業。書中亦舉證宗門的所悟確以第八識如來藏爲標的，詳讀之後必可改正以前被錯悟大師誤導的參禪知見，日後必定有助於實證禪宗的開悟境界，得階大乘眞見道位中，即是實證般若之賢聖。全書459頁，售價350元。

我的菩提路第一輯：凡夫及二乘聖人不能實證的佛菩提證悟，末法時代的今天仍然有人能得實證，由正覺同修會釋悟圓、釋善藏法師等二十餘位實證如來藏者所寫的見道報告，已爲當代學人見證宗門正法之絲縷不絕，證明大乘義學的法脈仍然存在，爲末法時代求悟般若之學人照耀出光明的坦途。由二十餘位大乘見道者所繕，敘述各種不同的學法、見道因緣與過程，參禪求悟者必讀。全書三百餘頁，售價300元。

我的菩提路第二輯：由郭正益老師等人合著，書中詳述彼等諸人歷經各處道場學法，一一修學而加以檢擇之不同過程以後，因閱讀正覺同修會、正智出版社書籍而發起抉擇分，轉入正覺同修會中修學；乃至學法及見道之過程，都一一詳述之。其中張志成等人係由前現代禪轉進正覺同修會，張志成原爲現代禪副宗長，以前未閱本會書籍時，曾被人藉其名義著文評論 平實導師（詳見《宗通與說通》辨正及《眼見佛性》書末附錄…等）；後因偶然接觸正覺同修會書籍，深覺以前聽人評論平實導師之語不實，於是投入極多時間閱讀本會書籍、深入思辨，詳細探索中觀與唯識之關聯與異同，認爲正覺之法義方是正法，深覺相應；亦解開多年來對佛法的迷雲，確定應依八識論正理修學方是正法。乃不顧面子，毅然前往正覺同修會面見平實導師懺悔，並正式學法求悟。今已與其同修王美伶（亦爲前現代禪傳法老師），同樣證悟如來藏而證得法界實相，生起實相般若眞智。此書中尙有七年來本會第一位眼見佛性者之見性報告一篇，一同供養大乘佛弟子。全書共四百頁，售價300元。

我的菩提路第三輯：由王美伶老師等人合著。自從正覺同修會成立以來，每年夏初、冬初都舉辦精進禪三共修，藉以助益會中同修們得以證悟明心發起般若實相智慧；凡已實證而被平實導師印證者，皆書具見道報告用以證明佛法之眞實可證而非玄學，證明佛法並非純屬思想、理論而無實質，是故每年都能有人證明正覺同修會的「實證佛教」主張並非虛語。特別是眼見佛性一法，自古以來中國禪宗祖師實證者極寡，較之明心開悟的證境更難令人信受；至2017年初，正覺同修會中的證悟明心者已近五百人，然而其中眼見佛性者至今唯十餘人爾，可謂難能可貴，是故明心後欲冀眼見佛性者實屬不易。黃正倖老師是懸絕七年無人見性後的第一人，她於2009年的見性報告刊於本書的第二輯中，爲大眾證明佛性確實可以眼見；其後七年之中求見性者都屬解悟佛性而無人眼見，幸而又經七年後的2016冬初，以及2017夏初的禪三，復有三人眼見佛性，希冀鼓舞四眾佛子求見佛性之大心，今則具載一則於書末，顯示求見佛性之事實經歷，供養現代佛教界欲得見性之四眾弟子。全書四百頁，售價300元。

我的菩提路第四輯：由陳晏平等人著。中國禪宗祖師往往有所謂「見性」之言，所言多屬看見如來藏具有能令人發起成佛之自性，並非《大般涅槃經》中 如來所說之眼見佛性。眼見佛性者，於親見佛性之時，即能於山河大地眼見自己佛性，亦能於他人身上眼見自己佛性及對方之佛性，如是境界無法爲尚未實證者解釋；勉強說之，縱使眞實明心證悟之人聞之，亦只能以自身明心之境界想像之，但不論如何想像多屬非量，能有正確之比量者亦是稀有，故說眼見佛性極爲困難。眼見佛性之人若所見極分明時，在所見佛性之境界下所眼見之山河大地、自己五蘊身心皆是虛幻，自有異於明心者之解脫功德受用，此後永不思證二乘涅槃，必定邁向成佛之道而進入第十住位中，已超第一阿僧祇劫三分有一，可謂之爲超劫精進也。今又有明心之後眼見佛性之人出於人間，將其明心及後來見性之報告，連同其餘證悟明心者之精彩報告一同收錄於此書中，供養眞求佛法實證之四眾佛子。全書380頁，售價300元。

我的菩提路第五輯：林慈慧等人著。書中詳敘學佛一路之辛苦萬端，直至得遇正法之後如何修行終能實證，現觀眞如而入勝義菩薩僧數。本輯亦錄入一位明心後又再眼見佛性的實證者，文中詳述見性之過程，並說明見性後的情況。古來能得明心又得見性之祖師極寡，禪師們所謂見性者往往屬於明心時親見第八識如來藏具備能使人成佛之自性，即名見性，例如六祖等人，但非《大般涅槃經》中所說之「眼見佛性」之實證。今本書提供眼見佛性證量之見性報告一篇，以饗讀者。全書384頁，300元。

維摩詰經講記：本經係 世尊在世時，由等覺菩薩維摩詰居士藉疾病而演說之大乘菩提無上妙義，所說函蓋甚廣，然極簡略，是故今時諸方大師與學人讀之悉皆錯解，何況能知其中隱含之深妙正義，是故普遍無法爲人解說；若強爲人說，則成依文解義而有諸多過失。今由平實導師公開宣講之後，詳實解釋其中密意，令維摩詰菩薩所說大乘不可思議解脫之深妙正法得以正確宣流於人間，利益當代學人及與諸方大師。書中詳實演述大乘佛法深妙不共二乘之智慧境界，顯示諸法之中絕待之實相境界，建立大乘菩薩妙道於永遠不敗不壞之地，以此成就護法偉功，欲冀永利娑婆人天。已經宣講圓滿整理成書流通，以利諸方大師及諸學人。全書共六輯，每輯三百餘頁，售價各250元。

真假外道：本書具體舉證佛門中的常見外道知見實例，並加以教證及理證上的辨正，幫助讀者輕鬆而快速的了知常見外道的錯誤知見，進而遠離佛門內外的常見外道知見，因此即能改正修學方向而快速實證佛法。游正光老師著。成本價200元。

勝鬘經講記：如來藏爲三乘菩提之所依，若離如來藏心體及其含藏之一切種子，即無三界有情及一切世間法，亦無二乘菩提緣起性空之出世間法；本經詳說無始無明、一念無明皆依如來藏而有之正理，藉著詳解煩惱障與所知障間之關係，令學人深入了知二乘菩提與佛菩提相異之妙理；聞後即可了知佛菩提之特勝處及三乘修道之方向與原理，邁向攝受正法而速成佛道的境界中。平實導師講述，共六輯，每輯三百餘頁，售價各250元。

楞嚴經講記：楞嚴經係密教部之重要經典，亦是顯教中普受重視之經典；經中宣說明心與見性之內涵極爲詳細，將一切法都會歸如來藏及佛性——妙眞如性；亦闡釋佛菩提道修學過程中之種種魔境，以及外道誤會涅槃之狀況，旁及三界世間之起源。然因言句深澀難解，法義亦復深妙寬廣，學人讀之普難通達，是故讀者大多誤會，不能如實理解佛所說之明心與見性內涵，亦因是故多有悟錯之人引爲開悟之證言，成就大妄語罪。今由平實導師詳細講解之後，整理成文，以易讀易懂之語體文刊行天下，以利學人。全書十五輯，全部出版完畢。每輯三百餘頁，售價每輯300元。

明心與眼見佛性：本書細述明心與眼見佛性之異同，同時顯示了中國禪宗破初參明心與重關眼見佛性二關之間的關聯；書中又藉法義辨正而旁述其他許多勝妙法義，讀後必能遠離佛門長久以來積非成是的錯誤知見，令讀者在佛法的實證上有極大助益。也藉慧廣法師的謬論來教導佛門學人回歸正知正見，遠離古今禪門錯悟者所墮的意識境界，非唯有助於斷我見，也對未來的開悟明心實證第八識如來藏有所助益，是故學禪者都應細讀之。游正光老師著　共448頁　售價300元。

菩薩底憂鬱CD將菩薩情懷及禪宗公案寫成新詞，並製作成超越意境的優美歌曲。1.主題曲〈菩薩底憂鬱〉，描述地後菩薩能離三界生死而迴向繼續生在人間，但因尚未斷盡習氣種子而有極深沈之憂鬱，非三賢位菩薩及二乘聖者所知，此憂鬱在七地滿心位方才斷盡；本曲之詞中所說義理極深，昔來所未曾見；此曲係以優美的情歌風格寫詞及作曲，聞者得以激發嚮往諸地菩薩境界之大心，詞、曲都非常優美，難得一見；其中勝妙義理之解說，已印在附贈之彩色小冊中。2.以各輯公案拈提中直示禪門入處之頌文，作成各種不同曲風之超意境歌曲，值得玩味、參究；聆聽公案拈提之優美歌曲時，請同時閱讀內附之印刷精美說明小冊，可以領會超越三界的證悟境界；未悟者可以因此引發求悟之意向及疑情，眞發菩提心而邁向求悟之途，乃至因此眞實悟入般若，成眞菩薩。3.正覺總持咒新曲，總持佛法大意；總持咒之義理，已加以解說並印在隨附之小冊中。本CD共有十首歌曲，長達63分鐘，附贈二張購書優惠券。每片280元。

禪意無限CD平實導師以公案拈提書中偈頌寫成不同風格曲子，與他人所寫不同風格曲子共同錄製出版，幫助參禪人進入禪門超越意識之境界。盒中附贈彩色印製的精美解說小冊，以供聆聽時閱讀，令參禪人得以發起參禪之疑情，即有機會證悟本來面目，實證大乘菩提般若。本CD共有十首歌曲，長達69分鐘，每盒各附贈二張購書優惠券。每片280元。

金剛經宗通：三界唯心，萬法唯識，是成佛之修證內容，是諸地菩薩之所修；般若則是成佛之道（實證三界唯心、萬法唯識）的入門，若未證悟實相般若，即無成佛之可能，必將永在外門廣行菩薩六度，永在凡夫位中。然而實相般若的發起，全賴實證萬法的實相；若欲證知萬法的眞相，則必須探究萬法之所從來，則須實證自心如來—金剛心如來藏，然後現觀這個金剛心的金剛性、眞實性、如如性、清淨性、涅槃性、能生萬法的自性性、本住性，名爲證眞如；進而現觀三界六道唯是此金剛心所成，人間萬法須藉八識心王和合運作方能現起。如是實證《華嚴經》的「三界唯心、萬法唯識」以後，由此等現觀而發起實相般若智慧，繼續進修第十住位的如幻觀、第十行位的陽焰觀、第十迴向位的如夢觀，再生起增上意樂而勇發十無盡願，方能滿足三賢位的實證，轉入初地；自知成佛之道而無偏倚，從此按部就班、次第進修乃至成佛。第八識自心如來是般若智慧之所依，般若智慧的修證則要從實證金剛心自心如來開始；《金剛經》則是解說自心如來之經典，是一切三賢位菩薩所應進修之實相般若經典。這一套書，是將平實導師宣講的《金剛經宗通》內容，整理成文字而流通之；書中所說義理，迴異古今諸家依文解義之說，指出大乘見道方向與理路，有益於禪宗學人求開悟見道，及轉入內門廣修六度萬行。講述完畢後結集出版，總共9輯，每輯約三百餘頁，售價各250元。

空行母—性別、身分定位，以及藏傳佛教：本書作者爲蘇格蘭哲學家，因爲嚮往佛教深妙的哲學內涵，於是進入當年盛行於歐美的假藏傳佛教密宗，擔任卡盧仁波切的翻譯工作多年以後，被邀請成爲卡盧的空行母（又名佛母、明妃），開始了她在密宗裡的實修過程；後來發覺在密宗雙身法中的修行，其實無法使自己成佛，也發覺密宗對女性岐視而處處貶抑，並剝奪女性在雙身法中擔任一半角色時應有的身分定位。當她發覺自己只是雙身法中被喇嘛利用的工具，沒有獲得絲毫應有的尊重與基本定位時，發現了密宗的父權社會控制女性的本質；於是作者傷心地離開了卡盧仁波切與密宗，但是卻被恐嚇不許講出她在密宗裡的經歷，也不許她說出自己對密宗的教義與教制下對女性剝削的本質，否則將被咒殺死亡。後來她去加拿大定居，十餘年後方才擺脫這個恐嚇陰影，下定決心將親身經歷的實情及觀察到的事實寫下來並且出版，公諸於世。出版之後，她被流亡的達賴集團人士大力攻訐，誣指她爲精神狀態失常、說謊……等。但有智之士並未被達賴集團的政治操作及各國政府政治運作吹捧達賴的表相所欺，使她的書銷售無阻而又再版。正智出版社鑑於作者此書是親身經歷的事實，所說具有針對「藏傳佛教」而作學術研究的價值，也有使人認清假藏傳佛教剝削佛母、明妃的男性本位實質，因此洽請作者同意中譯而出版於華人地區。珍妮·坎貝爾女士著，呂艾倫 中譯，每冊250元。

霧峰無霧—給哥哥的信：本書作者藉兄弟之間信件往來論義，略述佛法大義；並以多篇短文辨義，舉出釋印順對佛法的無量誤解證據，並一一給予簡單而清晰的辨正，令人一讀即知。久讀、多讀之後即能認清楚釋印順的六識論見解，與眞實佛法之牴觸是多麼嚴重；於是在久讀、多讀之後，於不知不覺之間提升了對佛法的極深入理解，正知正見就在不知不覺間建立起來了。當三乘佛法的正知見建立起來之後，對於三乘菩提的見道條件便將隨之具足，於是聲聞解脫道的見道也就水到渠成；接著大乘見道的因緣也將次第成熟，未來自然也會有親見大乘菩提之道的因緣，悟入大乘實相般若也將自然成功，自能通達般若系列諸經而成實義菩薩。作者居住於南投縣霧峰鄉，自喻見道之後不復再見霧峰之霧，故鄉原野美景一一明見，於是立此書名爲《霧峰無霧》；讀者若欲撥霧見月，可以此書爲緣。游宗明 老師著 售價250元。

假藏傳佛教的神話—性、謊言、喇嘛教：本書編著者是由一首名叫「阿姊鼓」的歌曲爲緣起，展開了序幕，揭開假藏傳佛教—喇嘛教—的神祕面紗。其重點是蒐集、摘錄網路上質疑「喇嘛教」的帖子，以揭穿「假藏傳佛教的神話」爲主題，串聯成書，並附加彩色插圖以及說明，讓讀者們瞭解西藏密宗及相關人事如何被操作爲「神話」的過程，以及神話背後的眞相。作者：張正玄教授。售價200元。

達賴真面目—玩盡天下女人：假使您不想戴綠帽子，請記得詳細閱讀此書；假使您不想讓好朋友戴綠帽子，請您將此書介紹給您的好朋友。假使您想保護家中的女性，也想要保護好朋友的女眷，請記得將此書送給家中的女性和好友的女眷都來閱讀。本書爲印刷精美的大本彩色中英對照精裝本，爲您揭開達賴喇嘛的眞面目，內容精彩不容錯過，爲利益社會大眾，特別以優惠價格嘉惠所有讀者。編著者：白志偉等。大開版雪銅紙彩色精裝本。售價800元。

喇嘛性世界—揭開假藏傳佛教譚崔瑜伽的面紗：這個世界中的喇嘛，號稱來自世外桃源的香格里拉，穿著或紅或黃的喇嘛長袍，散布於我們的身邊傳教灌頂，吸引了無數的人嚮往學習；這些喇嘛虔誠地爲大眾祈福，手中拿著寶杵（金剛）與寶鈴（蓮花），口中唸著咒語：「唵・嘛呢・叭咪・吽……」，咒語的意思是說：「我至誠歸命金剛杵上的寶珠伸向蓮花寶穴之中」！「喇嘛性世界」是什麼樣的「世界」呢？本書將爲您呈現喇嘛世界的面貌。當您發現眞相以後，您將會唸：「噢！喇嘛・性・世界，譚崔性交嘛！」作者：張善思、呂艾倫。售價200元。

末代達賴——性交教主的悲歌：簡介從藏傳僞佛教（喇嘛教）的修行核心——性力派男女雙修，探討達賴喇嘛及藏傳僞佛教的修行內涵。書中引用外國知名學者著作、世界各地新聞報導，包含：歷代達賴喇嘛的祕史、達賴六世修雙身法的事蹟，以及《時輪續》中的性交灌頂儀式……等；達賴喇嘛書中開示的雙修法、達賴喇嘛的黑暗政治手段；達賴喇嘛所領導的寺院爆發喇嘛性侵兒童；新聞報導《西藏生死書》作者索甲仁波切性侵女信徒、澳洲喇嘛秋達公開道歉、美國最大假藏傳佛教組織領導人邱陽創巴仁波切的性氾濫；等等事件背後眞相的揭露。作者：張善思、呂艾倫、辛燕。售價250元。

第七意識與第八意識？——穿越時空「超意識」：「三界唯心，萬法唯識」是佛教中應該實證的聖教，也是《華嚴經》中明載而可以實證的法界實相。唯心者，三界一切境界、一切諸法唯是一心所成就，即是每一個有情的第八識如來藏，不是意識心。唯識者，即是人類各各都具足的八識心王——眼識、耳鼻舌身意識、意根、阿賴耶識，第八阿賴耶識又名如來藏，人類五陰相應的萬法，莫不由八識心王共同運作而成就，故說萬法唯識。依聖教量及現量、比量，都可以證明意識是二法因緣生，是由第八識藉意根與法塵二法爲因緣而出生，又是夜夜斷滅不存之生滅心，即無可能反過來出生第七識意根、第八識如來藏，當知不可能從生滅性的意識心中，細分出恆審思量的第七識意根，更無可能細分出恆而不審的第八識如來藏。本書是將演講內容整理成文字，細說如是內容，並已在〈正覺電子報〉連載完畢，今彙集成書以廣流通，欲幫助佛門有緣人斷除意識我見，跳脫於識陰之外而取證聲聞初果；嗣後修學禪宗時即得不墮外道神我之中，得以求證第八識金剛心而發起般若實智。平實導師 述，每冊300元。

黯淡的達賴—失去光彩的諾貝爾和平獎：本書舉出很多證據與論述，詳述達賴喇嘛不爲世人所知的一面，顯示達賴喇嘛並不是眞正的和平使者，而是假借諾貝爾和平獎的光環來欺騙世人；透過本書的說明與舉證，讀者可以更清楚的瞭解，達賴喇嘛是結合暴力、黑暗、淫欲於喇嘛教裡的集團首領，其政治行爲與宗教主張，早已讓諾貝爾和平獎的光環染污了。 本書由財團法人正覺教育基金會寫作、編輯，由正覺出版社印行，每冊250元。

童女迦葉考—論呂凱文〈佛教輪迴思想的論述分析〉之謬：童女迦葉是佛世率領五百大比丘遊行於人間的歷史事實，是以童貞行而依止菩薩戒弘化於人間的大菩薩，不依別解脫戒（聲聞戒）來弘化於人間。這是大乘佛教與聲聞佛教同時存在於佛世的歷史明證，證明大乘佛教不是從聲聞法中分裂出來的部派佛教的產物，卻是聲聞佛教分裂出來的部派佛教聲聞凡夫僧所不樂見的史實；於是古今聲聞法中的凡夫都欲加以扭曲而作詭說，更是末法時代高聲大呼「大乘非佛說」的六識論聲聞凡夫極力想要扭曲的佛教史實之一，於是想方設法扭曲迦葉菩薩爲聲聞僧，以及扭曲迦葉童女爲比丘僧等荒謬不實之論著便陸續出現，古時聲聞僧寫作的《分別功德論》是最具體之事例，現代之代表作則是呂凱文先生的〈佛教輪迴思想的論述分析〉論文。鑑於如是假藉學術考證以籠罩大眾之不實謬論，未來仍將繼續造作及流竄於佛教界，繼續扼殺大乘佛教學人法身慧命，必須舉證辨正之，遂成此書。平實導師 著，每冊180元。

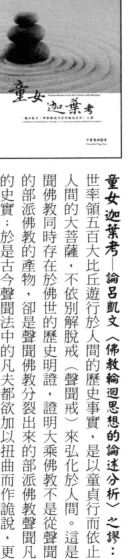

人間佛教—實證者必定不悖三乘菩提：「大乘非佛說」的講法似乎流傳已久，卻只是日本人企圖擺脫中國正統佛教的影響，而在明治維新時期才開始提出來的說法；台灣佛教、大陸佛教的淺學無智之人，由於未曾實證佛法而迷信日本人錯誤的學術考證，錯認爲這些別有用心的日本佛學考證的講法爲天竺佛教的眞實歷史；甚至還有更激進的反對佛教者提出「釋迦牟尼佛並非眞實存在，只是後人捏造的假歷史人物」，竟然也有少數人願意跟著「學術」的假光環而信受不疑，於是開始有一些佛教界人士造作了反對中國佛教而推崇南洋小乘佛教的行爲，使佛教的信仰者難以檢擇，導致一般大陸人士開始轉入基督教的盲目迷信中。在這些佛教及外教人士之中，也就有一分人根據此邪說而大聲主張「大乘非佛說」的謬論，這些人以「人間佛教」的名義來抵制中國正統佛教，公然宣稱中國的大乘佛教是由聲聞部派佛教的凡夫僧所創造出來的。這樣的說法流傳於台灣及大陸佛教界凡夫僧之中已久，卻非眞正的佛教歷史中曾經發生過的事，只是繼承六識論的聲聞法中凡夫僧依自己的意識境界立場，純憑臆想而編造出來的妄想說法，卻已經影響許多無智之凡夫僧俗信受不移。本書則是從佛教的經藏法義實質及實證的現量內涵本質立論，證明大乘佛法本是佛說，是從《阿含正義》尚未說過的不同面向來討論「人間佛教」的議題，證明「大乘眞佛說」。閱讀本書可以斷除六識論邪見，迴入三乘菩提正道發起實證的因緣；也能斷除禪宗學人學禪時普遍存在之錯誤知見，對於建立參禪時的正知見有很深的著墨。 平實導師 述，內文488頁，全書528頁，定價400元。

見性與看話頭：黃正倖老師的《見性與看話頭》於《正覺電子報》連載完畢，今集結出版。書中詳說禪宗看話頭的詳細方法，並細說看話頭與眼見佛性的關係，以及眼見佛性者求見佛性前必須具備的條件。本書是禪宗實修者追求明心開悟時參禪的方法書，也是求見佛性者作功夫時必讀的方法書，內容兼顧眼見佛性的理論與實修之方法，是依實修之體驗配合理論而詳述，條理分明而且極爲詳實、周全、深入。本書內文375頁，全書416頁，售價300元。

中觀金鑑——詳述應成派中觀的起源與其破法本質：學佛人往往迷於中觀學派之不同學說，被應成派與自續派所迷惑；修學般若中觀二十年後自以爲實證般若中觀了，卻仍不曾入門，甫聞實證般若中觀者之所說，則茫無所知，迷惑不解；隨後信心盡失，不知如何實證佛法；凡此，皆因惑於這二派中觀學說所致。自續派中觀所說同於常見，以意識境界立爲第八識如來藏之境界，應成派所說則同於斷見，但又同立意識爲常住法，故亦具足斷常二見。今者孫正德老師有鑑於此，乃將起源於密宗的應成派中觀學說，追本溯源，詳考其來源之外，亦一一舉證其立論內容，詳加辨正，令密宗雙身法祖師以識陰境界而造之應成派中觀學說本質，詳細呈現於學人眼前，令其維護雙身法之目的無所遁形。若欲遠離密宗此二大派中觀謬說，欲於三乘菩提有所進道者，允宜具足閱讀並細加思惟，反覆讀之以後將可捨棄邪道返歸正道，則於般若之實證即有可能，證後自能現觀如來藏之中道境界而成就中觀。本書分上、中、下三冊，每冊250元，已全部出版完畢。

真心告訴您（一）——達賴喇嘛在幹什麼？這是一本報導篇章的選集，更是「破邪顯正」的暮鼓晨鐘。「破邪」是戳破假象，說明達賴喇嘛及其所率領的密宗四大派法王、喇嘛們，弘傳的佛法是仿冒的佛法；他們是假藏傳佛教，是坦特羅(譚崔性交)外道法和藏地崇奉鬼神的苯教混合成的「喇嘛教」，推廣的是以所謂「無上瑜伽」的男女雙身法冒充佛法的假佛教，詐財騙色誤導眾生，常常造成信徒家庭破碎、家中兒少失怙的嚴重後果。「顯正」是揭櫫眞相，指出眞正的藏傳佛教只有一個，就是覺囊巴，傳的是 釋迦牟尼佛演繹的第八識如來藏妙法，稱爲他空見大中觀。正覺教育基金會即以此古今輝映的如來藏正法正知見，在眞心新聞網中逐次報導出來，將箇中原委「眞心告訴您」，如今結集成書，與想要知道密宗眞相的您分享。售價250元。

實相經宗通：學佛之目的在於實證一切法界背後之實相，禪宗稱之爲本來面目或本地風光，佛菩提道中稱之爲實相法界；此實相法界即是金剛藏，又名佛法之祕密藏，即是能生有情五陰、十八界及宇宙萬有（山河大地、諸天、三惡道世間）的第八識如來藏，又名阿賴耶識心，即是禪宗祖師所說的眞如心，此心即是三界萬有背後的實相。證得此第八識心時，自能瞭解般若諸經中隱說的種種密意，即得發起實相般若——實相智慧。每見學佛人修學佛法二十年後仍對實相般若茫然無知，亦不知如何入門，茫無所趣；更因不知三乘菩提的互異互同，是故越是久學者對佛法越覺茫然，都肇因於尚未瞭解佛法的全貌，亦未瞭解佛法的修證內容即是第八識心所致。本書對於修學佛法者所應實證的實相境界提出明確解析，並提示趣入佛菩提道的入手處，有心親證實相般若的佛法實修者，宜詳讀之，於佛菩提道之實證即有下手處。平實導師述著，共八輯，全部出版完畢，每輯成本價250元。

法華經講義：此書爲平實導師始從2009/7/21演述至2014/1/14之講經錄音整理所成。世尊一代時教，總分五時三教，即是華嚴時、聲聞緣覺教、般若教、種智唯識教、法華時；依此五時三教區分爲藏、通、別、圓四教。本經是最後一時的圓教經典，圓滿收攝一切法教於本經中，是故最後的圓教聖訓中，特地指出無有三乘菩提，其實唯有一佛乘；皆因眾生愚迷故，方便區分爲三乘菩提以助眾生證道。世尊於此經中特地說明如來示現於人間的唯一大事因緣，便是爲有緣眾生「開、示、悟、入」諸佛的所知所見——第八識如來藏妙眞如心，並於諸品中隱說「妙法蓮花」如來藏心的密意。然因此經所說甚深難解，眞義隱晦，古來難得有人能窺堂奧；平實導師以知如是密意故，特爲末法佛門四眾演述《妙法蓮華經》中各品蘊含之密意，使古來未曾被古德註解出來的「此經」密意，如實顯示於當代學人眼前。乃至〈藥王菩薩本事品〉、〈妙音菩薩品〉、〈觀世音菩薩普門品〉、〈普賢菩薩勸發品〉中的微細密意，亦皆一併詳述之，開前人所未曾言之密意，示前人所未見之妙法。最後乃至以〈法華大義〉而總其成，全經妙旨貫通始終，而依佛旨圓攝於一心如來藏妙心，厥爲曠古未有之大說也。平實導師述，共有25輯。每輯300元。

西藏「活佛轉世」制度—附佛、造神、世俗法： 歷來關於喇嘛教活佛轉世的研究，多針對歷史及文化兩部分，於其所以成立的理論基礎，較少系統化的探討。尤其是此制度是否依據「佛法」而施設？是否合乎佛法眞實義？現有的文獻大多含糊其詞，或人云亦云，不曾有明確的闡釋與如實的見解。因此本文先從活佛轉世的由來，探索此制度的起源、背景與功能，並進而從活佛的尋訪與認證之過程，發掘活佛轉世的特徵，以確認「活佛轉世」在佛法中應具足何種果德。定價150元。

真心告訴您（二）—達賴喇嘛是佛教僧侶嗎？補祝達賴喇嘛八十大壽： 這是一本針對當今達賴喇嘛所領導的喇嘛教，冒用佛教名相、於師徒間或師兄姊間，實修男女邪淫，而從佛法三乘菩提的現量與聖教量，揭發其謊言與邪術，證明達賴及其喇嘛教是仿冒佛教的外道，是「假藏傳佛教」。藏密四大派教義雖有「八識論」與「六識論」的表面差異，然其實修之內容，皆共許「無上瑜伽」四部灌頂爲究竟「成佛」之法門，也就是共以男女雙修之邪淫法爲「即身成佛」之密要，雖美其名曰「欲貪爲道」之「金剛乘」，並誇稱其成就超越於（應身佛）釋迦牟尼佛所傳之顯教般若乘之上；然詳考其理論，則或以意識離念時之粗細心爲第八識如來藏，或以中脈裡的明點爲第八識如來藏，或如宗喀巴與達賴堅決主張第六意識爲常恆不變之眞心者，分別墮於外道之常見與斷見中；全然違背 佛說能生五蘊之如來藏的實質。售價300元。

涅槃——解說四種涅槃之實證及內涵：眞正學佛之人，首要即是見道，由見道故方有涅槃之實證，證涅槃者方能出生死，但涅槃有四種：二乘聖者的有餘涅槃、無餘涅槃，以及大乘聖者的本來自性清淨涅槃、佛地的無住處涅槃。大乘聖者實證本來自性清淨涅槃，入地前再取證二乘涅槃，然後起惑潤生捨離二乘涅槃，繼續進修而在七地心前斷盡三界愛之習氣種子，依七地無生法忍之具足而證得念念入滅盡定；八地後進斷異熟生死，直至妙覺地下生人間成佛，具足四種涅槃，方是眞正成佛。此理古來少人言，以致誤會涅槃正理者比比皆是，今於此書中廣說四種涅槃、如何實證之理、實證前應有之條件，實屬本世紀佛教界極重要之著作，令人對涅槃有正確無訛之認識，然後可以依之實行而得實證。本書共有上下二冊，每冊各四百餘頁，對涅槃詳加解說，每冊各350元。

佛藏經講義：本經說明爲何佛菩提難以實證之原因，都因往昔無數阿僧祇劫前的邪見，引生此世求證時之業障而難以實證。即以諸法實相詳細解說，繼之以念佛品、念法品、念僧品，說明諸佛與法之實質；然後以淨戒品之說明，期待佛弟子四眾堅持清淨戒而轉化心性，並以往古品的實例說明，教導四眾務必滅除邪見轉入正見中，然後以了戒品的說明和囑累品的付囑，期望末法時代的佛門四眾弟子皆能清淨知見而得以實證。平實導師於此經中有極深入的解說，總共21輯，每輯300元，於2019/07/31開始發行。

解深密經講記：本經係 世尊晚年第三轉法輪，宣說地上菩薩所應熏修之唯識正義經典，經中所說義理乃是大乘一切種智增上慧學，以阿陀那識—如來藏—阿賴耶識爲主體。禪宗之證悟者，若欲修證初地無生法忍乃至八地無生法忍者，必須修學《楞伽經、解深密經》所說之八識心王一切種智；此二經所說正法，方是眞正成佛之道；印順法師否定如來藏之後所說萬法緣起性空之法，是以誤會後之二乘解脫道取代大乘眞正成佛之道，亦已墮於斷滅見中，不可謂爲成佛之道也。平實導師曾於本會郭故理事長往生時，於喪宅中從初七至第十七，宣講圓滿，作爲郭老之往生佛事功德，迴向郭老早證八地、速返娑婆住持正法；茲爲今時後世學人故，將擇期重講《解深密經》，以淺顯之語句講畢後將會整理成文，用供證悟者進道；亦令諸方未悟者，據此經中佛語正義，修正邪見，依之速能入道。平實導師述著，全書輯數未定，每輯三百餘頁，將於未來重講完畢後逐輯出版。

修習止觀坐禪法要講記：修學四禪八定之人，往往錯會禪定之修學知見，欲以無止盡之坐禪而證禪定境界，卻不知修除性障之行門才是修證四禪八定不可或缺之要素，故智者大師云「性障初禪」；性障不除，初禪永不現前，云何修證二禪等？又：行者學定，若唯知數息，而不解六妙門之方便善巧者，欲求一心入定，未到地定極難可得，智者大師名之爲「事障未來」：障礙未到地定之修證。又禪定之修證，不可違背二乘菩提及第一義法，否則縱使具足四禪八定，亦不能實證涅槃而出三界。此諸知見，智者大師於《修習止觀坐禪法要》中皆有闡釋。作者平實導師以其第一義之見地及禪定之實證證量，曾加以詳細解析。將俟正覺寺竣工啓用後重講，不限制聽講者資格；講後將以語體文整理出版。欲修習世間定及增上定之學者，宜細讀之。平實導師述著。

阿含經講記——小乘解脫道之修證：數百年來，南傳佛法所說證果之不實，所說解脫道之虛妄，所弘解脫道法義之世俗化，皆已少人知之；從南洋傳入台灣與大陸之後，所說法義虛謬之事，亦復少人知之；今時台灣全島印順系統之法師居士，多不知南傳佛法數百年來所說解脫道之義理已然偏斜、已然世俗化、已非眞正之二乘解脫正道，猶極力推崇與弘揚。彼等南傳佛法近代所謂之證果者多非眞實證果者，譬如阿迦曼、葛印卡、帕奧禪師、一行禪師……等人，悉皆未斷我見故。近年更有台灣南部大願法師，高抬南傳佛法之二乘修證行門爲「捷徑究竟解脫之道」者，然而南傳佛法縱使眞修實證，得成阿羅漢，至高唯是二乘菩提解脫之道，絕非究竟解脫，無餘涅槃中之實際尚未得證故，法界之實相尚未了知故，習氣種子待除故，一切種智未實證故，焉得謂爲「究竟解脫」？即使南傳佛法近代眞有實證之阿羅漢，尚且不及三賢位中之七住明心菩薩本來自性清淨涅槃智慧境界，則不能知此賢位菩薩所證之無餘涅槃實際，仍非大乘佛法中之見道者，何況普未實證聲聞果乃至未斷我見之人？謬充證果已屬逾越，更何況是誤會二乘菩提之後，以未斷我見之凡夫知見所說之二乘菩提解脫偏斜法道，焉可高抬爲「究竟解脫」？而且自稱「捷徑之道」？又妄言解脫之道即是成佛之道，完全否定般若實智、否定三乘菩提所依之如來藏心體，此理大大不通也！平實導師爲令修學二乘菩提欲證解脫果者，普得迴入二乘菩提正見、正道中，是故選錄四阿含諸經中，對於二乘解脫道法義有具足圓滿說明之經典，預定未來十年內將會加以詳細講解，令學佛人得以了知二乘解脫道之修證理路與行門，庶免被人誤導之後，未證言證，干犯道禁，成大妄語，欲升反墮。本書首重斷除我見，以助行者斷除我見而實證初果爲著眼之目標，若能根據此書內容，配合平實導師所著《識蘊眞義》《阿含正義》內涵而作實地觀行，實證初果非爲難事，行者可以藉此三書自行確認聲聞初果爲實際可得現觀成就之事。此書中除依二乘經典所說加以宣示外，亦依斷除我見等之證量，及大乘法中道種智之證量，對於意識心之體性加以細述，令諸二乘學人必定得斷我見、常見，免除三縛結之繫縛。次則宣示斷除我執之理，欲令升進而得薄貪瞋痴，乃至斷五下分結…等。平實導師述，共二冊，每冊三百餘頁。每輯300元。

＊喇嘛教修外道雙身法、墮識陰境界，非佛教＊

＊弘揚如來藏他空見的覺囊派才是真正藏傳佛教＊

總經銷： 飛鴻 國際行銷股份有限公司

231 新北市新店區中正路 501 之 9 號 2 樓

Tel.02－82186688（五線代表號） Fax.02-82186458、82186459

零售：1.全台連鎖經銷書局：

三民書局、誠品書局、何嘉仁書店

敦煌書店、紀伊國屋、金石堂書局、建宏書局

諾貝爾圖書城、墊腳石圖書文化廣場

2.台北市：佛化人生 大安區羅斯福路 3 段 325 號 6 樓之 4 台電大樓對面

3.新北市：春大地書店 蘆洲區中正路 117 號

4.桃園市：御書堂 龍潭區中正路 123 號

5.新竹市：大學書局 東區建功路 10 號

6.台中市：瑞成書局 東區雙十路 1 段 4 之 33 號

佛教詠春書局 南屯區永春東路 884 號

文春書店 霧峰區中正路 1087 號

7.彰化市：心泉佛教文化中心 南瑤路 286 號

8.高雄市：政大書城 苓雅區光華路 148-83 號

明儀書局 三民區明福街 2 號\

青年書局 苓雅區青年一路 141 號

9.宜蘭市：金隆書局 中山路 3 段 43 號

10.台東市：東普佛教文物流通處 博愛路 282 號

11.其餘鄉鎮市經銷書局：請電詢總經銷飛鴻公司。

12.大陸地區請洽：

香港：樂文書店

旺角店 :香港九龍旺角西洋菜街 62 號 3 樓

電話 : (852) 2390 3723 email: luckwinbooks@gmail.com

銅鑼灣店 :香港銅鑼灣駱克道 506 號 2 樓

電話 : (852) 2881 1150 email: luckwinbs@gmail.com

廈門：廈門外圖臺灣書店有限公司

地址：廈門市思明區湖濱南路809 號 廈門外圖書城3 樓 郵編：361004

電話：0592-5061658（臺灣地區請撥打 86-592-5061658）

E-mail：JKB118＠188.COM

13.美國：世界日報圖書部：紐約圖書部 電話 7187468889#6262

洛杉磯圖書部 電話 3232616972#202

14.國內外地區網路購書：

正智出版社 書香園地 http://books.enlighten.org.tw/

（書籍簡介、經銷書局可直接聯結下列網路書局購書）

三民 網路書局 http://www.sanmin.com.tw

誠品 網路書局 http://www.eslitebooks.com

博客來 網路書局　http://www.books.com.tw

金石堂 網路書局　http://www.kingstone.com.tw

飛鴻 網路書局　http://fh6688.com.tw

附註：1.請儘量向各經銷書局購買：郵政劃撥需要八天才能寄到（本公司在您劃撥後第四天才能接到劃撥單，次日寄出後第二天您才能收到書籍，此六天中可能會遇到週休二日，是故共需八天才能收到書籍）若想要早日收到書籍者，請劃撥完畢後，將劃撥收據貼在紙上，旁邊寫上您的姓名、住址、郵區、電話、買書詳細內容，直接傳眞到本公司 02-28344822，並來電 02-28316727、28327495 確認是否已收到您的傳眞，即可提前收到書籍。 2.因台灣每月皆有五十餘種宗教類書籍上架，書局書架空間有限，故唯有新書方有機會上架，通常每次只能有一本新書上架；本公司出版新書，大多上架不久便已售出，若書局未再叫貨補充者，書架上即無新書陳列，則請直接向書局櫃台訂購。 3.若書局不便代購時，可於晚上共修時間向正覺同修會各共修處請購（共修時間及地點，詳閱**共修現況表**。每年例行年假期間請勿前往請書，年假期間請見共修現況表）。 4.郵購：郵政劃撥帳號 19068241。 5.正覺同修會會員購書都以八折計價（戶籍台北市者為一般會員，外縣市爲護持會員）都可獲得優待，欲一次購買全部書籍者，可以考慮入會，節省書費。入會費一千元（第一年初加入時才需要繳），年費二千元。**6.尚未出版之書籍，請勿預先郵寄書款與本公司，謝謝您！** 7.若欲一次購齊本公司書籍，或同時取得正覺同修會贈閱之全部書籍者，請於正覺同修會共修時間，親到各共修處請購及索取；**台北市讀者**請洽：103 台北市承德路三段 267 號 10 樓（捷運淡水線 圓山站旁）請書時間：週一至週五爲 18.00~21.00，第一、三、五週週六爲 10.00~21.00，雙週之週六爲 10.00~18.00 請購處專線電話：25957295-分機 14（於請書時間方有人接聽）。

敬告大陸讀者：

大陸讀者購書、索書捷徑（尚未在大陸出版的書籍，以下二個途徑都可以購得，電子書另包括結緣書籍）：

1.廈門外國圖書公司：廈門市思明區湖濱南路 809 號 廈門外圖書城 3F

郵編：361004　電話：0592-5061658　網址：http://www.xibc.com.cn/

2.電子書：正智出版社有限公司及正覺同修會在台灣印行的各種局版書、結緣書，已有『**正覺電子書**』陸續上線中，提供讀者於手機、平板電腦上購書、下載、閱讀正智出版社、正覺同修會及正覺教育基金會所出版之電子書，詳細訊息敬請參閱『正覺電子書』專頁：http://books.enlighten.org.tw/ebook

關於平實導師的書訊，請上網查閱：

成佛之道　http://www.a202.idv.tw

正智出版社 書香園地　http://books.enlighten.org.tw/

中國網採訪佛教正覺同修會、正覺教育基金會訊息：

http://big5.china.com.cn/gate/big5/fangtan.china.com.cn/2014-06/19/content_32714638.htm

http://pinpai.china.com.cn/

★ 正智出版社有限公司售書之稅後盈餘，全部捐助財團法人正覺寺籌備處、佛教正覺同修會、正覺教育基金會，供作弘法及購建道場之用；懇請諸方大德支持，功德無量。

★ 聲 明 ★

本社於 2015/01/01 開始調整本目錄中部分書籍之售價，以因應各項成本的持續增加。

＊ 喇嘛教修外道雙身法、墮識陰境界，非佛教 ＊

＊ 弘揚如來藏他空見的覺囊派才是真正藏傳佛教 ＊

售後服務—換書啓事（免附回郵）　2017/12/05

《楞伽經詳解》第三輯初版免費調換新書啓事：茲因 平實導師弘法早期尚未回復往世全部證量，有些法義接受他人的說法，寫書當時並未察覺而有二處（同一種法義）跟著誤說，如今發現已將之修正。茲爲顧及讀者權益，已開始免費調換新書；敬請所有讀者將以前所購第三輯（不論第幾刷），攜回或寄回本公司免費換新；郵寄者之回郵由本公司負擔，不需寄來郵票。因此而造成讀者閱讀、以及換書的不便，在此向所有讀者致上萬分的歉意，祈請讀者大眾見諒！

《楞嚴經講記》第 14 輯初版首刷本免費調換新書啓事：本講記第 14 輯出版前因 平實導師諸事繁忙，未將之重新閱讀而只改正校對時發現的錯別字，故未能發覺十年前所說法義有部分錯誤，於第 15 輯付印前重閱時才發覺第 14 輯中有部分錯誤尚未改正。今已重新審閱修改並已重印完成，煩請所有讀者將以前所購第 14 輯初版首刷本，寄回本公司免費換新（初版二刷本無錯誤），本公司將於寄回新書時同時附上您寄書來換新時的郵資，並在此向所有讀者致上最誠懇的歉意。

《心經密意》初版書免費調換二版新書啓事：本書係演講錄音整理成書，講時因時間所限，省略部分段落未講。後於再版時補寫增加 13 頁，維持原價流通之。茲爲顧及初版讀者權益，自 2003/9/30 開始免費調換新書，原有初版一刷、二刷書籍，皆可寄來本公司換書。

《宗門法眼》已經增寫改版爲 464 頁新書，2008 年 6 月中旬出版。讀者原有初版之第一刷、第二刷書本，都可以寄回本公司免費調換改版新書。改版後之公案及錯悟事例維持不變，但將內容加以增說，較改版前更具有廣度與深度，將更能助益讀者參究實相。

換書者**免附回郵**，亦無截止期限；舊書請寄：111 台北郵政 73-151 號信箱 或 103 台北市承德路三段 267 號 10 樓 正智出版社有限公司。舊書若有塗鴨、殘缺、破損者，仍可換取新書；但缺頁之舊書至少應仍有五分之三頁數，方可換書。所有讀者不必顧念本公司是否有盈餘之問題，都請踴躍寄來換書；本公司成立之目的不是營利，只要能眞實利益學人，即已達到成立及運作之目的。若以郵寄方式換書者，免附回郵；並於寄回新書時，由本公司附上您寄來書籍時耗用的郵資。造成您不便之處，再次致上萬分的歉意。

正智出版社有限公司 啓

國家圖書館出版品預行編目(CIP)資料

我的菩提路--第五輯 / 林慈慧等著. -- 初版. --
臺北市 : 正智, 2019.07
面 ; 公分
ISBN 978-986-97233-9-8 (平裝)

1.佛教修持

225.87 108011015

我的菩提路——第五輯

著者：林慈慧 老師等人
校對：傅素嫻 王美伶
出版者：正智出版社有限公司
電話：〇二 28327495 28316727（白天）
傳眞：〇二 28344822
111 台北郵政 73-151 號信箱
郵政劃撥帳號：一九〇六八二四一
正覺講堂：總機〇二 25957295（夜間）
總經銷：飛鴻國際行銷股份有限公司
231 新北市新店區中正路 501-9 號 2 樓
電話：〇二 82186688（五線代表號）
傳眞：〇二 82186458 82186459
初版首刷：公元二〇一九年七月三十日 二千冊
定價：三〇〇元

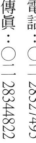